创新之道

TRIZ
理论与实战精要

姚威 韩旭 储昭卫 著

清华大学出版社
北京

内 容 简 介

这是一本专门讲解如何灵活运用发明问题解决理论进行创新实战的著作。书中内容不仅涵盖国家科技部创新工程师一级和二级认证考试的所有理论知识点,而且提供了与产业和经济发展实际结合的教学与实战案例,还分享了在运用创新方法解决实际问题过程中的经验和体会,是一本兼顾理论与实践的"学用结合"的书籍。

本书分为问题分析篇、问题解决篇和实战案例篇,共12章。其中,问题分析篇包括TRIZ理论基础、系统功能分析与系统裁剪、系统因果分析、系统资源分析等内容;问题解决篇包括矛盾分析与发明原理、物-场模型及标准解、科学效应与知识库、S曲线及技术系统进化法则、最终理想解、创新思维方法等内容;实战案例篇包括TRIZ解题流程、应用TRIZ解题流程综合案例。

本书是浙江大学创新方法团队长期在教学和培训第一线从事创新方法相关工作的教师,根据多年研究及实践解题、培训辅导和教学经验的积淀之作,具有内容全面、循序渐进、结构合理、讲解细致、条理清晰、通俗易懂、专业性强等特点。

本书配套有TRIZ工具解题综合应用参考模板,学员可自行参考本书附录中的模板,也可向作者索要原始模板。本书还针对学习过程中的难点设置了部分练习,答案统一在附录中给出,供学员参考。书中提到的经典矛盾矩阵、2003矛盾矩阵以及功能及属性知识库等,读者可以通过网址www.cafetriz.com自行注册后查询。

本书封面贴有清华大学出版社防伪标签,无标签者不得销售。

版权所有,侵权必究。举报: 010-62782989, beiqinquan@tup.tsinghua.edu.cn。

图书在版编目(CIP)数据

创新之道: TRIZ理论与实战精要 / 姚威,韩旭,储昭卫著. — 北京: 清华大学出版社,2019(2025.1重印)

ISBN 978-7-302-52519-6

Ⅰ.①创⋯ Ⅱ.①姚⋯ ②韩⋯ ③储⋯ Ⅲ.①创造学—研究 Ⅳ.①G305

中国版本图书馆 CIP 数据核字(2019)第 046194 号

责任编辑:	杨如林
封面设计:	杨玉兰
版式设计:	方加青
责任校对:	徐俊伟
责任印制:	刘海龙

出版发行: 清华大学出版社

网　　址:	https://www.tup.com.cn,https://www.wqxuetang.com		
地　　址:	北京清华大学学研大厦 A 座	**邮　编:**	100084
社 总 机:	010-83470000	**邮　购:**	010-62786544
投稿与读者服务:	010-62776969,c-service@tup.tsinghua.edu.cn		
质 量 反 馈:	010-62772015,zhiliang@tup.tsinghua.edu.cn		

印 装 者:	三河市铭诚印务有限公司				
经　　销:	全国新华书店				
开　　本:	188mm×260mm	**印　张:**	22.5	**字　数:**	502 千字
版　　次:	2019 年 5 月第 1 版	**印　次:**	2025 年 1 月第 11 次印刷		
定　　价:	69.00 元				

产品编号: 079267-01

编委会

主　　任：孟小军

副 主 任：陈敏玲　曹华芬　姚　威

委　　员（按姓氏笔划排列）：

　　　　万延见　牛少凤　张奇鹏　金宏伟

　　　　周　苏　鲁玉军　褚　赟　戴银燕

序 1

我在浙江省科技厅工作期间，看过一本名为《创新思维与TRIZ创新方法》的书。TRIZ是俄文теории решения изобретательских задач（发明问题解决理论）译为拉丁文的缩写。该书的核心观点是，创新是有规律可循的。TRIZ创新方法的主要作用就是解决创新问题，提高创新效率。据统计，应用TRIZ创新方法可以增加80%～100%的专利数量，并提高专利的质量，提升60%～70%的新产品开发效率，缩短50%的新产品上市时间。同时，几乎有三分之一的诺贝尔奖获得者靠科学创新方法实现研究的突破性进展。我深知，在创新时代掌握科学的创新方法对科技创新是何等重要。

好在中央政府对此早有认识。2007年，时任国务院总理温家宝同志对创新方法推广工作做出重要批示——"自主创新，方法先行"。此后，以TRIZ理论为重点的创新方法推广应用工作在全国各地陆续开展起来。这方面，在国家科技部的主导和创新方法研究会的推动下，各省市自治区相关部门和科技企业作了大量卓有成效的探索实践，使TRIZ作为一个理论"舶来品"，在中国"大众创业、万众创新"的肥沃土壤上，汲取了充沛的养分，取得了许多令人瞩目的成就，包括但不限于：科技部门创新方法推广机制的建立和完善，政产学研多主体间的配合和促进，企业内部创新方法的重视和实践，能传授并应用创新方法的人才的培养和锻炼。星星之火，已成燎原之势！

在新一轮世界科技浪潮来袭，我国产业亟待转型升级的大背景下，科技创新的重要性愈发凸显。而创新方法如何能够进一步为科技创新提供强有力的支撑？毋庸置疑，一套成熟的推广体系和优秀的师资队伍是其中的核心要素。浙江省作为我国创新方法推广应用工作的先进典型之一，积累了大量的推广培训和实战应用经验。现将其整理出版，是以TRIZ为代表的创新方法在我国开花结果的阶段性总结，对未来在全国范围内进一步推广应用创新方法，具有很大的借鉴意义。

本书的内容体系源自浙江省师资团队对创新方法的深入研究，体现了在解决实际工程问题过程中积累的宝贵经验，凝练了专家智库的集体智慧。书中包含了标准化的创新方法应用流程，对个别TRIZ工具进行了改善，辅以实战案例以及专家点评，是不可多得的"源于实践、高于实践"的优秀教材。本书适用于理论学习、实践辅导以及理论创新。衷心希望，无论是创新方法的初学者，还是工程创新领域的专家，都能从中获得收益。

日前，浙江省科技人才教育中心主任陈敏玲同志要我为这本带着浙江创新实践芳香的教科书写几句推荐辞，我难以推辞。写上几句很肤浅的话，谨表支持和鼓励，聊作为序。

浙江省政协副主席，曾任浙江省科技厅党组书记、厅长

周国辉

2019年3月

序 2

自2007年我国三位知名科学家向时任国务院总理温家宝同志建议推广创新方法，并得到温总理给出"自主创新，方法先行"的重要批示后，国家科技部主导在全国启动了大力推广应用创新方法的专项工作，并组建了创新方法研究会具体负责全面推进。2008—2018年，全国各地围绕以TRIZ技术为重点的创新方法推广应用工作如火如荼地展开，并取得了很大成效。回眸十年，全国创新方法推广应用工作有许多值得欣喜之处，也存在亟待反思、稳固和提高之处。

让我们感到惊喜的是，在短时间内全国多个省份已培养出了一支优秀的创新方法师资队伍，借助这些师资力量并依托全国各地的科技部门、高校院所及相关企事业单位协同工作，成功培养了一支庞大的能熟练应用TRIZ技术的创新工程师队伍。正可谓"星星之火，可以燎原"，推广成效令人欣慰！

当然，在十年来的推广工作进程中也遇到了一些需要我们在后续工作中继续改善和提高的问题，包括完善推广体系、评估推广效果、规范考核办法等。进一步改善和提高推广成效的举措很多，其中一本优秀的推广教材是最为重要的举措之一。就目前市面上现存的TRIZ教材而言，主要有以下几类：翻译俄文、英文、德文专著，自行编写的教材，研究成果集合等。总体来看，这些教材在推广应用工作中发挥了积极的作用，但或多或少存在一些缺憾。首先，目前创新方法系列的教材、专著、论文集繁多，常见的就多达30余种，不同学习材料的内容选取范围差异较大，工具复杂，对提高工程师实战解题能力和解题效率帮助并不大或不够理想；其次，一些书籍偏重理论研究，部分翻译稿也仍存在"水土不服"的问题，不适合直接用于一线工程师学习；再次，部分教材和资料缺乏探究与质疑精神，存在"以讹传讹"的情况，对于材料中的一些流传已久的原始错误亟待改进。最后，TRIZ理论本身存在的缺陷的改进和研究成果并未及时体现到教材中，例如对矛盾分析的改进、对效应库的提升以及对工具使用流程的优化等。

正是基于对上述问题的反思，浙江省科技厅组织相关专家学者结合在浙江推广过程中的大量实践经验，请浙江大学的姚威老师及其团队牵头撰写了这部教材。这部教材立足实践，采用了自主开发的创新方法培训流程，在选取教学案例上吸收了来自培训学员的典型实际问题，同时有针对性地改进了部分工具。总之，对一线工程师学习TRIZ，应用其进行实战解题，参加考试都有帮助。愿各位细细品读，为我国的自主创新能力提升贡献出一份力量。

中国创新方法研究会副理事长，曾任科技部中国21世纪
议程管理中心副主任，创新方法研究会秘书长
周元
2019年3月

前 言

"技术系统的设计,在一百年前是一种艺术,现在已经成为精确科学……TRIZ理论的实质在于,它将从根本上改变产生新技术思想的流程。"

——根里奇·阿奇舒勒

在"创新驱动发展战略"已成为国家战略的今天,"是否要创新"已经不是问题,而"如何创新"才是所有企业和个人不得不面对和解决的问题。尤其在当前中美展开规模空前的贸易战的背景下更是如此。但由于缺乏理论指导,企业往往陷入"不会创新,不敢创新,害怕创新"的窘境,"不创新,等死;创新,找死",如何破解这个难题呢?

一套行之有效的方法是推动创新工作顺利进行的保障,是让创新主体"善于创新、敢于创新和乐于创新"的关键。而TRIZ理论是当前最高效和实用的创新方法,是前苏联1500多名专家对海量专利文献搜集、研究、提炼和升华的结果。TRIZ是一整套创新方法体系,包含了大量实用的创新方法工具,可以针对实践中的各类工程技术问题进行剖析和解答。

但TRIZ的学习和掌握并不容易,其工具繁杂,流程琐碎,细节众多,如何能够让渴望创新的工程师们在最短的时间内掌握这套方法并迅速投入实践,这是个问题。

也许本书可以给此问题一个答案。本书作者基于相关创新方法的研究及使用者的经验总结,针对创新方法的学习和应用难点、重点撰写了本书,书内包含了大量原创教学和应用经验,便于学习者自学或参加培训学习。与市面已有同类书籍相比,本书具有理论及实践两方面的贡献:

(1)**理论方面**。首先,本书涵盖了国家创新工程师一级和二级培训中,需要学员掌握的所有理论知识点,并通过清晰的逻辑将繁杂的TRIZ工具合理地串联起来。读者,尤其是希望通过国家创新工程师二级考试的学员可以方便地在本书中查阅所有知识点,而无需再四处搜寻。其次,作者在融合解题实战经验和国内外TRIZ理论研究最新研究成果的基础上,对经典TRIZ工具及其使用流程进行了探索性的改进和优化,使之更符合中国人的思维方式和使用习惯。

(2)**实践方面**。本书引入了多次培训过程中积累的大量真实案例,并附上了TRIZ专家对学员使用TRIZ流程的点评和建议,对国家创新工程师二级学员有非常高的实践指导价值。此外,书中还精选了若干通俗易懂、饶有趣味的原创教学案例,能够为一级学员和

TRIZ科普工作者提供良好的支持。

  最后，感谢浙江省科技厅及其下属的浙江省科技人才教育中心。浙江省全体创新方法师资团队成员和广大学员的大力支持。对本书的编写做出贡献的还有浙江省科技人才教育中心的陈敏玲主任、戴银燕副主任，以及褚赟、陈建民等长期负责浙江省创新方法培训的工作人员，中国计量大学的万延见老师、卢锡龙老师，浙江工业职业技术学院的张奇鹏老师等。此外，参与本书编写工作的还有浙江大学的胡顺顺博士、李恒博士、翁默斯博士、谢彦洁博士等，在此一并表示感谢。也祝愿各位读者学习愉快，学会创新，勇于创新，乐于创新！

作者
2019年3月

目 录

第1篇 问题分析篇

第1章 TRIZ理论基础 … 2
1.1 TRIZ 理论的起源 … 2
1.2 TRIZ 理论的传播 … 4
1.3 TRIZ 理论的两大革命性贡献 … 4
1.4 TRIZ 理论的基本概念 … 5
1.4.1 发明等级 … 5
1.4.2 技术系统 … 8
1.4.3 理想度 … 9
1.4.4 理想化最终结果 … 10
1.5 本章小结 … 10

第2章 系统功能分析与系统裁剪 … 12
2.1 系统功能的定义 … 12
2.1.1 功能的概念 … 12
2.1.2 功能的分类定义 … 13
2.2 系统功能分析 … 14
2.2.1 组件分析 … 14
2.2.2 相互作用分析 … 16
2.2.3 建立功能模型 … 16
2.3 系统裁剪 … 19
2.3.1 系统裁剪的定义 … 19
2.3.2 确定裁剪组件的原则 … 19
2.3.3 实施裁剪的3个常见策略 … 20

2.3.4 系统裁剪实战案例 ··· 21
   2.3.5 系统裁剪的若干经验和注意事项 ··· 26

第3章 系统因果分析 ··· 29

3.1 常见的因果分析方法 ·· 29
   3.1.1 5W1H（五个为什么） ·· 29
   3.1.2 FMEA（失效模式及影响分析） ·· 30
   3.1.3 鱼骨图分析 ··· 31
   3.1.4 因果矩阵分析 ·· 32
   3.1.5 故障树分析 ··· 33
   3.1.6 DOE（试验设计） ··· 34
3.2 因果分析的流程 ·· 34
   3.2.1 第一步：绘制因果链 ··· 35
   3.2.2 第二步：原因的规范化描述 ··· 36
   3.2.3 第三步：选择问题的薄弱点 ··· 38
3.3 因果分析案例 ··· 38
3.4 本章小结 ·· 40

第4章 系统资源分析 ··· 41

4.1 常见的资源类型 ·· 41
   4.1.1 物质资源 ·· 41
   4.1.2 能量资源 ·· 41
   4.1.3 信息资源 ·· 42
   4.1.4 时间资源 ·· 42
   4.1.5 空间资源 ·· 43
   4.1.6 功能资源 ·· 43
4.2 派生资源与差动资源的内涵及应用 ·· 43
4.3 改进型九屏幕法和扩展型资源列表 ·· 45
   4.3.1 九屏幕法简介 ·· 45
   4.3.2 扩展型资源列表 ··· 45
   4.3.3 九屏幕法实例 ·· 46
4.4 系统三大分析方法总结与问题突破点的选取 ······························· 48

第 2 篇　问题解决篇

第5章　矛盾分析与发明原理 ··· 52

5.1　工程参数和技术矛盾 ··· 52
- 5.1.1　工程参数的基本概念 ··· 52
- 5.1.2　疑难工程参数解析 ··· 54
- 5.1.3　技术矛盾与物理矛盾 ··· 55
- 5.1.4　提取矛盾练习 ··· 56

5.2　发明原理 ··· 57
- 5.2.1　40个发明原理及其子原理详解 ····································· 57
- 5.2.2　疑难发明原理辨析 ··· 79

5.3　2003矛盾矩阵及应用 ··· 80
- 5.3.1　经典矛盾矩阵简介 ··· 80
- 5.3.2　2003矛盾矩阵简介 ··· 81
- 5.3.3　2003矛盾矩阵应用流程及示例 ····································· 83

5.4　发明原理及矛盾矩阵实战演练 ··· 87
- 5.4.1　坦克装甲改进问题 ··· 87
- 5.4.2　开口扳手损坏问题 ··· 89

5.5　物理矛盾和分离原理 ··· 91
- 5.5.1　技术矛盾向物理矛盾转化 ··· 91
- 5.5.2　空间分离原理 ··· 92
- 5.5.3　时间分离原理 ··· 93
- 5.5.4　系统分离原理 ··· 93
- 5.5.5　条件分离原理 ··· 95
- 5.5.6　分离原理解决物理矛盾练习 ······································· 96

5.6　本章小结 ··· 96

第6章　物-场模型及标准解 ··· 98

6.1　物-场模型简介 ·· 98
6.2　四种基本的物-场模型 ··· 100
- 6.2.1　有效的完整物-场模型 ··· 100
- 6.2.2　不完整的物-场模型 ··· 100
- 6.2.3　有害的完整物-场模型 ··· 100
- 6.2.4　效应不足的物-场模型 ··· 101

6.3 标准解的定义和使用流程 103
6.4 76个标准解详解 103
    6.4.1 第一级：基本物-场模型的标准解 104
    6.4.2 第二级：增强物-场模型的标准解 112
    6.4.3 第三级：向双、多级系统或微观级系统进化的标准解 125
    6.4.4 第四级：测量与检测的标准解 129
    6.4.5 第五级：简化与改善策略的标准解 139
6.5 物-场模型及标准解实战演练 150
    6.5.1 构建物-场模型训练 150
    6.5.2 运用标准解解决问题训练 150

第7章 科学效应与知识库 151

7.1 科学效应与知识库简介 152
    7.1.1 功能库 152
    7.1.2 属性库 154
7.2 功能库和属性库的使用流程 158
7.3 科学效应与知识库实战案例 160
    绷缝机机体过热问题 160

第8章 S曲线及技术系统进化法则 165

8.1 S曲线的定义及各阶段内涵 165
    8.1.1 婴儿期 165
    8.1.2 成长期 166
    8.1.3 成熟期 166
    8.1.4 衰退期 167
    8.1.5 S曲线族及实例 167
8.2 S曲线的应用方式及价值 168
8.3 技术系统进化法则 169
    8.3.1 生存法则 171
    8.3.2 发展法则 174
    8.3.3 技术系统进化法则实战案例 180
8.4 本章小结 184

第9章 最终理想解 185

9.1 寻求最终理想解的流程 186
9.2 理想化最终结果应用实例 187
    9.2.1 眼镜 187

	9.2.2 飞碟射击	189
	9.2.3 练习题	191

第10章 创新思维方法 — 192

10.1 思维定势 — 193
- 10.1.1 从众型思维定势 — 194
- 10.1.2 书本型思维定势 — 194
- 10.1.3 经验型思维定势 — 194
- 10.1.4 权威型思维定势 — 195

10.2 STC算子 — 195
- 10.2.1 STC算子的基本内涵 — 195
- 10.2.2 STC算子的实施步骤 — 196
- 10.2.3 STC算子的应用案例——提高和膏机和膏均匀性 — 196

10.3 金鱼法 — 197
- 10.3.1 金鱼法的基本内涵 — 197
- 10.3.2 金鱼法的实施步骤 — 197
- 10.3.3 金鱼法的应用案例1——如何用空气赚钱 — 198
- 10.3.4 金鱼法的应用案例2——长距离游泳池 — 199

10.4 小人法 — 199
- 10.4.1 小人法的基本内涵 — 199
- 10.4.2 小人法的实施步骤 — 200
- 10.4.3 小人法的应用案例——水计量计 — 200

10.5 本章小结 — 201

第3篇 实战案例篇

第11章 TRIZ解题流程 — 204

11.1 TRIZ解题流程概览 — 204
- 11.1.1 问题描述 — 205
- 11.1.2 问题分析 — 205
- 11.1.3 问题解决 — 205
- 11.1.4 方案汇总 — 205

11.2 工程问题描述 — 206

11.2.1 课题名称 207
11.2.2 摘要要求 208
11.2.3 SVOP 描述系统功能 208
11.2.4 系统工作原理 210
11.2.5 系统存在的问题 210
11.2.6 问题出现的条件和时间 210
11.2.7 已有解决方案评析 211
11.2.8 新系统要求 211

11.3 问题分析 212
11.3.1 解题流程简介 212
11.3.2 系统功能分析 212
11.3.3 系统因果分析 217
11.3.4 系统资源分析 219
11.3.5 确定问题解决突破点 219

11.4 问题解决 220
11.4.1 系统裁剪 221
11.4.2 物-场模型及标准解 228
11.4.3 运用科学效应及知识库 230
11.4.4 技术矛盾 231
11.4.5 物理矛盾与分离原理 235
11.4.6 九屏幕法 238
11.4.7 S 曲线及进化法则 239
11.4.8 创新思维之 STC 算子 241
11.4.9 最终理想解（IFR） 243

11.5 方案汇总 244
11.5.1 方案汇总 244
11.5.2 产生的概念方案评价 244

第12章 应用 TRIZ 解题流程综合案例 247
12.1 降低智能锁电容式触摸按键故障率 247
12.1.1 工程问题解答摘要与总体描述 247
12.1.2 三大问题分析工具——功能分析、因果分析、资源分析 249
12.1.3 问题解决——系统裁剪、物-场与知识库 254
12.1.4 问题解决——技术矛盾与物理矛盾 262
12.1.5 问题解决——系统进化与创新思维方法 264

12.1.6　概念方案汇总、评价与总结 ··· 268
12.2　改善缝纫机牙架处漏油问题 ··· 273
　　　12.2.1　工程问题解答摘要与总体描述 ·· 273
　　　12.2.2　三大问题分析工具——功能分析、因果分析、资源分析 ········ 275
　　　12.2.3　问题解决——系统裁剪、物-场与知识库 ··························· 278
　　　12.2.4　问题解决——技术矛盾与物理矛盾 ·································· 283
　　　12.2.5　问题解决——系统进化与创新思维方法 ··························· 285
　　　12.2.6　概念方案汇总、评价与总结 ··· 288
12.3　降低自动分拣机大转盘直线电动机的温度 ································· 291
　　　12.3.1　工程问题解答摘要与总体描述 ·· 291
　　　12.3.2　三大问题分析工具——功能分析、因果分析、资源分析 ········ 293
　　　12.3.3　问题解决——系统裁剪、物-场与知识库 ··························· 295
　　　12.3.4　问题解决——技术矛盾与物理矛盾 ·································· 298
　　　12.3.5　问题解决——系统进化与创新思维方法 ··························· 299
　　　13.3.6　概念方案汇总、评价与总结 ··· 303

附　录

附录A　创新方法二级工程师答辩模板（参考） ······························ 306

附录B　学科效应库效应列表 ·· 324
　　B.1　物理效应库 ·· 324
　　B.2　化学效应库 ·· 326
　　B.3　几何效应库 ·· 327

附录C　习题参考答案 ·· 329
　　C.1　矛盾提取练习 ··· 329
　　C.2　分离原理解决物理矛盾综合练习 ·· 329
　　C.3　构建物-场模型训练 ·· 330
　　C.4　运用标准解解决问题训练解析 ··· 331

附录D　案例贡献者目录 ··· 338

参考文献 ··· 339

第 1 篇
问题分析篇

第1章 TRIZ理论基础

1.1 TRIZ理论的起源

"发明问题解决理论"的俄文为 теории решения изобретательских задач，将俄文译成拉丁文之后为 Teoriya Resheniya Izobreatatelskikh Zadatch，其缩写为 TRIZ，此即该理论最常用的称呼，发音为 /triːz/。英语通常将 TRIZ 译作 TIPS（Theory of Inventive Problem Solving），汉语译作"萃智"，在我国更常见的是直接读其英文发音 TRIZ。

有关 TRIZ 理论的缘起，还要追溯到 20 世纪 40 年代。当时，年轻的阿奇舒勒担任苏联海军专利调查员，因为工作的需要在阅读了大量专利文本之后，他敏锐地注意到在这些貌似孤立的专利中存在着一些解决问题的通用模式——每个具有创意的专利，基本上都是在解决矛盾的问题，解决这些矛盾的基本原理被一再地使用，而且往往是在隔了数年之后。阿奇舒勒据此推论，解决发明问题过程中所寻求的科学原理和法则是客观存在的，大量发明面临的基本问题和矛盾也是相同的，同样的技术创新原理和相应的问题解决方案，会在后来的一次次发明中被重复应用，只是应用的技术领域不同而已。因此，将那些已有的知识进行提炼和重组，形成一套系统化的理论，就可以用来指导后来者的发明创新。如果后来的发明家能够拥有早期解决方案的知识，那么他们的发明创新工作将会更为容易。阿奇舒勒在当时的笔记中记录下他的设想："一旦我们对大量好的专利进行分析，提取它们的问题解决模式，人们就能够学习这些模式，从而获得创造性解决问题的能力。"

阿奇舒勒随即着手验证自己的设想，开发TRIZ理论并举办研讨班。他于1956年首次发表《发明创造心理学和技术进化理论》。该文是第一篇正式发表的TRIZ论文，文中介绍了技术冲突、理想化、创造性系统思维、技术系统完整性定律、发明原理等，标志着TRIZ理论逐渐进入公众视野。此后，TRIZ理论在阿奇舒勒全情倾注的耕耘下蓬勃发展，并于1961年出版了图书《如何学会发明》。随着TRIZ理论在苏联境内影响力的提升，逐渐成为了科学家、发明家以及工程师解决问题的有力武器。20世纪70年代，物-场分析、标准解系统、学科效应库等工具初始版本的诞生，更使TRIZ理论羽翼渐丰。

TRIZ理论认为，解决某个创新问题的困难程度，取决于对该问题描述的标准化程度，这也是TRIZ各基本工具将特殊问题转化为标准问题的指导思想。然而，如果一个创新问题过于复杂，难以简单地运用矛盾分析或者物-场模型的构建来进行标准化时，又该如何处理？而这类复杂的问题恰恰是日常实践中会大量出现的。为了解决这类问题，阿奇舒勒开发了发明问题解决算法（Algorithm for Inventive-Problem Solving，ARIZ），该算法整合了上述提到的TRIZ中的许多概念和方法，通过系统的、逻辑化的思维方式，层层深入，抽丝剥茧，将非标准问题转化、拆解，处理成标准问题，然后应用标准解法来获得解决方案。

自ARIZ诞生后，阿奇舒勒和若干TRIZ专家不断地对其进行完善和修订，以保证ARIZ的与时俱进。ARIZ有许多个版本，ARIZ-85C是阿奇舒勒本人开发的最后一个版本，成为经典。后来，其他TRIZ专家和商业公司陆续推出了ARIZ新版本，如ARIZ-KE-89/90、ARIZSM VA91（E）和ARIZ2000。随着时间的推移，ARIZ的一些早期版本已经不再使用。ARIZ的每一个新版本对前面的版本都有提升和改进，其解决问题的基本思路一致，只是步骤有所不同。在最经典的ARIZ-85C中，9个流程分别为：问题的分析、问题模型的分析、陈述理想化最终结果和物理矛盾、运用外部物-场资源、运用效应知识库、改变或重新格式化问题、分析消除物理矛盾的方法、运用解法方案和分析解决问题的过程，如表1.1所示。

表1.1　ARIZ-85C 的问题分析流程[①]

序号	步骤	子步骤
1	问题的分析	①陈述"焦点"问题；②定义矛盾因素；③建立技术矛盾模型；④为后续确定模型图；⑤强化矛盾；⑥建立陈述问题的模型；⑦用标准解法解题
2	问题模型的分析	①绘制运作区（operating zone）矛盾模型图；②定义操作时间（OT）；③定义物质和物-场资源
3	陈述理想化最终结果和物理矛盾	①确定IFR-1的表达式；②强化IFR-1；③表述物理矛盾（宏观）；④表述物理矛盾（微观）；⑤表述IFR-2；⑥运用标准解法解题；⑦运用外部物-场
4	运用外部物-场资源	①运用小矮人建模；②从FR"返回"；③综合使用物质资源；④使用真空区；⑤使用资源；⑥使用电场；⑦使用场和场效应物质
5	运用效应知识库	①运用标准解法解决物理矛盾；②运用ARIZ已有解决非标准问题的方案；③利用分离原理解决物理矛盾；④运用导航知识库来解决物理矛盾
6	改变或重新格式化问题	①如果问题已解决则阐述功能原理，绘制原理图；②检查是否描述的是几个问题的联合体，重新定义；③如果仍不得解，则返回起点，重新根据超系统相应的问题进行格式化。这一循环过程可以重复多次；④重新定义"焦点"问题
7	分析消除物理矛盾的方法	①检查解决方案；②初步评估解决方案（是否理想地消除了物理矛盾）；③通过专利搜索评价方案的新颖性；④子问题预测
8	运用解法方案	①定义系统及超系统的改变；②检查改变的系统的其他用途；③运用解决方案解决其他发明问题
9	分析解决问题的过程	①分析解决问题的过程和ARIZ存在的差异，记下编写的内容；②方案与TRIZ知识库（标准解法、分离原理、效应知识库等）比较，如有突破，应予以文件化，丰富知识库

---

① 张武城. 技术创新方法概论 [M]. 北京：科学出版社，2009.

1.2　TRIZ 理论的传播

进入 21 世纪后，TRIZ 理论在世界各国的研究和推广，大体沿着以下几个方向：

方向一，TRIZ 理论自身的发展完善。以色列的 TRIZ 专家 Filkovsky 认为，对 TRIZ 庞大的理论体系的简化和整合势在必行，他以 TRIZ 理论中经典的"小人法"为出发点，提出了 TRIZ 的简化模型——系统化创新思想（Systematic Inventive Thinking，SIT）。1995 年，Sickafus 博士将 SIT 思想应用到福特公司，并据此建立了一套专用于企业内部培训的方法体系，称为统一结构化创新思维（Unified Structured Inventive Thinking，USIT），该方法致力于短期内（3～7 天）使被培训者掌握系统化的解决创新问题的流程，从而更加有利于其大规模的传授、推广。

方向二，TRIZ 与其他先进设计方法的融合。美国和日本在该领域占有主导地位。从 20 世纪 90 年代中期以来，美国供应商协会（American Supplier Institute，ASI）一直致力于 TRIZ 理论与六西格玛（6σ）、质量功能展开（Quality Function Development，QFD）、田口方法（taguchi method）等现代管理方法的整合提升，改进产品设计与生产的哲学理念，推进现代化制造业的本质提升。

方向三，以 TRIZ 理论为基础之一的计算机辅助创新（Computer Aided Innovation，CAI）是现今新产品开发中的一项关键技术。当下的产品开发与设计愈发复杂，单凭人脑已经无法搜集并分析海量的专利方案以及设计信息，而计算机辅助创新技术能够极大地提高创新设计人员的工作效率和效果，将知识转化为有组织的、可搜索的、可共享的形式。因此，各国都致力于 CAI 的研究和相应软件的开发，目前较为成熟的创新方法软件有：美国 Invention Machine 公司的 Goldfire Innovator、美国 Ideation International 公司的 Innovation WorkBench（IWB）、美国 IWINT 公司的 Pro/Innovator（中国的亿维讯公司被授权使用该平台）、比利时 CREAX 公司的 CREAX Innovation Suite 以及乌克兰 TriSolver GmbH & Co.KG 公司的 TriSolver 等。我国商品化的 CAI 软件有河北工业大学 TRIZ 研究中心研发的 Invention Tool 软件，同时浙江大学工程教育研究所也于近期推出了一款公益 CAI 云软件——创新咖啡厅（www.cafetriz.com）。

方向四，TRIZ 在各行各业中广泛应用，帮助解决实际问题。TRIZ 的应用不仅局限于化工、医药、机械、电子等工程技术领域，还包括生物科学、社会科学、政府管理等非工程技术领域。美国的福特、波音、通用汽车、3M，德国的博世、西门子以及韩国的三星电子等公司都是 TRIZ 理论的受益者。

1.3　TRIZ 理论的两大革命性贡献

其一，很多的原理和方法在发明过程中是重复使用的。

来自不同领域的不同问题，有时可以用相同的原理去解决。这个发现让阿奇舒勒备受鼓舞，他决定从专利中找出解决问题时潜在的、最常用的方法。基于这样的思想,阿奇舒勒和他的团队对不同工程领域的专利进行了归纳和总结,提取出了专利中解决问题最常用的方法和原理。

其二,技术系统的进化和发展并不是随机的,而是遵循着一定的客观趋势。

阿奇舒勒在研究专利的过程中,认为技术系统或产品的进化和发展不是随机的,而是遵循着一定的客观趋势,并提炼整理出了 TRIZ 中的技术系统进化法则。

1.4 TRIZ 理论的基本概念

1.4.1 发明等级[①]

在阿奇舒勒开始对大量专利进行分析和研究之初,他就遇到了一个无法回避的问题:如何评价一个专利的创新水平?在海量的专利中,有的专利是在原有基础上,对技术系统内某个性能指标进行的简单改进;有的专利则是提出了原来根本不存在的全新技术系统(如蒸汽机、飞机、互联网),这些人类科技发展史上的里程碑,具有极高的技术含量。显然,这两种专利在创新水平上是有差距的,那么该如何制定一个相对客观的标准来评价它们在创新水平上的差异?阿奇舒勒认为,克服技术系统中存在的矛盾,是创新的最主要特征之一。基于这样的思想,阿奇舒勒提出了发明专利的五个等级,如表 1.2 所示。

表 1.2 发明的五个等级[②]

发明等级		重要特征
第一级发明 合理化建议 (占总体的35%)	原始状况	带有一个通用工程参数的课题
	问题来源	问题明显且解题容易
	解题所需的知识范围	基本专业培养
	困难程度	课题不存在矛盾
	转换规律	在相应工程参数上发生显著变化
	解题后引起的变化	在相应特性上产生了明显的变化
第二级发明 适度新型革新 (占总体的45%)	原始状况	带有数个通用工程参数,有结构模型的课题
	问题来源	存在于系统中的问题不明确
	解题所需的知识范围	传统的专业培训
	困难程度	标准问题
	转换规律	选择常用的标准模型
	解题后引起的变化	在作用原理不变的情况下解决了原系统的功能和结构问题

---

① 姚威,朱凌,韩旭. 工程师创新手册 [M]. 杭州:浙江大学出版社,2015.
② 张武城. 技术创新方法概论 [M]. 北京:科学出版社,2009.

续表

发明等级		重要特征
第三级发明 专利 （占总体的16%）	原始状况	成堆的工作量，只有功能模型的课题
	问题来源	通常由其他等级系统和行业中的知识衍生而来
	解题所需的知识范围	发展和集成的创新思想
	困难程度	非标准问题
	转换规律	利用集成方法解决发明问题
	解题后引起的变化	在转变作用原理的情况下使系统成为有价值的、较高效能的发明
第四级发明 综合性重要专利 （占总体的3%）	原始状况	有许多不确定的因素，结构和功能模型都无先例的课题
	问题来源	来源于不同的知识领域
	解题所需的知识范围	渊博的知识和脱离传统概念的能力
	困难程度	复杂问题
	转换规律	运用效应知识库解决发明问题
	解题后引起的变化	使系统产生极高的效能，并将会明显地导致相近技术系统改变的"高级发明"
第五级发明 新发现 （占总体的1%）	原始状况	没有最初目标，也没有任何现存模型的课题
	问题来源	来源或用途均不确定
	解题所需的知识范围	运用全人类的知识
	困难程度	独特、异常问题
	转换规律	科学和技术上的重大突破
	解题后引起的变化	使系统产生突变，并将会导致社会文化变革的"卓越发明"

下面以飞机设计和制造领域的案例来解释这五级发明的内涵。

第一级发明：解决方案明显，属于常规设计问题或技术系统的简单改进，可以利用个人的、本领域的相关专业知识加以解决，大约35%的问题属于这一级。例如，将单层玻璃改成双层玻璃，以增加飞机客舱的保温和隔音效果；运用高强度工程塑料代替飞机上的某些传统金属部件，使其既能够保证材料强度，又能够减轻重量、易于加工，方便个性化定制。这些是技术系统的简单改进，属于一级发明。

第二级发明：对技术系统的局部进行改进，所需知识仅涉及到单一工程领域，常常利用折衷设计思想降低技术系统内存在矛盾的危害性，大约45%的问题属于此等级。例如，需要增加某型号飞机的发动机功率，然而问题在于，发动机功率越大，工作时需要吸入的空气越多，发动机整流罩的直径就要相应增大；而整流罩增大，机罩离地面的距离就会减小，但该距离的减小是不被允许的，此为一对矛盾。折中解决方案的思路是这样的：增大整流罩的直径，以便增加空气的吸入量，但为了不减少整流罩与地面之间的距离，将整流罩底部的曲线变为直线，如图1.1、图1.2所示。这样的解决方案属于二级发明。

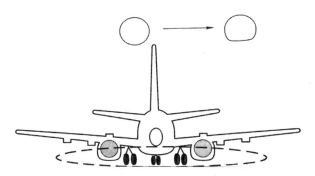

图 1.1　飞机整流罩改进示意图[①]

图 1.2　飞机整流罩改进实物图

第三级发明：对技术系统进行了本质性的改进，大大提升了系统性能。这其中所需的知识涉及不同工程领域，设计过程需解决矛盾，大约 16% 的问题属于此等级。例如，将传统的活塞式发动机改进为喷气式发动机，能够把吸气、压缩、燃烧、做功四个工作过程连接起来，增加了能量密度。这属于三级发明。

第四级发明：全面升级现有技术系统，引入完全不同的体系和全新的工作原理来完成技术系统的主要功能。这需要用到不同科学领域的知识，大约 4% 的问题属于此等级。例如，在制造飞机高强度部件时，需要用金刚石刀具进行切割，此时不希望金刚石内部有微小裂纹。因此需设计一种设备，可以将大块金刚石沿已存在的微小裂纹方向分解为小块，以保证每个小块内部没有裂纹。该如何设计这种设备呢？

解决该问题的，需要用到其他领域的知识。在食品工业中，将胡椒的皮与籽分开采用了升压与降压原理：首先将胡椒放在容器中，将容器中的气压升至 8 个大气压，之后快速降压，这样胡椒的皮与籽就分开了。采用同样的原理，设计一个耐压容器，将大块的金刚石放入之后升压（具体压力值可由实验得到），然后突然降压，大块的金刚石将沿内部微小裂纹分开。通过升压/降压分解金刚石的原理来自于机械行业以外的其他科学领域知识，属于四级发明。

---

① 张武城. 技术创新方法概论 [M]. 北京：科学出版社，2009.

第五级发明：通过发现新的科学现象或新物质来建立全新的技术系统，所需知识涉及到整个人类的已知范畴，只有1%的问题属于此等级。在这个过程中，新的技术系统逐步融合到社会发展过程中，原有技术系统被逐步淘汰。例如，电磁感应的发现成为发明发电机的基础，使蒸汽机和内燃机逐步退出历史舞台；质能方程的提出为后续原子弹的发明做了根本性铺垫，这些都是人类科技发展史上的里程碑，属于五级发明。当前磁流体发动机的飞速发展将有可能取代现有的涡轮或冲压发动机，使低成本的超音速飞行成为可能，但为适应超音速飞行，飞机的气动布局、航控系统等都将进行相应调整，从而颠覆传统的飞机制造技术，也将对人类的出行方式造成影响，因此可视为五级发明。

阿奇舒勒认为，第一级的发明，只是对现有系统的某些参数进行简单改进，并没有针对性地解决矛盾；而对于第五级的发明，通常起源于重大的科学或者技术进步，进而引起人类社会的巨大变革，这样的发明不到发明总数的1%。TRIZ 理论对解决第二～四级的发明问题是非常有效的，可以帮助人们完成至少80%的创新产品技术课题；而通过不断地、充分地实践，学会综合利用 TRIZ 所有工具，则可以帮助人们程序化地迅速解决95%的课题。

1.4.2 技术系统[①]

技术系统是指人类为了实现某种目的而设计、制造出来的一种人造系统。该定义阐述了技术系统的两个本质：第一，技术系统是一种人造系统，它是人类为了实现某种目的而创造出来的，这也是与自然系统的最大差别；第二，技术系统能够通过提供某种功能，实现人类期望的某种目的。因此，技术系统具有明显的"功能"特征，在对技术系统进行设计、分析的时候，应该牢牢地把握住"功能"这个概念。

一个技术系统往往由多个零件（这个概念不仅仅指实体零件，也可以是虚拟零件）按照一定的关系组合在一起形成的。系统中最小的零件或零件之间的连接关系，通常被称为系统的元素。由这些元素组成的，具有一定功能的集合体通常被称作子系统。一个能够完成一定功能的技术系统往往由多个子系统构成。

任何技术系统包括一个或多个子系统，每个子系统即可执行自身的功能，又可分为更小的子系统。在 TRIZ 中，最简单的技术系统由两个元素以及两个元素间传递的能量组成。例如，技术系统——"汽车"由"引擎""换向装置"和"刹车"等子系统组成，而"刹车"又由"踏板""液压传动装置"等子系统组成。所有的子系统均在更高层系统中相互连接，任何子系统的改变将会影响到更高层系统。当解决技术问题时，常常要考虑子系统和更高层系统之间的相互作用。

子系统是当前系统的一部分，而超系统指可影响整个分析系统的外部要素。需要注意的是，"超系统"的概念与"环境"的概念是截然不同的，系统边界外的要素都可以算为环

---

① 姚威，朱凌，韩旭. 工程师创新手册 [M]. 杭州：浙江大学出版社，2015.

境要素，但只有系统外部环境要素与系统或系统组件发生关系时才作为超系统来考虑，不发生关系就不是超系统。例如以一部手机为当前系统进行研究，其子系统有"触摸屏""信号收发系统""CPU"等，如果要研究的问题涉及无线网络信号的传输，则"无线路由发射器"肯定与系统有关，所以也将其纳入超系统来考虑。如果要研究的问题是触摸屏灵敏度的问题，则不涉及信号发射与传输，此时"无线路由器"没有与系统发生作用，就不是超系统。对超系统组件的详细解释详见 2.2.1 节。

1.4.3 理想度

技术系统是人类为了实现某种功能而设计、制造出来的一种人造系统，在技术系统使用和改进的过程中，其优劣需要进行评价和比较。日常生活中这样的实例俯拾皆是，如我们需要购置一台笔记本电脑，在下单之前会综合考虑其功能、外观、售价、重量、散热性等多方面因素，然后做出最优选择——简而言之，我们用"性价比"的概念来评价产品。用类似的思路来考察技术系统，则在 TRIZ 理论体系中引入了"理想度"的概念。其基本思路为，技术系统能够提供一个或多个有用功能（useful function），也会附带若干人们不希望出现的副作用，称为有害功能（harmful function）。同时，实现技术系统必须要付出一定的时间、空间、材料、能量等成本（cost）。综合考察，技术系统的理想度（ideality）等于系统实现的有用功能之和除以有害功能之和加成本之和，公式如下：

$$理想度 = \frac{\sum 有用功能}{\sum 负面功能 + \sum 成本}$$

技术系统不断改进的过程，表现为理想度的不断提升。以我们最熟悉的手机为例，其诞生初始被人们戏称为"大砖头"，重量和体积较大（零件多，制造成本大），信号不稳定（有害功能多），而且也只能实现打电话的功能（有用功能少）。经过若干年的改进，如今的手机已经彻底改头换面，有用功能大大增强（通话、短信、4G 网络、App 应用、智能终端等），有害功能得到削减（手机辐射、零部件发热等），成本降低也使得手机普及到每一个人手中——这些都表明手机系统的理想度得到了大幅提升。

提升系统理想度的方法，称之为理想化设计。上面的实例已经表明，增加有用功能、减少有害功能、降低成本等思路均可提升系统的理想度，具体来讲：

第一，增加有用功能的数量，或者提升现有有用功能的质量。通过优化提升系统参数，应用新的材料和零部件，给系统加入调节或反馈系统，通过系统与环境的互动引入额外的有用功能，均可达到该目标。

第二，减少有害功能的数量，或者减低现有有害功能的危害。可通过预先防范、变害为利、变废为宝等措施达到该目标。这样的过程既可以发生在系统内部的子系统之间，也可以发生在系统与环境之间。

第三，减小系统的体积和重量，降低系统实现功能所需的时间、能量，以及充分利用系统内可用资源（包括未占用的空间、空闲时间、储存的能量、信息甚至废料等）。利用自然界已有的资源、现象以及科学效应，均可达到降低成本的目标，从而提升理想度。

1.4.4 理想化最终结果

随着技术系统的不断进化，其理想度会不断地提高，极限的情况是系统的有用功能趋向于无穷大，有害功能和成本则趋近于零，二者的比值（即理想度）为无穷大。此时，技术系统能够实现所有既定的有用功能，但却不占据时间、空间（不存在物理实体），不消耗资源（能量），也不产生任何有害功能——这样的技术系统就是理想系统，这样的状态称为理想化最终结果（Ideal Final Result，IFR），而基于理想系统的概念得到的针对一个特定技术问题理想化解决方案的过程，称为最终理想解[①]。

最终理想化的状态在现实生活中是不存在的，但是对解决发明问题具有极其重要的意义。首先，IFR 为我们指明了创新的方向，能够保证在问题解决过程中始终沿着理想化的方向前进，从而避免了狭隘的视野以及盲目无头绪的试探，破除了传统方法中缺乏目标引导的弊端。其次，对 IFR 的追求也能规避因客观条件限制而被迫做出折中妥协的弊端，避免了心理惯性，提高了创新设计的效率。

在达成理想状态的过程中，始终需要以理想化的最终结果（IFR）为指引，打破刻板思维的束缚，考虑直接解决矛盾而不是向矛盾妥协，这是 TRIZ 理论的核心思想和创举之一。因此，"理想化"概念的意义在于，针对试错和依赖灵感等传统思维和创新方法的弊端，TRIZ 理论在解决问题之初，首先明确了努力的方向，强调抛开各种客观条件的限制，寻求理想化的状态。

1.5 本章小结

总体而言，TRIZ 是当前最高效的实用性创新方法，其本质是一种系统性创新的方法，能够使工程师在创新的过程中不用再依靠试错和灵感，而直接采用系统化的思维方式和结构化的工具来构建解决方案。

作为一种系统性的创新方法，TRIZ 理论的基本思路是将一个待解决的具体问题转化成典型问题的模型（步骤①），然后根据问题的属性，有针对性地应用不同的 TRIZ 工具，并采用相应的流程，得到典型解决方案模型（步骤②），最后结合实际情况得到具体解决方案（步骤③），如图 1.3 所示。这一思路与关注发散性思考的传统创新方法存在本质上的不同。

---

① 国内很多文献将理想化最终结果（IFR）与最终理想解两个概念混淆，IFR 是一个结果，而最终理想解是求解过程，是一种方法。

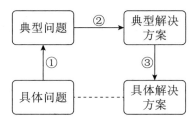

图 1.3　TRIZ 解决问题的基本思路

TRIZ 解决发明问题的思路类似于解一元二次方程的过程。如对于一般形式的方程（具体问题），有 $2x^2 + 3x + 1 = 0$，将其转化为典型形式（典型问题）则为 $ax^2 + bx + c = 0$。解一元二次方程的典型解决方案为应用求根公式（配方法、因式分解法等为非典型方法），有求根公式：$x = \dfrac{-b \pm \sqrt{b^2 - 4ac}}{2a}$。

结合具体情况，将 a，b，c 实际值代入求根公式，得 $x^1 = -1$，$x^2 = -0.5$。TRIZ 方法的妙处在于将解决复杂创新问题从漫无目的乱猜乱碰变成像解方程一样有规律可循。

第2章 系统功能分析与系统裁剪

2.1 系统功能的定义

2.1.1 功能的概念

20世纪40年代,价值工程理论的创始人,美国通用电气公司的工程师迈尔斯首先关注了功能的概念。迈尔斯认为,顾客买的不是产品本身,而是产品的功能。例如,冰箱有满足人们"冷藏食品"的属性;起重机有帮助人们"移动物体"的属性。因此,企业实际上生产的是产品的功能,用户购买的实际上也是产品的功能。也就是说,功能是产品存在的目的。从系统科学的观点来看:功能是系统存在的理由,是系统的外在表现;结构是系统功能的载体,是系统的客观存在;功能是结构的抽象,结构是功能的载体。

功能(function)是指某组件(子系统、功能载体)改变或保持另一组件(子系统、功能对象)的某个参数的行为或作用(action)。关于这个概念,有以下几个要点需要注意。

(1)功能载体以及对象都必须是实体,不能是虚拟的物质或者参数,因为根据定义功能的载体和对象都必须是组件(子系统、功能载体)。

(2)功能必须"改变或保持"对象的"某个参数",因此功能是一种"客观存在"并"产生了影响"的行为或作用,未发生的、推测或臆想的行为或作用都不是功能;此外,没有效果的行为或作用,即没有"改变或保持"对象的"某个参数"的行为或作用,不算功能。以人靠在墙上站立为例,墙改变了人的状态(不然人会摔倒),此时墙对人有支撑的功能,但如果人仅仅是贴墙站着,墙没有改变人的状态,此时墙对人没有功能。

在TRIZ中,功能是对产品或技术系统特定工作能力抽象化的描述,任何产品都具有特定的功能,功能是产品存在的理由,产品是功能的载体,功能附属于产品,又不等同于产品。根据功能的定义,功能一般用SVOP的形式来规范,其中S表示技术系统或功能载体名称;V表示施加动作;O表示作用对象;P表示作用对象的"被改变或保持的"参数。SVOP的定义法如图2.1所示。在S(技术系统或功能载体)不言自明的情况下,可以将功能定义为VOP的简化形式。

在SVOP中,施加的动作尽量用抽象的动词表达,避免使用专业术语和直觉表达。TRIZ的功能定义采用抽象方式表达,价值在于通过多个定义的方法来产生更多和更灵活的想法。功能定义越抽象,引发的构想就会越多。直觉表达其实描述的不是功能,而是功能执行的结果。直觉表达和抽象表达的区别如表2.1所示,常用的功能抽象定义的动词如表2.2所示。

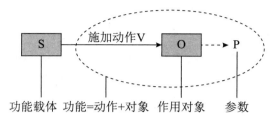

图 2.1 系统功能的 SVOP 定义法示意图

表 2.1 直觉表达与抽象表达定义的系统功能

技术系统	直觉表达	抽象表达（省略功能载体的规范性表述 VOP）
电吹风机	吹干头发	减少水分（的）数量
电风扇	凉爽身体	改变空气（的）位移
放大镜	放大目标物	改变光线（的）方向
白炽灯	照亮房间	提高空间光照度
挡风玻璃	保护司机	提高车及乘客的安全性
二极管	整流电流	阻滞某极性电流（的）流动性

表 2.2 常用功能动词表

功能动词	功能动词	功能动词	功能动词
吸收	分解	加热	阻止
聚集	沉淀	支撑	加工
装配（组装）	破坏	告知	保护
弯曲	检测	连接	移除
拆解	干燥	定位	旋转（转动）
相变	嵌插	混合	分离
清洁	浸蚀	移动	振动
凝结	蒸发	定向	固定
冷却	析取	擦亮	传递
腐蚀	煮沸	防护	……

2.1.2 功能的分类定义

按照功能的效果与期望之间的差异可将功能分为有用功能和负面功能，其中负面功能又可分为有害功能、不足功能以及过度功能。

有用功能：指功能载体对功能对象的作用按照期望的方向改变功能对象的参数。

负面功能：指功能载体对功能对象的作用不按照期望的方向改变功能对象的参数。负面功能主要有以下 3 种：

（1）有害功能：指功能载体对功能对象产生了有害的作用。

（2）不足功能：指功能载体对功能对象的作用产生的实际改善值小于期望的改善值。

（3）过度功能：指功能载体对功能对象的作用产生的实际改善值高于期望的改善值，而这种高于期望的改善值虽未带来有害效果，但也不完全符合期望。

有害功能、过度功能和不足功能都无法满足功能载体对作用对象的正常功能，因此都是系统中存在的不利因素。

对于系统中的有用功能而言，又可根据功能对象在系统中所处的位置不同，进一步将其分为基本功能、辅助功能和附加功能。3 种功能类型的区别如下：

（1）基本（主要）功能用 B 表示，其功能作用的目标是系统对象，是系统存在的主要理由，回答"系统能做什么？"的问题。

（2）辅助功能用 Ax 表示，其功能对象是系统组件，作用是支撑基本功能，回答"系统怎么做（实现基本功能）"的问题。

（3）附加功能用 Ad 表示，其功能对象是超系统组件，回答"系统还能做什么？"的问题。

2.2 系统功能分析

系统功能分析的主要目的是：对已有系统进行分解，确定技术系统所提供的主要功能，明确各组件的有用功能及对系统功能的贡献，建立并绘制组件功能模型图。

系统功能分析可以分以下 3 个步骤：

（1）组件分析，描述组成系统的组件以及超系统组件。

（2）相互作用分析，描述组件之间的相互作用关系。

（3）建立功能模型，用规范化的功能描述，揭示整个技术系统所有组件之间的相互作用关系以及如何实现系统功能。

2.2.1 组件分析

系统功能分析的第一步是组件分析。组件是技术系统的组成部分，组件有两个特征：

（1）组件执行一定的功能；

（2）组件可以等同为系统的子系统。组件可分为系统组件（包括子系统组件）和超系统组件两大类。

组件分析的目的是识别技术系统的组件及其超系统组件，从而得到系统组件和超系统组件列表。组件分析回答了技术系统是由哪些组件组成的，具体包括系统作用对象、系统组件、子系统组件（如有必要），以及和系统组件发生相互作用的超系统组件。图 2.2 是系统组件分析的层次示意图。

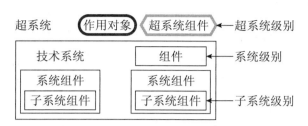

图 2.2　系统组件分析的层次

通常情况下功能分析只分析到系统组件这一级，也可根据实际需要进一步将个别系统组件拆分为子系统组件。基于分析需要，组件数量即不能太少也不要太多，根据经验构成功能模型的组件总数（包括超系统组件）在 10 ～ 15 个为宜。

超系统组件指对系统造成影响的外部要素，因此超系统是客观存在的外部环境因素，而不是系统内的组成部分。超系统组件和系统组件的一个显著区别是"超系统不能被删除或重新设计"。在进行系统功能分析的时候，如果不知某组件到底是系统组件还是超系统组件，那么就应考虑该组件能否被删除或重新设计，如不能，则一定为超系统组件。

超系统组件的识别是很重要的，因为超系统组件既可能导致工程系统出现问题，也可以作为工程系统的资源，成为解决问题的工具。在工程活动的各个阶段，典型的超系统组件有：

- 生产阶段：设备、原料、生产场地等。
- 使用阶段：功能对象（产品）、消费者、能量源、与对象相互作用的其他系统等。
- 储存和运输阶段：交通手段、包装、仓库、储存手段等。
- 与技术系统作用的外界环境：空气、水、灰尘、热场、重力场等。

经过以上分析后，可以填写系统组件列表，对系统的全部组件进行梳理。系统组件列表示例如表 2.3 所示。

表 2.3　系统组件列表

超系统组件	组件	子组件			
		（将其组件拆分为相应的子组件，写在本列）			

在对超系统进行分析时，需要注意以下两点：

（1）超系统必须在对系统或系统组件有影响时才可纳入考虑。

（2）系统作用对象也是超系统组件，因为系统作用对象不能被删除和重新设计。

2.2.2 相互作用分析

系统功能分析的第二步是相互作用分析。相互作用分析的目的主要是：全面识别在某一时刻系统组件及超系统组件之间的相互关系，以及辨别这些关系的性质。需要注意的是，在相互作用分析中，只要组件之间存在相互作用就必须都要纳入考虑。一般运用构建相互作用矩阵的方法进行相互作用分析以避免遗漏。

在进行组件相互作用分析时，需要先将组件依次填入相互作用矩阵表格的列和行中。通常把列里的组件作为作用的载体，把行里的组件作为作用的对象，依次检查两个组件间的相互作用。如果存在作用则填写动词，若该作用是负面作用，还应在动词后面加括号并写上有害、不足或过度等字样。假设组件之间存在"连接""摩擦""运输"和"照射"几个作用，以表2.4为例说明这几个组件相互作用分析的过程。

表2.4 组件相互作用的分析

组件编号	组件1	组件2	组件3	……	组件n
组件1		连接			摩擦（有害）
组件2	连接				
组件3		照射			
……					
组件n	摩擦（有害），运输				

（1）组件1和组件2是装配在一起的，这个作用是正常的，且是相互的，所以第2行第3列，以及第3行第2列都填入了"连接"，表示连接作用。

（2）组件n对组件1有"摩擦"作用，这个作用是有害的，所以第6行第2列填入"摩擦（有害）"。

（3）同时，组件n对组件1还有运输作用（如传送带），如果存在多个作用，那么都应填在同一格中，于是在第6行第2列继续填入"运输"。

（4）组件3对组件2有"照射"作用，因此在第4行第3列填入"照射"。

需要强调的是，组件间的作用分为两种：一种是物质和物质间的作用，这样的作用是双向的，如组件1和组件2、组件1和组件n，这两个作用都要考虑，然后根据需要选择主要的作用来考虑。例如组件n对组件1有运输作用，反过来组件1一定对组件n也有"摩擦"作用，不然不会被"运输"，但这个"摩擦"作用相较于"运输"作用明显可以忽略。另一种作用是物质与场之间的作用，这样的作用是单向的，一定要注意方向，千万不能搞错。如本例中组件3"照射"组件2，如果填写在第3行第4列就错了，那就变成组件2"照射"组件3了，方向反了。

2.2.3 建立功能模型

功能模型基于关系矩阵采用规范化的功能描述方式来表述组件之间的相互关系，能够形象地将各组件间的所有功能关系及功能性质全部展示出来，有助于对系统进行深入分析。

1. 作图规范

功能模型要素（代号）及绘制功能模型图例需要遵循一定的作图规范，本书采用统一的作图规范如图 2.3 所示。

功能分类	功能等级	性能水平	成本水平
有用功能	基本功能（B）	正常（N）	微不足道的（Ne）
	辅助功能（Ax）	过度（E）	可接受的（Ac）
	附加功能（Ad）	不足（I）	难以接受的（UA）
有害功能	有害功能（H）		
功能图形		图例	
	正常功能	→	
	过度功能	⇒	
	不足功能	----→	
	有害功能	→	
组件图形	系统组件	矩形	组件
	超系统组件	六棱形	超系统
	系统作用对象	圆角矩形	对象

图 2.3 功能模型图绘制图例

功能模型图的绘制有助于人们加深对系统本身的理解，也有助于后续解题，因此要充分重视建立功能模型图的重要性。在建立组件功能模型图过程中，主要有以下经验可供参考：

（1）功能模型图只针对特定条件下的具体技术系统进行功能陈述，即强调"此时此景"，不要考虑系统随时间的变化情况。

（2）只有在作用中才能体现功能，所以在功能描述中必须有动词反映该功能。不能采用不体现作用的动词，也不能采用否定动词。

（3）功能存在的条件是作用改变了功能受体（对象）的参数。

（4）功能陈述包括作用与功能受体（对象），体现作用的动词能表明功能载体要做什么。功能受体是物质，不能是参数。

（5）在陈述功能时可以增添补充部分，指明功能的作用区域、作用时间和作用方向等。

2. 近视眼镜的功能分析实例

下面通过近视眼镜的例子来具体解释功能分析的步骤，如图 2.4 所示。

首先进行组件分析，绘制系统组件列表。为简化分析，只将眼镜分成三个组件，镜片、镜框和镜腿。其实如果继续分下去还可以有更多组件，例如镜腿还可以分为金属杆、塑料套等，但不一定有必要。

超系统组件选择了鼻子、耳朵和光线。

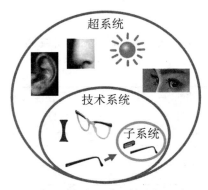

图 2.4 眼镜的系统组件分析层次图

再根据上述分析,填写组件列表,如表 2.5 所示。

表 2.5 眼镜系统的组件列表

超系统组件	组件	子组件
光线	镜腿	塑料套、金属杆等
耳朵	镜框	
鼻子	镜片	

根据组件间的相互作用绘制相互作用矩阵。在分析相互作用的时候尽量考虑全面,但在绘制功能模型的时候,可以忽视一些不关键的作用,例如镜框和镜腿以及镜框和镜片间的相互装配作用。完整的系统组件相互作用表如表 2.6 所示。

表 2.6 眼镜系统组件相互作用表

组件	镜腿	镜框	镜片	光线	耳朵	鼻子
镜腿		支撑			挤压(有害)	
镜框	连接		支撑			挤压(有害)
镜片		连接		折射		
光线						
耳朵	支撑					
鼻子		支撑				

随后绘制功能模型图,眼镜系统的系统功能模型如图 2.5 所示。绘制功能模型图的时候要对照相互作用矩阵。去掉忽略的两个"连接"装配作用之后,矩阵中还剩下 7 个作用,这样功能模型图中应该有 7 条线。如果数量不一致,就要看一下是否有遗漏。

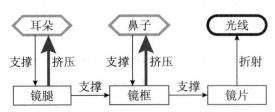

图 2.5 眼镜系统的系统功能模型图

对于这个功能模型图，有学员会提出疑问，戴眼镜是为了改善视力，超系统中应该要考虑眼睛啊，怎么模型中居然没有"眼睛"呢？其实这个很好理解，因为绘制的是"眼镜"的功能模型，"眼镜"的功能就只是"改变光线方向"，戴在人眼睛上是这样，放在地上也是这样，所以眼镜的功能与眼睛没有关系，因此在"眼镜"的功能模型图中没有眼睛。

事实上从另一个角度考虑，如果加入"眼睛"，会发现它与组件（镜腿、镜框和镜片）都没有直接发生作用，所以不符合超系统的定义，因此眼睛在这里不能或者不需要纳入超系统组件来考虑。

2.3 系统裁剪

2.3.1 系统裁剪的定义

系统裁剪即根据系统需要尝试将系统中的某组件裁剪，同时把它有用的功能提取出来，让系统中的其他组件（包括新引入的组件和原有组件）或超系统去实现这个功能，从而达到降低成本、提高系统理想度的目的。系统裁剪既消除了被裁剪部分产生的负面功能，又降低了成本，同时所执行的有用功能依旧存在。

总而言之，系统裁剪可以实现如下目的：

（1）精简组件数量，降低系统的组件成本；
（2）优化功能结构，合理布局系统架构；
（3）提升功能价值，提高系统实现功能的效率；
（4）消除过度、有害、重复的功能，提高系统理想化程度；
（5）更好地利用系统内外部资源。

实施系统裁剪通常遵循如下 5 个步骤：

（1）组件分析；
（2）构建相互作用矩阵；
（3）建功能模型；
（4）确定裁剪组件或裁剪策略；
（5）实施裁剪。

因为前 3 个步骤与系统功能分析构建功能模型的步骤一致，因此不再赘述。

2.3.2 确定裁剪组件的原则

通常，系统裁剪主要有"降低成本""专利规避""改善系统功能"和"降低系统复杂度"4 个基本目标。但依据系统的具体情况，进行系统裁剪有如下几个原则。

（1）基于项目目标选择裁剪对象。

首先，如果有明确的项目目标，那么依据项目目标来确定裁剪组件。
- 降低成本：优选功能价值低、成本高的组件。
- 专利规避：优选专利权利声明的相关组件。
- 改善系统：优选有主要缺点的组件。
- 降低系统复杂度：优选高复杂度的组件。

（2）选择"具有负面功能的组件"。

其次，如果没有明确的项目目标，那么优先裁剪与负面功能有关的组件，具体顺序为：优先考虑裁剪与有害功能相关的组件，其次是不足功能，然后是过度功能。

最后，如果系统没有明确的负面功能，那么按以下原则确定裁剪组件。

（3）选择"低价值的组件"。

（4）选择"提供辅助功能的组件"。因为提供辅助功能组件的价值小于提供基本功能组件的价值，且冗余度高。

（5）选择"其他有必要裁剪的组件"。

裁剪组件的确定不是唯一的，一定要根据实际情况来判断。如果分析该系统的专家有足够的经验，可以通过对具体问题的具体分析直接选择出需要裁剪掉的组件。

2.3.3 实施裁剪的3个常见策略

如果将组件A作为系统功能的载体，组件B作为系统功能的受体，则组件A对B存在某种功能。若确定组件A为裁剪对象，则可以按照以下3个策略进行裁剪。

1. 裁剪策略1——唇亡齿寒

若移除作用对象B，则作用对象B也就不需要组件A的作用了，此时功能载体A可被裁剪，具体裁剪规则如图2.6所示。

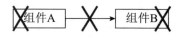

图2.6 常用裁剪策略1示意图

2. 裁剪策略2——自力更生

若组件B能自我完成组件A的功能，那么组件A可以被裁剪，其功能由组件B自行完成，具体裁剪规则如图2.7所示。

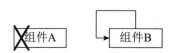

图2.7 常用裁剪策略2示意图

3. 裁剪策略 3——移花接木

技术系统或超系统中的组件 C 可以完成功能载体组件 A 的功能，那么组件 A 可以被裁剪掉，其功能由组件 C 完成。组件 C 可以是系统中已有的，也可以是从系统外新引入的，具体裁剪规则如图 2.8 所示。

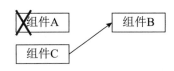

图 2.8　常用裁剪策略 3 示意图

举个通俗的例子来解释上述策略。例如厨师要用一把精致的水果刀切水果，结果客人说不吃水果了（水果被裁剪掉了），那么刀就可以收起来了，因为肯定用不上了，这用到的就是策略①。如果水果可以自己变成小块（水果自服务），比如客人要圣女果而不是大番茄，那么也就不用刀了（刀被裁剪），这用到的就是策略②。如果厨房里还有菜刀，或者水果切割器等，那么也可以不用水果刀（被裁剪）；菜刀是厨房中本来有的，而水果切割器是网购来的，原来厨房里没有，这就是策略③。

2.3.4　系统裁剪实战案例

仍以眼镜系统为例说明系统裁剪的过程。首先绘制眼镜的功能模型图，如图 2.5 所示。

随后确定裁剪对象，根据裁剪法实施的指导原则，在没有明确目标的情况下，优先裁剪涉及负面功能，尤其是有害功能的组件，系统中提供涉及有害功能（作为有害功能的载体或对象）的组件是镜腿和镜框，因此可以先从镜腿开始裁剪，裁剪方案如图 2.9 所示。

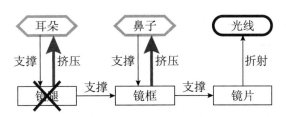

图 2.9　眼镜系统裁剪方案——裁剪镜腿

将镜腿确定为待裁剪组件后，就可以考虑运用裁剪策略实施裁剪，并寻求解决方案。镜腿的功能为支撑镜框，按照裁剪策略，可以从如下角度思考问题解决方案。

策略①：如果没有镜框，那么镜腿也就不需要了。

策略②：镜框自行完成支撑作用。

策略③：技术系统中其他组件完成支撑镜框作用（如镜片），或由超系统组件完成支撑镜框作用（如手、鼻子等来完成支撑作用）。

考虑到可行性,可以优先选择策略③,用超系统组件中的鼻子或手来完成支撑镜框的功能。这种解决方案很早就存在了,如无腿近视眼镜在使用时用鼻子或手作为支撑。裁剪后的功能模型图如图 2.10 和图 2.11 所示,图 2.12 所示是生活中常见的无腿眼镜。

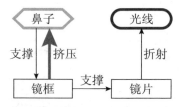

图 2.10　裁剪镜腿后眼镜系统的功能模型图——**鼻子支撑**

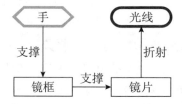

图 2.11　裁剪镜腿后眼镜系统的功能模型图——**用手支撑**

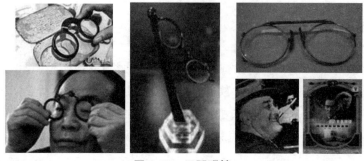

图 2.12　无腿眼镜

还可以持续进行裁剪。在眼镜系统剩余的组件中,涉及有害功能的是镜框,故优先裁剪镜框。裁剪方案如图 2.13 所示。

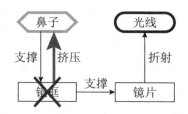

图 2.13　眼镜系统裁剪方案——**裁剪镜框**

镜框的功能为支撑镜片,根据裁剪法的实施策略,逐一寻求裁剪镜框的解决方案。

策略①:裁剪掉镜片,镜框也就不需要了(镜片不需要支撑作用)。

策略②:镜片自我完成支撑作用。

策略③:用技术系统中其他组件完成支撑镜片的作用(无);用超系统组件完成支撑

镜片的作用（如手、鼻子、眼睛等）。

还是先选择策略③，用超系统组件中的眼睛来完成支撑镜片的作用。作为鼻子和手支撑功能的对象，镜框被裁剪掉了，于是手和鼻子也不需要了。裁剪后的功能模型图如图2.14所示。读者很容易想到，这种眼镜就是隐形眼镜。

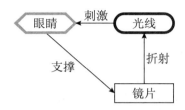

图 2.14　眼镜系统裁剪方案——裁剪镜框

回到最初的功能模型图，有读者要问，如果选择策略①或策略②可以吗？当然可以了，如果选择策略①，裁剪掉镜片，则镜框也不需要了，功能模型图如图2.15所示，直接就获得隐形眼镜的方案。

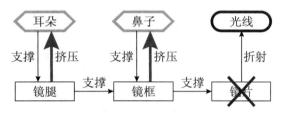

图 2.15　眼镜系统裁剪方案——裁剪镜片

如果选择策略②，则功能模型图如图2.9所示，直接获得无腿眼镜的方案。

因此无论是选用策略①实现一步到位，还是选择策略②、③实施连续裁剪，最终都能达到殊途同归的效果。

下面思考这样一个问题，如图2.16所示，针对隐形眼镜的功能模型，是否还可以继续实施裁剪？

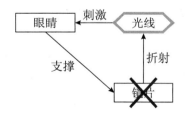

图 2.16　隐形眼镜系统裁剪方案——裁剪镜片

如要再继续裁剪，因系统中还剩下一个组件——镜片，只能裁剪镜片，那么镜片可以被裁剪掉吗？

实际上，如果要继续裁剪，那么系统肯定要发生变化了，也就是说不再仅仅是眼镜系统，而应该考虑一个新的、更大的系统了。例如，必须要把整个人体的光学成像系统都纳入考虑，重新绘制功能模型图。众所周知，人体的光学成像系统的实际作用对象是大脑，而眼睛只是改变光线和接受光线的组件，因此绘制的新功能模型图如图 2.17 所示。

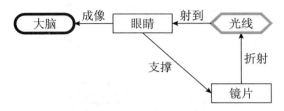

图 2.17　人的光学成像系统

此时，可以进一步考虑，镜片的功能为改变光线的方向，使其进入眼睛。根据裁剪法的实施策略，逐一寻求裁剪镜片的解决方案，裁剪方案如图 2.18 所示。

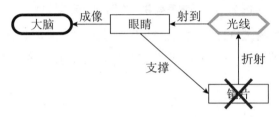

图 2.18　光学成像系统裁剪方案

策略①：如果能够裁剪掉光线，镜片也就不需要了。但光线为系统作用对象，属于超系统组件，不能删减也不能被重新设计，故不能删除，因此策略①不可用。

策略②：光线自我完成改变方向的作用。但这是不可能的，因此策略②也不可用。

策略③：由技术系统中其他组件完成改变光线方向的作用（如眼睛）；超系统组件完成改变光线方向的作用（无）。

若选择实施策略③，用系统组件中的眼睛来完成改变光线方向的作用，则整个眼镜系统被裁剪，眼镜不存在了。通过眼睛自身来改变光线的方向，完成调整视力的功能，则系统的功能模型图如图 2.19 所示。这就是现在的医疗技术——近视手术。

图 2.19　裁剪镜片的光学成像系统方案

那么新的问题来了，还可以继续裁剪吗？即把唯一的组件"眼睛"裁剪掉，这和裁剪"镜片"时遇到的问题一样，如果要继续实施裁剪，必须重新绘制功能模型图。

新系统的功能不再是成像，而是"传递视觉信息"，即从上个系统的主要功能"看到"物体（成像）转变为"觉察到看到的"物体。众所周知，视觉的形成是个很复杂的过程，大脑的视觉系统如图 2.20 所示。大脑"看到"图像的过程是：光线照射到眼睛（严格说应该是角膜）后，光信号经过一系列转换最后在视网膜成像，视神经将其转化为生物电信号并传递给大脑视觉中枢，最终形成视觉图案。其详细流程如下：光线→角膜→瞳孔→晶状体（折射光线）→玻璃体（支撑、固定眼球）→视网膜（形成物像）→视神经（传导视觉信息）→大脑视觉中枢（形成视觉）。

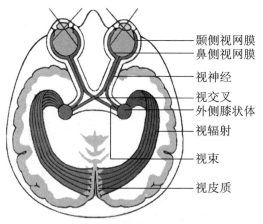

图 2.20 大脑视觉系统

因此重新绘制功能模型图,把视网膜之前的那些组件如角膜等都视为一个组件"眼睛"或"眼球","眼球"将信号传递给组件"视神经","视神经"再把信号传递给"视觉中枢"形成视觉。此时系统的作用对象变成了"视觉中枢"。重新绘制的功能模型图如图 2.21 所示。

图 2.21 视觉传导系统的功能模型图

此时,视网膜或眼球等都可被视为组件进行裁剪。裁剪后的功能模型图如图 2.22 所示。

图 2.22 视觉传导系统的功能模型图——裁剪后

从新的功能模型图中我们可以看到,大脑只要接收到视神经给予的信号就可以成像,能不能"看"到,是不是经过眼睛"看"到的并不重要。下述为美国当代著名哲学家普特南提出的一个著名的思想实验"缸中之脑":

"一个人(假设是你自己)被邪恶的科学家施行了手术,他的大脑被从身体上切了下来,放进一个盛有维持脑存活营养液的缸中。脑的神经末梢连接在计算机上,这台计算机按照程序向脑传送信息,以使这个人保持一切正常的幻觉。对于他来说,大脑还可以被输入或截取记忆(截取掉大脑对手术的记忆,然后输入他可能经历的各种环境和日常生活的信息)。他甚至可以被输入代码,使他'感觉'到自己正在这里阅读一段有趣而荒唐的文字。"[1]

其实他根本不知道自己看到的信息是眼睛给的还是别人刻意输入的。也就是说,正常情况下眼睛获得信号,通过电刺激将信息传递给大脑中枢神经系统的视觉皮层,而如果直

---

[1] 资料来源:https://www.zhihu.com/question/36775631

接给大脑的相应位置输入这种刺激，就可以不需要眼睛直接获得这种信息。如图 2.23 所示，通过某种特定机构不断向脑皮层传递电信号，同时又不断向大脑供给营养，保证它的生物学特性，那么大脑还是可以获得视觉信号的。这个"缸中之脑"的理念被用于《黑客帝国》《盗梦空间》等电影与小说中。

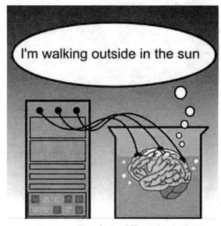

图 2.23 "缸中之脑"思想实验图

2.3.5 系统裁剪的若干经验和注意事项

1. 裁剪前的思考

在对系统组件进行裁剪之前，可通过考虑以下 5 个问题来拓展裁剪思路。

（1）我们需要这个组件所提供的功能吗？

（2）在系统内部或系统周边，有没有其他组件可以实现该功能？（通常替代组件会在较高层级）

（3）现有的资源能不能实现该功能？

是否有其他组件的属性可以呈现此功能？

在系统环境中，是否有其他物质可作为资源来提供此功能？

系统中是否有某些具进化潜能的组件可作为资源来提供此功能？

（4）能不能用更便宜的方法来实现该功能？

（5）相对于其他组件而言，该组件与其他组件是不是存在必要的装配或运动关系？

2. 务必确保系统功能的完整性

在着手进行裁剪前，必须充分且完整地完成功能与属性分析，确认我们是否真的已掌握了"所有"的有用功能。

例如自行车座垫的裁剪。有人认为自行车座垫只有一个"支撑骑士"的功能，其尖端存在有害的功能（阻碍腿部动作），因此，有设计者认为应将座垫尖端裁剪掉。但事实上，当自行车在高速下转弯时，离心力会将人甩离车子，此时座垫尖端可为大腿提供一个阻止人往外摔的力,即座垫尖端提供"抵抗侧向力"的功能。这样一来,删除座垫的尖端就显得很不合适了,所以整个系统的功能模型图应如图 2.24 所示。坐垫对身体摔倒的阻止功能是容易被忽略的正常功能。

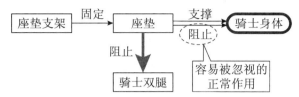

图 2.24　自行车坐垫的功能模型图

也许现在读者也就知道了,为什么三轮车的坐垫可以不是尖头的。

进一步,在确保了解组件所有功能的基础上,还要遵循系统完备性法则,即构成技术系统的基本要素,如动力+传动+控制+执行装置(+界面(或作用对象))等,缺一不可。其中任一要素不存在或是损坏,此系统将无法运行。例如摩托车把动力系统油箱裁掉了,又没有引入其他动力系统来替代油箱,那么摩托车就不能实现移动这一基本功能了。

3. 成对出现的功能的裁剪

如果在系统中有成对的功能存在,则其中一个功能通常为可以被裁剪掉以提高系统的理想度。

该规则同时包含两个理论基础:

(1)独立公理:成对的不同需求功能之间要具备独立性。

(2)信息公理:要在最小复杂度情况下获得功能需求。

通常距离较近的元件的功能可相互替代,被替代的元件可以删除,以降低系统的复杂程度。例如简化成对的冷热水龙头。简化前的成对冷热水龙头功能模型图如图 2.25 所示。切换其中一功能需求时,会影响到另一个功能的需求。势必要再调节另一个冷水阀门,存在多重的二个控制动作。(水温太高→调小热水量→影响整体的流量)。两个龙头分别流出冷与热不同温度的水与水量,两个成对功能不符合独立性。

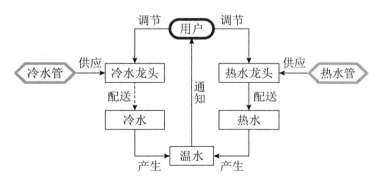

图 2.25　水龙头的功能模型图

通过实施裁剪,将混合水龙头系统功能模型简化成现有操作模式,具体如下:使用者第一次调整水龙头的温度,如图 2.26 所示,然后再调整到使用者期望的流量和流速,如图 2.27

所示，两次调节遵守了功能独立性公理；"需求产品"来自一件事物或一个简单控制动作。

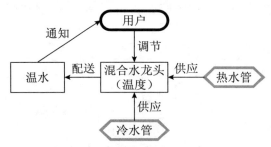

图 2.26　水龙头控制水温度的功能模型图

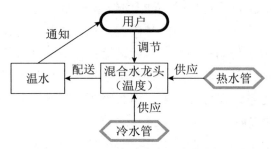

图 2.27　水龙头控制水流量的功能模型图

用户需要的是产品的功能，功能是产品的本质，而产品的具体内容只是功能的实现形式。采用对产品进行功能分析的方法，可以把对产品具体结构的思考转化为对产品功能的思考，从而排除产品形式结构对思维的束缚，开拓思路，搜寻一切能满足产品功能要求的工作原理。功能分析是实现功能创新的重要方法，也是实现产品创新的核心技术。

第3章 系统因果分析

所谓系统因果分析是以系统发展变化的因果关系为依据,抓住系统发展变化的主要矛盾(内因)与次要矛盾(外因/条件)的相互关系。

3.1 常见的因果分析方法

3.1.1 5W1H(五个为什么)[①]

五个"为什么"分析,也叫六问分析法,是一种诊断性技术,被用来识别和说明因果关系链。该方法对任何选定的项目、工序或操作,都要从原因(何因 Why)、对象(何事 What)、地点(何地 Where)、时间(何时 When)、人员(何人 Who)、方法(何法 How)等六个方面提出问题并进行思考。其核心就是不断提问为什么前一个事件会发生,直到回答"没有好的理由"或直到一个新的故障模式被发现时才停止提问。

1. 经典实例

丰田汽车公司前副社长大野耐一先生见到一条生产线的机器经常停转,修过多次仍不见好转。

问:"为什么机器停了?" 答:"保险丝断了。"
问:"为什么保险丝断了?" 答:"因为超过了负荷。"
问:"为什么超负荷呢?" 答:"因为轴承的润滑不够。"
问:"为什么润滑不够?" 答:"因为润滑泵吸不上油来。"
问:"为什么吸不上油来?" 答:"因为油泵轴磨损、松动了。"
问:"为什么磨损了呢?" 答:"因为没有安装过滤器,混进了铁屑等杂质。"

2. 解决办法

在油泵轴上安装过滤器。需要注意的问题是,提问一定要不断深入,不能在原地打转。不然就会出现下面的笑话。

问:"为什么买进(股票)?" 答:"以为会涨啊!"
问:"结果呢?" 答:"它跌了。"
问:"然后呢?" 答:"我卖了"
问:"为什么卖出?" 答:"以为还会跌啊!"

[①] 创新方法研究会. 培训资料 [C]. 创新方法研究会专题培训, 2010.

问:"结果呢?" 答:"它涨了。"
问:"然后呢?" 答:"我又买了。"
问:"为什么又买进?" 答:"以为还会涨啊!"
问:"结果呢?" 答:"它又跌了。"
问:"然后呢?" 答:"我又卖了。"
问:"为什么又卖出?" 答:"以为还会跌啊。"
问:"结果呢?" 答:"它又涨了。"
问:"然后呢?" 答:"我又买了。"

3.1.2 FMEA(失效模式及影响分析)[①]

FMEA(Failure Mode and Effect Analysis)是一种可靠性设计的重要方法。它实际上是FMA(故障模式分析)和FEA(故障影响分析)的组合。它对各种可能的风险进行评价、分析,以便在现有技术的基础上消除这些风险或将这些风险减小到可接受的水平。

20世纪50年代美国格鲁曼公司开发了FMEA,用于飞机制造业的发动机故障防范。20世纪60年代美国航空及太空总署(NASA)实施阿波罗登月计划时,在合同中明确要求实施FMEA[②]。

要达到风险分析的基本目的,就要清楚:

(1)何种情况会产生故障?

(2)如果产生了故障会发生什么事情?并连锁发生什么事情?

FMEA的意义在于把侧重事后处理转变为侧重事前预防。表3.1是两种分析方法之间的对比。

表3.1 传统失效分析方法与FEMA的对比

传统方法	FMEA
问题的解决	防止问题的发生
浪费的监视	消除浪费
可靠性的量化	消除不可靠性

根据适用阶段的不同,FMEA可以分为以下4种类型。

(1)系统FMEA:应用于早期概念设计阶段的系统和子系统分析。

(2)设计FMEA:应用于产品试制之前的产品设计分析。

(3)过程FMEA:应用于生产制造和管理流程的分析。

(4)服务FMEA:应用于服务流程的分析。

---

① 居季成,徐名聪,乔靓. 失效模式及后果分析的运用[J]. 现代制造工程,2004(11):83-86.

② Countinho J S. Failure-effect analysis[J]. Transactions of the New York Academy of Sciences,1964,26(2):564-584.

3.1.3 鱼骨图分析

鱼骨图是一个非定量的工具，它可以帮助人们找出引起问题（最终问题陈述所描述的问题）潜在的根本原因。鱼骨图分析模型如图 3.1 所示。

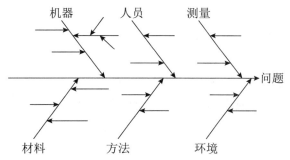

图 3.1　鱼骨图分析模型

图 3.2 所示是一个鱼骨图分析的案例。

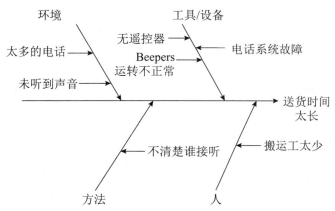

图 3.2　鱼骨图分析案例

使用鱼骨图进行原因分析时遵循以下步骤：

（1）首先确定主干骨和鱼头，鱼头表示需要解决的问题。

（2）其次是画出 6 条支线骨，支线骨与主干骨呈 60°角，分别表示问题分析的 6 个方面。6 条支线骨分别为人（man）、机（machine）、料（material）、法（method）、环（environment）以及测量（measurement），即"5M1E"。

（3）运用头脑风暴等方法尽可能地找出每个方面的所有可能原因，并去除重复和无意义的内容。

（4）对找出的各项原因进行分类、整理，确定前因后果和从属关系，选取重要因素。

（5）按照因果关系顺序，依次画出支线骨中的大骨、小骨，分别填写原因，并对重要的原因做出标识。

3.1.4 因果矩阵分析[1][2]

因果矩阵是在鱼骨图的基础上,以矩阵的形式处理一些鱼骨图不方便处理的复杂问题的分析工具。该工具可用矩阵表示多维度数据,以便进行高维度的计算。

其绘制步骤如下:

(1)在矩阵图的上方填入过程输出缺陷的形式或关键过程输出变量。

(2)确定每个输出特性或缺陷形式的重要度,并给定其权重(1~10,10代表的重要程度最高)。

(3)在矩阵图的左侧,列出输入变量或所有可能的影响因素。

(4)评价每个输入变量或影响因素对各个输出变量或缺陷的相关关系。矩阵图中的单元格用于表明该行对应的输入变量的相关程度,一般将这种相关程度分为四类,并按照相关程度的高低自行赋分。

(5)评价过程输入变量或影响因素的重要程度,将每个输入变量对应的相关程度得分值乘以该输入变量对应的输出变量的权重数,然后将每一行的乘积加起来,这个结果代表了该输入变量或影响因素的权重。以输出变量颜料为例:10×9+8×3=114。

(6)考察每个输入变量或影响因素的权重数,权重较高的将是项目重点关注的对象。

表 3.2 为一个因果分析矩阵的应用示例。

表 3.2 因果矩阵分析表应用示例

	序号	1	2	3	4	5	该输入变量的总重要度
	输出	颜色	外观形状	尺寸	力学性能	表面质量	
对产品质量影响(权重)		10	8	5	5	3	
输入变量	领料	◎	○				114
	下料	○	○				48
	清洗	◎			◎	◎	162
	预制准备	◎		○	◎		150
	预制过程					○	9
	再清洗	◎				△	93

注:图中◎为9分,○为3分,△为1分。

---

[1] 龚水莲,周玲. 基于鱼骨图和因果矩阵表的方舱水密性改进 [J]. 指挥信息系统与技术,2015,6(3):106-110.
[2] 马彦辉,吕君,穆菁等. 因果矩阵分析与工艺 FMEA 在航天型号生产过程检验点设置中的应用探究 [J]. 质量与可靠性,2014(5):8-10.

3.1.5 故障树分析[1][2]

故障树分析是一种特殊的倒立树状逻辑因果关系图,它用事件符号、逻辑门符号和转移符号来描述系统中各种事件之间的因果关系。逻辑门的输入事件是输出事件的"因",输出事件是输入事件的"果"。故障树也称"事故树"(Fault Tree Analysis,FTA)。图 3.3 所示是一个常见的故障树应用示例,其基本流程如下。

(1)熟悉系统:要详细了解系统状态及各种参数,绘出工艺流程图或布置图。

(2)调查事故:收集事故案例,进行事故统计,设想给定系统可能发生的事故。

(3)确定顶上事件:要分析的对象即为顶上事件。对所调查的事故进行全面分析,从中找出后果严重且较易发生的事故作为顶上事件。

(4)确定目标值:根据经验教训和事故案例,经统计分析后,求解事故发生的概率(频率),以此作为要控制的事故目标值。

(5)调查原因事件:调查与事故有关的所有原因和各种因素。

(6)画出故障树:从顶上事件起,逐级找出直接原因的事件,直至所要分析的深度,按其逻辑关系,画出故障树。

(7)分析:按故障树结构进行简化,确定各基本事件的结构重要度。

(8)事故发生概率:确定所有事故发生的概率,标在故障树上,并进而求出顶上事件(事故)的发生概率。

(9)比较:对可维修系统和不可维修系统进行讨论,前者要进行对比,后者求出顶上事件发生的概率即可。

(10)分析:原则上是上述 9 个步骤,在分析时可视具体问题灵活掌握,如果故障树规模很大,可借助计算机进行。目前我国故障树分析一般都考虑到第 7 步进行定性分析为止,也能取得较好的效果。

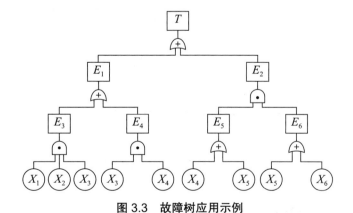

图 3.3 故障树应用示例

---

[1] Gofuku A,Koide S,Shimada N.Fault Tree Analysis and Failure Mode Effects Analysis Based on Multi-level Flow Modeling and Causality Estimation[C]// SICE-ICASE,2006.International Joint Conference.IEEE,2006:497-500.

[2] 朱继洲. 故障树原理和应用 [M]. 西安交通大学出版社,1989.

3.1.6 DOE（试验设计）[①]

DOE（Design of Experiments）主要是为了实现以下目的：

（1）科学合理地安排实验，从而减少实验次数，缩短实验周期，提高经济效益；

（2）从众多的影响因素中找出影响输出的主要因素；

（3）分析影响因素之间交互作用的大小；

（4）分析实验误差的影响大小，提高实验精度；

（5）找出较优的参数组合，并通过对实验结果的分析、比较，找出达到最优化方案和进一步实验的方向。

常见的试验设计方法可分为两类：一是析因法，二是正交试验设计法。

1. 析因法

（1）定义。将所研究的因素按全部因素的所有水平（位级）的一切组合逐次进行试验，称为析因试验，或称完全析因试验，简称析因法。它是研究变动着的两个或多个因素效应的有效方法。许多试验要求考察两个或多个变动因素的效应。例如若干因素对产品质量的效应，对某种机器的效应，对某种材料的性能的效应，对某一过程燃烧消耗的效应等。

（2）用途。析因法用于新产品开发、产品或过程的改进以及安装服务，通过较少次数的试验，找到优质、高产、低耗的因素组合，达到改进的目的。

2. 正交试验设计法

（1）定义。正交试验设计法是研究与处理多因素试验的一种科学方法。它利用一种规范化的表格——正交表来挑选试验条件，安排试验计划和进行试验，并通过较少次数的试验，找出较好的生产条件，即最优或较优的试验方案。

（2）用途。正交试验设计法主要用于调查复杂系统（产品、过程）的某些特性或多个因素对系统（产品、过程）某些特性的影响，识别系统中更有影响的因素、因素影响的大小，以及因素间可能存在的相互关系，以促进产品的设计开发和过程的优化，控制或改进现有的产品（或系统）。

3.2 因果分析的流程[②]

根本原因与结果之间存在的一系列因果关系，构成一条或多条因果关系链，因果分析就是通过构建因果链指出事件发生的原因和导致的结果的分析方法。因果分析的目的是：

（1）发现问题产生的根本原因；

---

① 道格拉斯 C. 蒙哥马利. 实验设计与分析 [M]. 傅珏生，张健，王振羽，等译. 北京：人民邮电出版社，2009.

② 创新方法研究会. 培训资料 [C]. 创新方法研究会专题培训，2010.

（2）寻找解决问题的"薄弱点"；

（3）为解决问题寻找入手点。

本书所介绍的因果分析与其他书籍中介绍的因果分析有所不同。本书根据辅导和咨询过程中学员们的反馈以及实际解决问题的需要，对传统因果分析进行了局部改进，重点强调在因果分析过程中要注意区分内因和条件（外因）。因此本书中所建议的改进型因果分析可以被称作"双因因果分析"。

3.2.1 第一步：绘制因果链

绘制因果链的目的是为了了解事件的根本原因，确定解决问题的最佳时间点。实施因果分析，首先要确定因果分析的起点，即问题（或结果）。所谓问题是指功能没有达到预计的效果，此参数表现出偏离目标值。之后要寻找导致问题的原因。所谓原因是指：某物体的某参数没有达到预计要求，直接导致结果的参数偏离目标。需要强调的是，因果关系是单向度的，在时间上原因一定是发生在结果之前的。原因导致结果，而不是相反。

因果分析的实施步骤为：

（1）从发现的问题即结果出发，列出导致问题的直接原因。

（2）以这些直接原因为结果，循环实施步骤1和步骤2，直至发现根本原因。

（3）根本原因的判定条件是：

①当确实不能继续找到下一层的原因时；

②当达到自然现象时；

③当达到制度/法规/权利/成本等极限时。

（4）将每个原因与其结果用箭头连接，箭头从原因指向结果，即构成因果链。

在进行因果分析时，有两个要点。第一个要点是在寻找下一层原因时要注意区分内因和条件（外因）。内因是指由物质的属性等客观因素导致的原因；外因通常是指促使事件发生的条件。

唯物辩证法认为事物的发展是内外因共同起作用的结果。其中内因是事物发展的根据，是第一位的，它决定着事物发展的基本趋向；外因是事物发展的外部条件，是第二位的，它对事物的发展起着加速或延缓的作用。外因必须通过内因起作用。因此我们建议学员在进行因果分析时，要注意区分下一层的内因和条件（外因），这样每一步分析都至少会分出两个以上的内因和条件，最终形成一个倒金字塔形的树状结构。这样的分析有助于开拓思路，从而实现对问题全面深入细致的分析。

以灭火为例，常用的4种基本灭火方法有将温度降到燃点以下的冷却法，将可燃物与火源分开的隔离法，阻止空气进入燃区（或用惰性气体覆盖）的窒息法以及化学抑制法。前3种方法都是在阻断和控制燃烧的条件——燃点、可燃物和助燃条件，只有第4种化学抑制法才试图通过化学反应来改变内因（物质成分和属性）。例如，卤代烷灭火器在使卤代烷接触高温表面或火焰时，分解产生的活性自由基，通过溴和氟等卤素氢化物的负化学催化作用和化学净化作用，大量扑捉、消耗燃烧链式反应中产生的自由基，破坏和抑制燃烧的链式反应，从而迅速将火焰扑灭。由于卤代烷灭火器对臭氧层破坏很严重，2010年开始我国已禁止使用。由此可见，在解决工程问题的实践过程中，很多时候控制条件比改变内因要容易，成本也低得多。因此，在因果分析中区分内因和外因（条件）是非常有必要的。

第二个要点是，因果分析必须达到三个终止条件之一时，对问题的分析才算有了足够的深度和广度，才能够中止分析。因此进行因果分析一定要有耐心，切不可中途随意终止分析。有时，仅深入、充分的因果分析就能够直接产生一些问题的解决方案。

3.2.2 第二步：原因的规范化描述

在描述原因时，建议使用规范化描述，客观的描述，不要带感情色彩，也不要加入预先设想的方案。通常用 7 个常用动词来进行原因的规范化描述。

1. 缺乏

缺乏是指应该有（物体，以提供有用的功能），但是没有。

规范描述：缺乏一物体。

实例：几天前一个旧式小区中，没有安装防盗门窗的住户都遭窃了。

失窃的原因：缺乏一防盗门。

2. 存在

存在是指需要某个物体，以提供有用的功能，但同时它产生了有害影响。

规范描述：存在一物体。

实例：没有失窃的人家以前经常抱怨，在炎热的夏季防盗门影响通风。

影响通风的原因：存在一防盗门。

有时物体提供了有用功能，但是其效果不令人满意，按照导致问题的功能参数特征，可将原因分为过度、不足、不稳定和不可控 4 种。

3. 有害

有害是指某个物体提供的是有害功能。

规范描述：有害的一物体。

实例：汽车缩短了距离，改善了人们的生活品质，但是产生的尾气污染了环境。

污染环境的原因：有害的一尾气。

4. 过度

过度是指有用的功能因其性能水平超过了上阈值而产生了负面影响（但不一定有害，如果产生有害影响就表述为有害了）。

规范描述：物体一参数一过度。

实例：有一家安装了一个很漂亮的防盗门，几天后这家的防盗门被盗走了。

防盗门被盗的原因：防盗门－美观－过度。

5. 不足

不足是指有用的功能，因其性能水平低于下阈值而效果不足（同过度一样，仅是效果不足而未产生有害影响，如果产生有害影响就表述为有害了）。

规范描述：物体－参数－不足。

实例：装了防盗门的有几家门被撬坏后也失窃了。

失窃的原因：防盗门－强度－不足。

实例：用老式电脑显示器，眼睛看久了很累。

眼睛累的原因：显示器－刷新频率－不足。

实例：手机用了两年后，需要经常充电。

需要经常充电的原因：手机电池－待机时间－不足。

6. 不可控

不可控是指有用的功能，但是无法有效地控制其性能水平。

规范描述：物体－参数－不可控。

实例：夏季南方城市的机场经常因恶劣天气造成大量航班延误。

航班延误的原因：机场－天气－不可控。

7. 不稳定

不稳定是指有用的功能，但是其性能水平不够稳定，带来了有害影响。

规范描述：物体－参数－不稳定。

实例：乘公交车上下班需要的时间不确定。

乘客所需时间不确定的原因：交通系统－畅通程度－不稳定。

不可控的原因有时是不稳定，后者更多强调自身的属性，前者更多强调难以避免受外在条件的影响。

对于以上提及的易于混淆的概念，可以进行以下辨析：

"存在"与"有害"的区别："存在的"物体是为了提供有用功能而存在的，而且它确实也提供了有用功能，但是同时有副作用，即有害影响。"有害的"物体是完全不想要的，因为其提供的全是有害影响。

但"存在"与"有害"的描述可以转化，当"有害的"物体能够提供一些有用功能时其描述可转化为"存在"。当"存在的"物体的有用功能完全消失，其描述转化为"有害的"。

实例：汽车缩短了距离，改善了人们的生活品质，但是产生的尾气污染了环境。

污染环境的原因：有害的－尾气。产生尾气的原因：存在－汽车。

实例：现在，有的汽车生产厂家开始利用尾气，如制热。

环境污染的原因：存在－尾气。

3.2.3 第三步：选择问题的薄弱点

因果分析最终的目的是发现问题产生和发展因果链中的薄弱点，从而为问题解决找到突破方向。问题薄弱点的选择原则如下。

（1）如果能够从根本原因（即分析停止时得到的原因）上解决问题，优选根本原因。

（2）如果根本原因不可能改变或控制，那么沿原因链从根本原因向上逐个检查原因节点，找到第一个可以改变或控制的原因节点作为问题的薄弱点。

（3）如果消除不良影响的成本比消除原因低，那么选择结果节点。

在上述操作后，如果选了多个问题薄弱点，那么可以优先选择其中具有容易实现、周期较短、成本较低、技术成熟等特征的原因节点。

3.3 因果分析案例

某在建大楼着火，其可能的火灾过程为：电线发生了短路，引燃了电线附近大量的可燃装饰材料，但报警器和灭火系统并未运作，导致火势蔓延迅猛，最终吞噬了整个大楼。

根据对大楼失火问题的详细分析，得出大楼失火原因分析的示意图和因果分析图，如图3.4和图3.5所示。

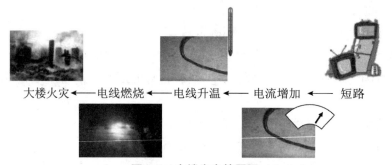

图3.4 大楼失火的原因

在绘制因果分析图时有以下几个注意事项。

（1）绘图方向和箭头方向不能搞错，是从上而下，"问题（结果）"在上方，箭头从"原因"指向结果。

（2）在分析过程中，通过区分内因和条件来拓展思路，持续、深入地进行分析。例如第一层，导致"大楼失火"的原因，"电线燃烧-有害"这个有害因素一定是直接原因即内因，传统的因果分析基本到此为止不再横向拓展了，但事实上如果没有"靠近电线存在-易燃材料""火情监测失灵"这两个条件，只"电线燃烧-有害"也不一定会酿成灾难。其实电线燃烧的风险是永远客观存在的，与其分析如何不让电线燃烧，还不如控制令其燃烧的条件，如使电线与易燃物分离，或加强火情监控等，这样可能更容易抑制灾难的发生。

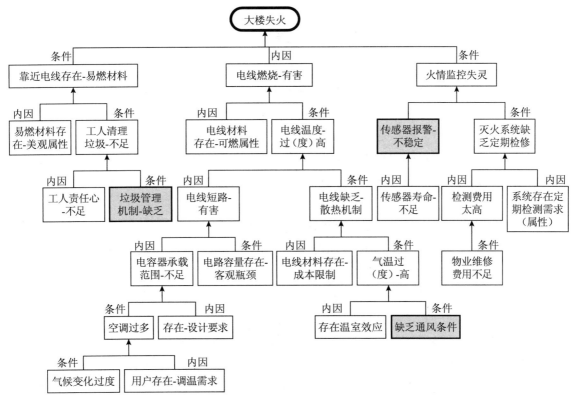

图 3.5　大楼失火的因果链分析图

（3）对原因的描述尽量使用规范描述。

（4）一定要分析到得到终止条件才能停止分析。如图 3.5 所示，最底层的根本原因中，"工人责任心-不足""用户存在-调温需求""缺乏通风条件""物业维修费用不足"和"系统存在定期检测需求"属于"确实不能继续找到下一层的原因"的情况；"垃圾管理机制-缺乏""电线材料存在-成本限制""传感器寿命-不足"属于达到"制度/法规/权利/成本等极限"的情况；"气候变化过度""存在温室效应"属于"达到自然现象"的情况。

（5）关于问题薄弱点的选取。从图 3.5 所示根本原因中选为问题薄弱点的有两个："垃圾管理机制-缺乏"和"缺乏通风条件"，之所以选择这两个是因为可以对它们进行干预和控制。而其他很多根本原因，例如"电线材料存在-成本限制"等属于达到"制度/法规/权利/成本等极限"的情况，"气候变化过度""存在温室效应"等属于"达到自然现象"的情况，都很难对其进行干预。我们也试图选择"传感器寿命-不足"作为问题薄弱点，后来发现因为成本等原因，大规模替换传感器不现实，于是就退而求其次，向上一层，选择了"传感器报警-不稳定"，而改善传感器的报警机制是一个可行的选择。问题薄弱点一般选 3~5 个就够了，不宜太多，也不能太少。

3.4 本章小结

传统的因果分析,着力寻找系统中问题产生的根本原因并予以解决,在实际应用过程中取得了一定的效果,但是也存在一些先天的缺陷,例如可能会陷入到两种常见的偏差中,即"已知因果偏差"和"相关关系取代因果偏差"。已知因果偏差指,在因果分析的过程中,分析者只能根据已有的经验和知识分析出已知因果的关系,但无法分析出超出经验和知识范围的未知因果关系,故造成分析偏差;相关关系取代因果偏差指的是,以相关关系取代因果关系,从而导致偏差。

目前我们从以下几个方面针对传统的因果分析进行了改进:

一是鼓励进行"双因"分析即内因和条件(外因)都要考虑。如果同一个结果有多个原因,那么建议分析这些原因与所造成的问题现象之间、以及原因之间的关系。我们相信,通常只有一个是内因(存在例外情况),其他是导致结果出现的条件。它们或呈现"与"关系——几个条件或原因同时存在,才会导致结果;也可能是"或"关系——几个条件或原因只要有一个存在,就会导致结果。必要时甚至可以补充每个条件发生的概率,以便区别处理。

二是强调"凡有异端,必有妖孽"。只要有任何反直觉的异常现象,就必须重视并挖掘其背后的原因,以消除"已知因果偏差"。如果因果关系不能确定,就需要增加其他方法分析,如鱼骨图、因果矩阵、失效模式及影响分析等定性分析方法,以及假设检验、柏拉图、实验设计与分析等定量分析方法。

三是强化对因果分析终止条件的判断,不达到终止条件一定不要终止分析。

不过,如何从根本上消除因果分析的弊端?最新研究成果是姚威、韩旭(2018)尝试以约束分析代替传统的因果分析。该研究从保证有用功能、消除和减弱系统有害功能的角度出发,去寻找客观约束,不再依赖对因果关系的主观判断,从而在规避了因果分析固有弊端的同时,也对解决实际问题大有帮助。应用约束分析能够有效地解决多种类型的问题,除了经典的矛盾类型问题(矛盾是负面功能约束的一种表现形式)之外,还可以应用于概念开发、检测测量,乃至管理问题。实际上,管理问题的问题系统错综复杂,能够得到的解决方案也许并不唯一。归根结底,管理问题的解决,本质就是寻找约束,并运用新资源加以解决。因此具有较大的应用潜力。

第4章 系统资源分析

4.1 常见的资源类型

资源最初的涵义更多的是指金属、木材、煤炭、石油等自然资源。在 TRIZ 理论中，资源是一切可被人类开发和利用的物质、能量和信息的总称。这个概念强调的是"可开发和利用"。例如大量的档案信息，在没有互联网的时代无法利用，就不是资源；在互联网时代可以深度开发和利用，就是资源了。

对资源进行合理分类，并以此为基础加以分析和理解是解决创新问题的必经之路。根据资源来源的不同，可分为来自系统内部的资源和来自外部环境（超系统）的资源。根据资源的不同类型，可分为物质资源、能量资源、信息资源、时间资源、空间资源和功能资源。

4.1.1 物质资源

物质资源指用于实现有用功能的一切物质。例如：高跟鞋是物质资源，它可以用来增加高度；雪是物质资源，北方用雪作为过滤填料净化空气。金属、塑料、煤炭、石油等是比较常见的物质资源。实际上，系统或环境中任何种类的材料或物质都可看作是可用物质资源。例如：废弃物、原材料、产品、系统组件、廉价物质、水等。在问题的分析和解决过程中，建议尽量应用系统中已有的物质资源。例如：阿坝县的藏居位于海拔 3600m 以上，处于高原河谷地区，藏居材料就地取泥。解放初期，当地政府曾经推行过砖房，但适应不了当地的巨大温差，所以还是保留了现有土夯建筑，这种建筑内部保温效果极好，冬暖夏凉，一般一年维护一次即可，主要是修补自然裂缝。

4.1.2 能量资源

能量资源指系统中存在或能产生的场或能量流。一般能够提供某种形式能量的物质或物质的转换运动过程都可以称为能源。能源主要分为三类：一是来自太阳的能量，除辐射能外，还有经其转化的多种形式的能源；二是来自地球本身的能量，例如热能和原子能；三是来自地球与其他天体相互作用所引起的能量，例如潮汐能。

应用建议：考虑使用过剩能量，系统中或系统周围可用作其他用途的任何可用能量，都可看做是一种资源，如机械资源（旋转、压强、气压、水压等）、热力资源（蒸汽能、加热、冷却等)、化学资源(化学反应、化学能)、电力资源、磁力资源、电磁资源。建议在使用过程中减少用能，避免损失，变害为利。例如：利用汽车的废气来升高温度；汽车发动机既驱动后轮或前轮，又驱动液压泵使液压系统工作；用发电厂余热供工厂生产或居民取暖。

4.1.3 信息资源

信息资源指系统中存在或能产生的信息。信息作为反映客观世界各种事物的特征和变化结合的新知识已成为一种重要资源。与其他种类的资源相比，信息资源更加抽象，但是却具有非常重要的意义。信息正逐渐成为决定生产及发展规模、速度和方向的重要力量。在信息理论、信息处理、信息传递、信息储存、信息检索、信息整理、信息管理等许多领域中都发挥着越来越大的作用。信息资源的使用应着重于提高个体信息感知的能力。例如：通过汽车发动机传出的声音或汽车尾气中的某些物质含量来判断发动机的运行情况；中医通过望闻问切来估计患者的病情；人们通过一个人的脸色来判断其健康状况；根据钢水颜色判断钢水的温度等。这其中发动机的声音、患者的脉搏、人的脸色、钢水的颜色都是信息，能够被人们获取并加以有效利用。

4.1.4 时间资源

时间资源指系统启动之前、工作中、工作后以及动作周期中的可利用时间。时间资源的应用要考虑充分利用空闲时刻或时间周期，以及部分或全部未使用的各种停顿和空闲，包括运行前、运行中和运行后的时间。也可以通过同时进行两种或多种操作达到利用时间资源的目的。

应用时间资源具体有以下方法：

(1) 利用作用之间的停顿时间，进行清洁、改造、测量、调整、重置等工作。

(2) 利用同时作用，在动作的进行过程中同时完成其他功能，以提高时间资源的利用率。例如：利用运输过程进行机械加工；利用制造过程进行精加工；利用制造动作防止破坏；同时应用两种或多种张力；利用预作业时间做下一步工作；同时执行几种相似的作用；结合两种方向作用；同时应用不同的操作；利用开发时间进行冷却；利用开发时间进行维修；同时测量等。

(3) 利用预先作用，事先采取行动可以轻易地解决很多问题。采取预先作用可以达到以下目的：产生预张力，在安全区域中进行缓冲，预加固，引入保护层，引入附加功能单元，引入必要材料，引入一种介质，产生隔离，作出标记，安装传感器，赋予必要的性质，创造一种材料的特殊结构，创造异质性，创造必要的速度，创造一种作用程序等。

(4) 利用作用之后的时间。在动作结束之后进行相应的补偿或者辅助工作，如拆除模具功能单元，排除固定功能单元，移除媒介载体，去除耗尽功用的物质，进行产品精加工，制造产品，损坏后自修，测量等。

4.1.5 空间资源

空间资源指系统本身及超系统的可利用空间。在应用空间资源时，要充分考虑节省空间或者当空间有限时，任何系统中或周围的空闲空间都可用于放置额外的作用对象，特别是某个表面的背面、未占据空间、表面上的未占用部分、其他作用对象之间的空间、作用对象的背面、作用对象外面的空间、作用对象初始位置附近的空间、活动盖下面的空间、其他对象各组成部分之间的空间、另一个作用对象上的空间、另一个作用对象内的空间、另一个作用对象占用的空间、环境中的空间等。例如采用嵌套式结构的俄罗斯套娃、采用层叠式结构的组合衣柜等，都是充分利用空间资源的典型实例。

4.1.6 功能资源

功能资源指利用系统的已有组件，挖掘系统的隐性功能。功能（效应）资源是一种特殊的资源，其源自于某一物质自身的特性，或者两个物质之间的相互作用，这种功能（效应）能够被利用，故称之为资源。功能资源的分析要着重考虑挖掘系统组件的多用性，例如：飞机舱门也可用作舷梯；劈木材时沿着木材本身的纹路劈最省力，这是木材本身所体现的特性，能够被人们利用；一个零件内部结构的不同，会表现为对声波不同的反射性能，这使得超声探伤成为可能；不同类型的血液相遇会发生凝血效应，将吸有不同血型的医用棉覆盖在伤者的出血部位，可以实现快速止血。这些都是应用功能（效应）资源解决问题的实例。

在设计中，认真考虑各种资源有助于开阔设计者的眼界，使他们能够打破问题的框架，获得创造性的解决方案。TRIZ 在运用资源的概念时，更多地是与其他的内容相结合，包括资源与理想度的提升，资源与技术系统的进化方向，资源与矛盾分析、功能分析的结合，具体内容本书将后续章节加以介绍。

4.2 派生资源与差动资源的内涵及应用

根据资源可利用的情况，可以分为现成资源、派生资源以及差动资源。在实际解决问题的过程中，还有很多容易被人们忽视，或者没有意识到的资源，这些资源通常都由系统资源派生而来。

所谓派生资源指通过某种变换，使不能利用的资源成为可利用的资源，如可将原材料、空气、水、废弃物经过必要的物理或化学处理或变换，从而产生新的资源。派生资源一般可分为以下几类。

（1）派生物质资源：如果系统或附近环境中不存在所需物质，可以通过物理效应、化学反应、物质迁移等方式，由直接应用资源如物质或原材料变换或施加作用来获得。如毛坯经过铸造，相对于原材料它就是派生资源。

（2）派生能量资源：通过直接应用能量资源的变换或改变其作用的强度、方向及其他特性（如能量传递、能量结合、物理效应、化学反应等）所得到的新的能量资源，如无影灯的应用。

（3）派生信息资源：利用各种物理与化学效应将难以接收或处理的信息改造为有用的信息，如磁场探矿。

（4）派生空间资源：由于几何形状（如线或轴旁边的空间、不同于轨道方向的方向、垂直于线或轴的方向、垂直于表面的方向）或几何效应（如圆圈代替直线、柱面或球面代替平坦表面、莫比乌斯带代替平坦表面等）所得到的额外空间，如双面磁盘。

（5）派生时间资源：为了获得所需要的时间可以通过加快动作/操作、放慢动作/操作、中断动作/操作、改变操作顺序来得到，如把数据压缩再传送。

（6）派生功能资源：经过合理变化获得新的功能。如将功能分成几部分，将两个相似功能整合到同一系统中，将两个功能整合到同一补偿系统中，将两个功能相反的功能整合在一起，将两个功能整合到共生系统中，将几个单独的功能进行整合等。

此外，物质与场的不同特性是一种可形成某种技术的资源（如利用场在系统中的不均匀特性，在设计中实现某些新的功能），这种资源称为差动资源。如：烟囱利用气体压力差排气；工作点应处于声场最低的位置是对空间不均匀场的利用；脉搏诊断是场的值与标准值的偏差的利用等。

为帮助使用者更好地对系统现有可用资源进行全面梳理，力求做到"隐性资源显性化、显性资源系统化"，下面提供了一个表格，称之为系统资源列表，如表4.1所示。该表要求使用者分别在子系统、系统和超系统三个层面寻找物质资源、能量资源、空间资源、时间资源、信息资源以及功能资源这六类可用的现有资源，为解决问题提供资源保障。系统资源列表是进行资源分析和后续应用九屏幕法的基础。

表 4.1 系统资源列表

资源类型	子系统	系统	超系统
物质资源			
能量资源			
空间资源			
时间资源			
信息资源			
功能资源			

4.3 改进型九屏幕法和扩展型资源列表

4.3.1 九屏幕法简介

多屏幕法是 TRIZ 中典型的"系统思维"方法，即对情境进行整体考虑，不仅要考虑当前的情境，还要考虑它们在系统层次和时间上的情境和变化。最常见的多屏幕法包含九个屏幕，即具有两条坐标轴线：纵向为系统层次，分为子系统、系统和超系统三个层次；横向为时间。该方法可将发明者的视野从一个屏幕扩展到九个屏幕（它们给出情境和问题），进而从提供资源以解决问题的角度出发，分别考虑超系统组件、系统及子系统（组件）在三个不同的时间节点上的可利用资源，达到抵消所探讨问题的不良作用，或者消除它的不良后果的目的。

但传统的九屏幕法在实际解题过程中往往会出现难以提出解决方案，思维过于发散难以聚焦等问题。其中一个核心原因在于使用者对"过去""现在"以及"未来"三个时间点的界限不是很清晰，因此无法考察系统维度随时间变化而导致的所利用的资源变化情况。为此我们针对解决问题的需要推出了改进的"九屏幕法"。该方法主要对以下几处进行了改进：一是规范了九屏幕法的应用流程；二是明确了"过去""现在"以及"未来"三个时间节点的内涵，从而使发掘潜在的系统资源目的性和方向性更强。

4.3.2 扩展型资源列表

在改进型的"九屏幕法"中，首先要填写"扩展型资源列表"，如表 4.2 所示。

表 4.2　扩展型资源列表

资源类型	过去	现在	未来
物质资源			
能量资源			
空间资源			
时间资源			
信息资源			
功能资源			

读者可能会问，上一节中的"资源列表"与现在的"扩展型资源列表"两者有什么区别？

在上一节的"资源列表"中，我们要求学员分别从子系统、系统和超系统层面全面挖掘"现在"可用的资源，即侧重于从系统层面挖掘现有资源。而"扩展型资源列表"强调从时间的维度来探索资源，即分别从过去、现在和未来获取所需的资源。

为进一步引导学员有目的的发散思考，这里对"过去""现在"和"未来"给予了新的明确的定义。

"过去"指问题发生之前，能否搜寻某些资源预防问题的发生或者提前做好应对措施，目的是预防问题的发生，这类似于"未雨绸缪"所表达的内涵。"现在"指问题发生时，能否搜寻某些资源阻止问题的发展和进一步恶化，目的是救急，这类似于"悬崖勒马"所表达的内涵。"未来"指问题发生后，能否搜寻某些资源进行补救，从而尽量减少问题带来的损失以及问题产生的负面（长期）影响，目的是减少损失，这类似于"亡羊补牢"所表达的内涵。

为帮助学员更细致全面地寻找资源，我们把资源分为六类，并鼓励学员把所有表格尽量填满。

随后，我们要求学员综合资源列表和扩展型资源列表，选取可用资源，将可能产生方案的资源名称填入九屏幕表格中，如表4.3所示。最后，根据可用资源构建并描述形成的概念方案。

表4.3 九屏幕法资源方案表

系统层次	过去	现在	未来
子系统			
系统			
超系统			

4.3.3 九屏幕法实例

本节以解决下雨时某传统普通房屋屋顶漏雨问题为例，展示改进型九屏幕法的使用方法。首先，填写系统资源列表，重点从系统维度（即子系统、系统和超系统三个层面）考察当前可利用的资源并尽可能填全，如表4.4所示。

表4.4 系统资源列表

资源类型	子系统	系统	超系统
物质资源	石瓦片、泥瓦片、石板、茅草、树叶、木板……	屋顶、木质屋梁……	人……
能量资源	化学能、势能、机械能……	太阳能、风能、机械能、势能、屋顶斜面的势能、水流的势能……	太阳能、风能、机械能、势能、屋顶斜面的势能、动能、势能……
空间资源	石板缝隙、瓦片缝隙、材料连接处的空间……	屋顶的闲置空间、屋内空间	房屋内部的空间、外部闲置空间、屋檐下空间、阳台空间
时间资源	修缮房顶时间、更换材料时间、改善房屋结构时间……	雨中应急时间、雨后优化和修复时间……	提前预报时间、雨中应急时间、雨后优化和修复时间、屋顶损坏后的撤退时间……

续表

资源类型	子系统	系统	超系统
信息资源	瓦片开裂、石板开裂、方梁断裂、屋顶破洞……	屋顶开裂、材料失效、屋顶漏雨情况、屋顶倾斜程度……	天气信息、屋顶材料质量、屋顶材质失效状况、屋顶漏雨状况、屋顶损坏告警……
功能资源	防水功能、储水功能、导流功能、保护功能、自修复功能……	防水功能、排水功能、保护功能、屋顶斜坡的导流作用	提前预报功能、屋顶排水功能、警报功能

随后填写扩展型资源列表，侧重从时间的维度来探索可用资源，如表 4.5 所示。

表 4.5 扩展型资源列表

资源类型	过去	现在	未来
物质资源	预先加固的屋顶、防水导流渠、漏雨修复系统、人、检修设备、报警系统、供电系统、除水（抽水）系统、天气预报系统排水子系统、防水涂料	石瓦片、泥瓦片、石板、茅草、树叶、木板	纳米纤维增强的复合板材、玻璃钢、软膜篷顶阳光板、防水涂料、沥青、油毡布、高分子布加水泥砂浆、防水卷材、钢板瓦、粘土瓦、琉璃瓦、西洋瓦、石膏天花、玻璃棉天花、矿棉天花、铝天花、PVC 塑料天花、复合天花、钢板拱顶、抽水装置、排水装置
能量资源	太阳能、风能、势能、化学能	太阳能、风能、势能、屋顶斜面的势能、水流的势能	太阳能、风能/势能、化学能、涂料的化学能、水泥砂浆的化学能、水流的势能
空间资源	屋顶材质的间隙、房屋内部的空间、外部闲置空间、屋檐下空间、阳台空间	屋顶外部空间、屋内的空间	涂层间的空间、水泥砂浆的空隙、排水系统的空隙
时间资源	下雨前修复时间、下雨前预报的时间、下雨前预防时间	下雨中的修复时间	下雨后的等待时间、下雨后修复时间、提前预报时间、雨中应急时间、雨后优化和修复时间、屋顶损坏后的撤退时间
信息资源	材料失效、断裂、屋顶漏雨、天气信息、屋顶材料质量、屋顶材质失效状况	屋顶开裂、漏水、屋顶漏雨状况、屋顶损坏告警、屋顶倾斜程度	天气信息、屋顶材料质量、屋顶材质失效状况、屋顶漏雨状况、屋顶损坏告警、材料老化、屋顶开裂、涂料解体、材料失效
功能资源	防水、提前预报功能、屋顶排水功能、警报功能	防水功能、排水功能、保护功能、屋顶斜坡的导流作用	提前预报和告警功能、雨天自动加固功能、隔层的防水功能、隔层的保护功能、排水功能

最后，将系统资源列表和扩展型资源列表中能够形成概念方案的资源名称，汇总至九屏幕中，如表 4.6 所示。

表 4.6　房屋漏雨中改进型九屏幕法使用示意表

系统层次	过去	现在	未来
子系统	防水屋顶、（屋顶）预制导流渠	瓦片	管道、加热装置、蓄水装置
系统	防水材料、自愈混凝土、记忆合金（形变材料）	变形功能、快速凝固水泥	移动功能
超系统	茅草、天气预报告警系统	人、胶布、双快水泥、快干水泥	水盆、抽水机、桩子、浴缸、热场

最终产生概念方案：

方案①：从子系统的过去进行思考（未雨绸缪），加入预制导流渠作为排水系统，防止房顶积水过多导致漏水或者屋顶防水失效。

方案②：从子系统的过去进行思考，引入天气预报系统，根据降雨量大小，提前对屋顶相应位置进行加固处理。

方案③：从子系统的过去进行思考，采用自愈混凝土，一旦屋顶出现开裂现象，可以自动愈合。

方案④：从系统的现在进行思考，采用新型防水材料，对于南方降雨量较大的区域使用经过表面改性的光滑涂层提高防水效果并降低粘滞阻力。

方案⑤：从系统的现在进行考虑，可以引入快干水泥等，进行快速修复。

方案⑥：从超系统的未来考虑，可以引入屋顶监测、修复、报警一体化系统，雨天前自动检查屋顶状况并自动修复存在的问题，提前对屋顶存在的损坏和失效情况进行判断并及时给出警报。

……

我们曾在不同的培训班做过实验，结果显示：使用传统九屏幕法流程的班级，22 个技术难题共产生了 330 个有效的概念解，其中九屏幕法出解 8 个，占比 2.4%；另外的班级使用改进型九屏幕法，23 个难题一共得到了 480 个有效的概念解，其中改进型九屏幕法出解 72 个，占比 15%。通过对比可以看出，改进型九屏幕法的出解效率明显更高。

4.4　系统三大分析方法总结与问题突破点的选取

第 2～4 章介绍了三大分析方法，分别是系统组件分析、因果分析和资源分析。对于三大分析法有两个问题是亟待讨论的，第一个问题是这三种分析方法间的关系是怎样的。

简单来说，系统功能分析强调此情此景、重点关注问题发生的瞬间系统组件间的相互作用，旨在搜集系统的负面功能，建议在进行系统功能分析时不必尝试去寻找问题发生的原因。作为互补，相对于只关注此情此景的系统功能分析，因果分析则强调时间效应，可能更擅长去发现那些随着时间变化逐步对系统问题的发生施加不同影响的全部要素，尤其是随机出现，在问题发生时没有起作用的一些因素。资源分析则着重为解决问题探寻未知资源，力争做到隐性资源显性化、显性资源系统化。

第二个问题是，如何综合三种分析方法来确定问题的突破点。所谓问题突破点是指对初始问题进行综合考虑后需要着手解决的焦点和方向。对于一个工程问题，影响因素和产生的原因很可能错综复杂，牵一发而动全身，而综合采用三大分析工具正是要在对工程问题进行全面深入的分析之后，确定要集中入手解决的点。相较于问题的初始状态，问题突破点一般具有如下特点：

首先是更加明确、具体。因为问题突破点或者是某个负面功能，或是某个根本原因，都一定比初始问题更小，更聚焦。

其次是起到四两拨千斤的作用。这是因为问题突破点的选择是基于系统组件及功能关系梳理和因果关系分析的，因此相对较小的问题突破点一旦被解决，将会对大的初始问题产生较大的影响。

最后，问题突破点相对比较容易着手解决，因为是在明确了系统可用资源的基础上进行的选择。

问题突破点的确定非常重要，在后续的问题解决部分，即第 5～10 章，所有解题工具的使用都是围绕着问题突破点展开的，可以说突破点的选择在很大程度上决定着解决方案的走势。

在确定问题突破点的过程中，通常首先将系统负面功能（系统功能分析得到的）和根本原因（因果分析得到的）进行相互对照，以检查对工程问题的分析是否全面、深入；另外看两个结论是否有矛盾的地方，如有矛盾之处需要重新进行系统功能分析和因果分析以消除矛盾。随后按照有害作用优先、根本原因深度优先（越底层的根本原因越优先处理）、不足作用优先的原则，对存在的问题进行排序。最后综合运用资源分析结果，在充分考虑可用资源的情况下最终确定问题突破点。一般建议选择 2～3 个突破点，最多不要超过 5 个。

需要注意的是：问题突破点描述的仍然是问题，不是解决方案，思路不要受局限。对问题突破点的描述要客观，尽量写成主谓短语的形式。尤其要注意，不要把预想的解决方案和解决思路写进去，尽量保留更多的可能性。例如，问题突破点建议可写成螺丝存在松动，而不要写成螺丝因装配不佳而产生松动之类。再如应该写反应釜加热不充分，不应该写提高反应釜的温度，因为后者会暗示问题的解决方案应围绕提高反应釜的温度展开，而丧失了其他的可能性，如改变反应釜的运动方式或加热方式等。建议一定要用尽量客观的文字进行刻画和描述问题突破点。

问题突破点选择的实例详见第 11 章。

第 2 篇

问题解决篇

第5章 矛盾分析与发明原理

如前所述，TRIZ 理论认为"矛盾是发明问题的核心"。但在面对一个具体的发明问题时，矛盾不会自己主动出来站在我们面前。矛盾分析——也即如何准确而合理地将问题中蕴藏的矛盾抽取出来，将多样化的具体问题转化为规范的典型问题，这将直接影响到后续解决矛盾的效率和效果。在这一过程中最重要的是理解工程参数的概念并掌握其使用方法。

5.1 工程参数和技术矛盾

5.1.1 工程参数的基本概念[①]

阿奇舒勒在对大量的发明专利进行分析后，总结出 39 个适用范围广泛的通用工程参数，并按其在技术系统中出现概率的大小，以递减的顺序从 1 至 39 给它们编号（1 代表出现频率最高）。当今的研究者将通用工程参数增加到了 48 个，并将原有的编号做了调整。本书选用最新的 48 个工程参数进行讲解，其名称、内涵及示例如表 5.1 所示。需要说明的是，在经典的 39 个工程参数之后增加的参数后面标注"*"。

表 5.1 48 个通用工程参数的名称、内涵及示例

编号	工程参数名称	内涵及示例
1	运动对象的质量	略
2	静止对象的质量	略
3	运动对象的尺寸	运动对象的长、宽、高，两点之间的曲线距离，封闭环的周长等
4	静止对象的尺寸	静止对象的长、宽、高，两点之间的曲线距离，封闭环的周长等
5	运动对象的面积	运动对象的内外表面积、平面、凹凸面的面积等
6	静止对象的面积	静止对象的内外表面积、平面、凹凸面的面积等
7	运动对象的体积	运动对象所占据的空间
8	静止对象的体积	静止对象所占据的空间
9	形状	对象的外部轮廓以及几何造型
10	物质的数量	系统中能够被改变的原材料、物质或子系统的数量
11	信息的数量*	信息的数量，即系统内包含的抽象信息的总量。不同的系统其单位不尽相同，典型的例子如：计算机的硬盘是实在的物质，硬盘内的数据是抽象的信息，信息的数量用字节（bit，更大的单位有 KB/ MB/ GB/ TB 等）表示

---

① 姚威，朱凌，韩旭. 工程师创新手册 [M]. 杭州：浙江大学出版社，2015.

续表

编号	工程参数名称	内涵及示例
12	运动对象的耐久性	运动对象正常发挥功能的作用时间或服务寿命,例如轿车行驶超过 60 万 km 后强制报废,此即其服务寿命
13	静止对象的耐久性	静止对象正常发挥功能的作用时间或服务寿命,例如冰箱的寿命在十年左右
14	速度	对象运动的速率。从广义上讲,可理解为一个作用(过程)与完成所需时间的比值
15	力	对象间相互作用的度量。力能改变对象的状态
16	运动对象的能量消耗	运动对象执行给定功能所需的能量,包括消耗超系统提供的能量,例如汽车耗油量
17	静止对象的能量消耗	静止对象执行给定功能所需的能量,包括消耗超系统提供的能量,例如冰箱耗电量
18	功率	对象在单位时间内完成的工作量或消耗的能量
19	应力	对象在单位面积上产生的作用力,或对象内各部分之间产生相互作用的内力,包括压强、张力、应力等,例如液体作用于容器壁上的力,或者烧制钢铁内部残留的应力
20	强度	表示工程材料抵抗断裂和过度变形的力学性能之一。常用的强度性能指标有拉伸强度和屈服强度(或屈服点)。铸铁、无机材料没有屈服现象,故只用拉伸强度来衡量其强度性能。高分子材料也采用拉伸强度。承受弯曲载荷、压缩载荷或扭转载荷时则应以材料的弯曲强度、压缩强度及剪切强度来表示材料的强度性能
21	稳定性	对象的组成、性状和结构在时间流逝和外力作用下保持不变的性质。对象磨损、分解、拆卸都代表稳定性下降
22	温度	狭义上的温度是对象分子运动水平的度量,此外还可以指热容等广义的热状态
23	照度	对象的亮度、照明质量、反光性等
24	运行效率*	指资源的有效配置所实现的帕累托最优状态,即资源的任何重新配置,都不可能使任何一方收益增加而不使另一方的收益减少
25	物质的无效损耗	强调对所从事工作没有用处的物质方面的损耗
26	时间的无效损耗	强调对所从事工作没有用处的时间方面的损耗
27	能量的无效损耗	强调对所从事工作没有用处的能量方面的损耗
28	信息的损失	对象信息的损失,如气味、声音等感官信息
29	噪声*	略
30	对象产生的外部有害因素*	对象产生的任何形式的污染物,对环境或者超系统造成危害。例如发动机燃烧不充分排出的有毒尾气污染环境
31	对象产生的内部有害因素	对象产生的任何形式的污染物或有害作用,导致系统内效率降低或质量受损。例如发动机产生的多余热量积累导致内部过热损毁
32	适应性	对象能够积极响应外部变化的能力,或其能够在多种环境下以多种方式发挥作用的可能性。例如摩托罗拉公司曾经推出铱星手机,通过卫星传输信号,因此该手机能够在高山、峡谷、无人区等多种环境下发挥通信功能
33	兼容性*	对象之间相互配合,无冲突工作的程度。该概念在不同的操作系统或平台上运行软件时广泛涉及

续表

编号	工程参数名称	内涵及示例
34	易操作性	用户对对象操作的难易程度,如傻瓜相机的易操作性比单反相机高
35	可靠性	对象无故障工作的概率
36	易维修性	略
37	安全性*	对象保护自己的能力,免受未获准的进入、使用、窃取或其他不利影响。例如安全性的概念在网银等系统中运用广泛
38	易损坏性*	对象在外界冲击或不利作用下损坏的可能性。例如瓷质的盘子比塑料盘子更易损坏
39	美观性*	看上去让人舒服的程度,但取决于用户的主观感受及体验
40	作用于对象的外部有害因素	环境、超系统或其他子系统对对象的有害作用,可能导致功能退化。例如潮湿多雨的环境可能导致电子设备受潮失效
41	易制造性	略
42	制造精度	对象的实际特性与标准或规范特性之间的一致程度。例如瑞士手表的制造精度较高
43	自动化程度	略
44	生产率	单位时间内,系统执行功能或操作的数量;完成一个功能或操作所需的时间;单位时间的输出;单位输出的成本
45	装置的复杂性	略
46	控制的复杂性	略
47	检测的复杂性*	略
48	测量精度	系统特性的测量结果与实际值之间的偏差程度,减小测量中的误差可以提高测量精度

下一节将依据工程参数定义对容易混淆的疑难工程参数进行辨析。

5.1.2　疑难工程参数解析

辨析一："12　运动对象的耐久性"与"35　可靠性"

"12　运动对象的耐久性"强调平均无故障工作时间(产品寿命),如某轿车产品寿命为60万km,即该轿车行驶超过60万km后才需要强制报废。

"35　可靠性"强调(在产品寿命内)无故障工作的概率,如某轿车在60万km内,无故障行驶的概率极高,即表明可靠性高。

辨析二："37　安全性*"与"38　易损坏性*"

"37　安全性"强调对象保护自己,不受影响的能力。

"38　易损坏性"强调对象受到影响后不损坏的可能性。

辨析三："30　对象产生的外部有害因素*""31　对象产生的内部有害因素"和"40　作用于对象的外部有害因素*"

"30　对象产生的外部有害因素*"强调由系统(对象)产生,作用于外部的有害因素。

"31 对象产生的内部有害因素"强调由系统（对象）产生，作用于系统内部的有害因素。

"40 作用于对象的外部有害因素*"强调由外部（环境）产生，作用于系统的有害因素。

辨析四："18 功率""24 运行效率*"和"44 生产率"

"18 功率"强调单位时间内所做的功，也即系统利用能量的速率。

"24 运行效率*"强调系统资源的最优化配置，以尽可能实现有用功能，去除有害功能或无用功能，从而实现效能最大化。

"44 生产率"强调单位时间内完成的功能或操作数，或完成指定动作的次数。

5.1.3 技术矛盾与物理矛盾

通过对大量发明专利的研究，阿奇舒勒发现，真正的发明往往需要解决隐藏在问题当中的矛盾。这意味着，矛盾是发明问题的核心，是否存在矛盾是区分发明问题与普通问题的标志，解决矛盾就成为 TRIZ 最根本的任务。

在熟悉了工程参数概念的基础上，TRIZ 理论将矛盾分为两类，第一类称为技术矛盾（technical contradiction），也就是当技术系统的某个工程参数得到改善时，可能会引起另外一个工程参数的恶化（不一定必然会恶化，而在于这种恶化是你想极力避免的），这种情况下存在的矛盾被称为"技术矛盾"。例如：增加坦克装甲的厚度，使得其抗打击能力得到提升，然而却引发了速度、机动性、耗油量等一系列指标的恶化；增大智能手机的触摸屏面积以利于用户操作，却导致了手机屏幕更加易碎，耗电量更大等副作用。总的来说，所谓"此消彼长"就是技术矛盾。

技术矛盾出现的三种常见情况如下：

（1）在一个子系统中引入一种有用功能，导致另一个子系统产生一种有害功能。

（2）消除一种有害功能，导致另一个子系统有用功能的减退。

（3）有用功能的加强或者有害功能的减少，使另外一个子系统变得太复杂。

与技术矛盾相对应的另一类矛盾是物理矛盾（physical contradiction）。物理矛盾的定义是为了实现某种功能，对同一个对象（或者同一个子系统）的同一个工程参数提出了互斥的要求。例如：为了增加飞机的巡航距离，需要携带更多的燃油以提供能源。但同样是为了增加飞机的巡航距离，需要减轻飞机的重量，在飞机整体材料重量不变的情况下就要求携带更少的燃油——为了实现增加巡航距离的目标，既需要飞机多带燃油以提供能源，又需要飞机少带燃油以减轻重量，这种对同一个参数提出截然相反的要求就是物理矛盾，即"左右为难"或"进退维谷"。

物理矛盾出现的两种常见情况如下：

（1）一个子系统中有用功能加强的同时导致该子系统有害功能的加强。

（2）一个子系统中有害功能降低的同时导致该子系统有用功能的减退。

5.1.4 提取矛盾练习

对矛盾进行分析，并从中提取工程参数，关键是要明确研究的系统（对象），并尝试将其中改善和恶化的方面用合适的工程参数进行描述。需要加以说明的是，用工程参数描述技术矛盾，这个过程没有标准答案，也不必拘泥于唯一的答案。可将你认为的矛盾统列出，不确定性将可能因为在矩阵中所建议的发明原理重复出现而得以厘清，即对于同一问题，不同的矛盾可能会用到相同的发明原理，颇有所谓"殊途同归"之妙。

训练题一：每分钟都有大量陨石落在地球表面，对其成分和结构进行分析，能提供更多有关宇宙空间的信息，所以科学家需要在陨石坠落区域大范围地收集岩石并做出筛选。收集和筛选陨石越细致越好，但是耗费时间也更多。

训练题二：在餐厅中，服务生为了提高给顾客上菜的速度，每次跑堂手中托着的菜盘越多越好，但是这样更加难以掌握平衡，容易失手。

训练题三：在轮船设计的过程中，为了使其能够承载更多的货物，船身（船舱）的尺寸越来越大，但是在行驶过程中，水对船的阻力也随之变大。

训练题四：拖拉机的牵引能力指的是其发动机做有用功的功率。拖拉机的重量如果较轻，负载较重时履带可能会打滑，降低牵引能力。反之，如果增大拖拉机的重量，地面牵引性能得以加强，但却要耗费许多燃料在拖拉机自身的移动上。

训练题五：从卫星上发射信号时，希望频带较宽，信号也会较好，想要实现这两个目标就需要携带更多大功率的设备，导致卫星重量增加，提高火箭运载成本。

训练题六：开口扳手可以在力的作用下拧紧或松开一个六角螺栓，但是螺栓的受力集中在两条棱边，容易让棱边产生变形（被拧秃），想要改善这种情况，但市面上没有找到更合适的扳手。

训练题七：为了高效利用有限的市区土地，一座座摩天大楼拔地而起。但是过高的楼房会带来一系列的问题，比如地基不稳，抗震性能下降，影响周边建筑的采光等。

训练题八：很多铸件或管状结构是通过法兰连接的（如图 5.1 所示）。连接处常常要承受高温、高压，同时要求密封良好，因此在设计过程中采用了较多的螺栓来提升强度，以满足密封性要求。但是这样会导致部件重量增加，安装和维修时较为麻烦。

图 5.1　法兰连接示意图

（答案详见附录 C.1）

5.2 发明原理

提取工程参数是为了将具体问题转化为典型问题，进而找出典型问题所对应的典型解决方案。阿奇舒勒的研究表明，绝大多数专利都是在解决矛盾，而且相似的矛盾之间，其解决方案在本质上也具有一致性。TRIZ 理论从大量发明方案中总结、提炼出解决矛盾的 40 个发明原理。这也是在 TRIZ 理论发展过程中，阿奇舒勒最先得到的"解决问题的规律"。他发现，虽然不同的专利解决的是不同领域内的问题，但是它们使用的方法是具有相似性的，即一种方法可以解决来自不同工程技术领域的类似问题。将最常用的解决问题的普适方法总结出来，即成为 TRIZ 理论中的 40 个发明原理，其汇总表如表 5.2 所示。这 40 个发明创新原理具有良好的普适性，能够指导人们解决大部分的发明问题。

表 5.2 40 个发明原理汇总表

编号	名称	编号	名称	编号	名称
1	分割原理	15	动态性原理	29	气压或液压结构原理
2	抽出原理	16	不足或过量作用原理	30	柔性壳体或薄膜结构原理
3	局部特性原理	17	多维化原理	31	多孔材料原理
4	不对称原理	18	振动原理	32	变换颜色原理
5	合并原理	19	周期性动作原理	33	同质原理
6	多用性原理	20	有效持续作用原理	34	抛弃与再生原理
7	嵌套原理	21	急速作用原理	35	状态和参数变化原理
8	反重力原理	22	变害为益原理	36	相变原理
9	预先反作用原理	23	反馈原理	37	热膨胀原理
10	预先作用原理	24	中介原理	38	强氧化作用原理
11	预先防范原理	25	自服务原理	39	惰性介质原理
12	等势原理	26	复制原理	40	复合材料原理
13	反向作用原理	27	一次性用品替代原理		
14	曲面化原理	28	替换机械系统原理		

5.2.1 40 个发明原理及其子原理详解[①]

本节将对各发明原理（Inventive Principle，IP）的含义及应用实例进行详细介绍，读者也可以登录 TRIZ 网站查询，网址是 www.cafetriz.com。

IP1 分割原理（segmentation）

说明：在下面的子原理中出现的"对象"概念是指 object，不仅可以表示具体的、有形

---
① 姚威，朱凌，韩旭. 工程师创新手册 [M]. 杭州：浙江大学出版社，2015.

的"物"(物体或产品),而且可以表示抽象的、无形的"事"(组织方式、行为方式、流程)等。

IP1-1 将一个对象分解成多个相互独立的部分
- 将学生分成不同的班级和年级,以便实施教学。

IP1-2 将对象分成容易组装(或组合)和拆卸的部分
- 现代化的组合家具,可以有书柜、写字台、座椅、床铺等功能,能合能分,既能满足各种使用需求,又能产生不同的陈设效果,如图5.2所示。

图5.2 现代化的组合家具

IP1-3 增加对象的分解程度
- 一整块布做的窗帘→左右两块布做的窗帘→百叶窗,随着窗帘的分解程度不断增加,使用也更加便利,如百叶窗可以自由地调节采光区域。
- 微纳化工是一门研究微小尺度下化学反应的学科。它将传统的大规模操作分割成一个个微小的单元,着重对这些微小单元进行研究,使得反应速率、安全性、生产灵活性等方面都得到了很好的改善。同时,在微纳化工中,事故的发生一般只是在一个小小的试管中出现,规模不大,因此降低了危险性,方便处理,如图5.3所示。

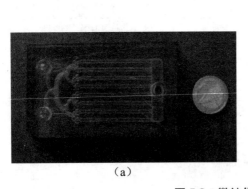 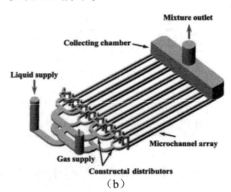

(a) (b)

图5.3 微纳化工反应容器

IP2 抽出原理(separation)

IP2-1 从对象中抽取出产生负面影响的部分或属性
- 在机场或车站的等候区域设立专门的吸烟室。
- 最初的空调是一体机,工作时压缩机会产生噪声。分体式空调将空调中会产生噪声和热量的空气压缩机部分放置在室外,将制造冷气的部分放置于室内,如图5.4所示。

图 5.4 分体式空调

IP2-2 从对象中抽出有用的（主要的、重要的、必要的）部分或属性

● 稻田里的稻草人，是将人的外形抽取出来，起到吓走鸟类的作用。

IP3 局部特性原理（local quality）

IP3-1 将对象、环境或外部作用的均匀结构变为不均匀结构

● 在矿井中为了减少粉尘，常常利用喷水装置向采掘机和运煤机喷出圆锥状的水雾。水雾中的水滴越小，消除粉尘的效果就越好。但是如果水滴太小的话，就很难迅速沉降下来，含有粉尘的小液滴就会被工人吸入到肺里造成危害。解决方案是用一层圆锥状的，颗粒较大的水雾包围在雾化较好的雾锥外围。这样一来，内层的小液滴负责吸附粉尘，外层的大液滴负责吸附内层的小液滴，而大液滴可以迅速地沉降下来，从而达到既能消除粉尘，又能迅速沉降的目的，如图 5.5 所示。

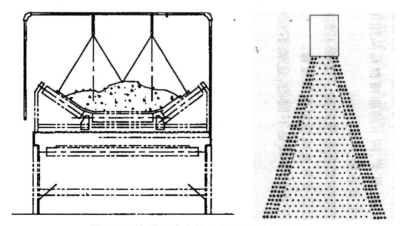

图 5.5 输煤系统水雾除尘及锥状水雾结构

IP3-2 使对象的不同部分具有不同的功能和特性

● 图钉一头尖（便于刺入物体内），一头圆（便于人手施加压力）。

- 羊角锤的一端用来钉钉子，另一端用来拔钉子，如图 5.6 所示。

图 5.6 羊角锤

IP3-3 让对象的不同部分处于完成各自功能的最佳状态

- 可以在分层饭盒不同的间隔内放置不同的食物，盛粥和汤的区域关注密封性和保温性，盛菜的区域关注独立性，以使菜品味道不相互影响。

IP4 不对称原理（asymmetry）

IP4-1 将对象（的形状或组织形式）由对称的变为不对称的

- USB 的接口采用不对称设计，只有当公口的方向正确时，才能顺利插入到母口中，否则母口将阻止公口的插入。这样的设计有效避免了在接头连接过程中连错错误的发生，如图 5.7 所示。

图 5.7 USB 接口的不对称设计

IP4-2 如果对象已经是不对称状态，那么增加其不对称程度

- 最方便使用的零件是从各个角度都对称的零件，如人们在日常生活中使用的音频接口和音频插头在轴线上是 360° 对称的，无论插头怎么旋转都不会插错。但是如果零件因为其他限制无法做到对称性，那么需要夸大零件的不对称性，且不对称性越明显越好，如设计非对称的空、槽和凸台等，如图 5.8 所示。

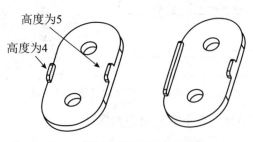

图 5.8 增加不对称程度的零件

IP5　合并原理（merging）

IP5-1　在空间上将同类的（相关的、相邻的、辅助的）操作对象合并在一起
● 加工薄玻璃时，其四个边角很容易发生碎裂，故将多块玻璃用水作为黏合剂结合在一起，这样整体就变厚了，更易于磨削加工。在水干了之后玻璃可以自动分离。
● 水龙头原先有热水出口和冷水出口两个，为了方便洗澡时调节水温，将二者合并成一个有可旋阀的水管，可以自由地根据需要调节水温。

IP5-2　在时间上将同类的（相关的、相邻的、辅助的）操作对象合并在一起
● 割草机后面放置一个收集袋，旋转刀刃割下草之后，草就被放入袋子中，收割和收集过程同步进行。

IP6　多用性原理（multi-functionality）

说明：如果一个对象同时有好几个功能，那么就不需要其他同功能的对象了，以减少冗余和浪费。
● 瑞士军刀、沙发床。
● 楼梯下的空间用于放书，楼梯和书柜合用，如图5.9所示。

图 5.9　楼梯书柜

IP7　嵌套原理（nested doll）

说明：嵌套原理最初被称为"套娃原理"，俄罗斯套娃（参见图5.10所示）是这个原理最生动形象的例子。

图 5.10　俄罗斯套娃

IP7-1 把一个对象嵌入第二个对象,然后将这两个对象再嵌入第三个对象,以此类推

● 传统容器型家具(如衣柜、书柜、杯子等)容腔无法改变,当闲置时占用空间大,外出携带、搬家时也会带来不便。嵌套原理的使用使得容腔内的空间能够得到灵活应用。以组合柜为例,当放置的物品少时,柜子能够层层嵌套,节省空间。当需放置大量物品时,柜子可以层层展开,如图 5.11 所示。

图 5.11 嵌套式家具

IP7-2 使一对象穿过另一对象的空腔

● 飞机起飞后将起落架收进机身内部。

IP8 反重力原理(weight compensation)

IP8-1 将目标对象与另一个有提升力的对象组合,以补偿目标对象的重量

● 鱼可以利用其身体中的鱼鳔来实现上浮和下潜。

IP8-2 通过跟外部环境的相互作用(空气动力、流体动力或其他力)来补偿对象的重量

● 飞机机翼的上表面是流畅的曲面,下表面则是平面。这样,机翼上表面的气流速度就大于下表面的气流速度,根据伯努利定律,机翼下方气流产生的压力就大于上方气流的压力,飞机就被这巨大的压力差"托住"了,从而补偿了自身的重量。

IP8-3 利用环境中相反的力(或作用)来补偿系统消极的(负面的)属性

● 利用船体周围的海水来冷却油轮中所装载的易挥发液体。

IP9 预先反作用原理(preliminary counteraction)

说明:预先了解可能出现的问题,并采取行动来消除出现的问题、降低问题的危害或防止问题的出现。
- 火场逃生时,要将盖在自己身上的棉被淋湿,可在短时间内防止被火烧伤。
- 钢筋混凝土浇筑之后会受到持续的重力作用,有可能导致钢筋向下弯曲。所以在浇筑混凝土之前要对钢筋进行预压处理。由于钢筋将要承受向下的重力 $F1$,我们预先施加一个适当的向上的力 $F2$ 使钢筋向上弯曲,这样就增加了钢筋混凝土结构的机械强度和耐用性,如图 5.12 所示。

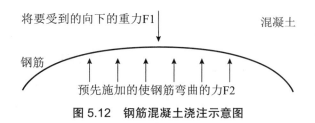

图 5.12　钢筋混凝土浇注示意图

IP10　预先作用原理（Preliminary action）

说明：在真正需要某种作用之前,预先执行该作用的全部或一部分。

IP10-1　预先（部分或全部）完成所需的作用

- 今天已经很少有人知道最早的邮票是以没有打孔的一整版的形式销售的,那时的用户不得不将邮票一张一张剪下来,再用胶水粘到信封上。现今的邮票都采用了预先作用,在贩卖的时候就已经打好了孔。
- "人"型锁能够在黑暗、视野不好的环境中,通过预先刻出的凹槽引导钥匙,使其最终能顺利插入锁孔,这种设计特别适合盲人,如图 5.13 所示。

图 5.13　"人"型锁示意图

IP10-2　预先准备对象，以便能及时地在最佳的位置发挥作用

- 在商场每个楼层合适的位置安置消防栓和灭火器,必要的时候能够在最佳的位置方便人们救火。
- 战斗中,战士们会预先将手榴弹的后盖打开（IP10-1）,放在触手可及的地方（IP10-2）,以便迅速投弹。

IP11 预先防范原理（beforehand compensation）

说明：通过预先准备好的应急措施（例如备用系统、矫正措施等）来补偿对象较低的可靠性。

● 在珍贵林区周围预先设置没有任何植物的防火隔离带，防止火灾的侵扰和蔓延。
● 切菜时容易切伤手指，而防止菜刀切手的手指护具的使用通过预先防范避免了这一问题。将护具套在手指上，使手指处在护板后面，既保护了手指，又不影响手指在切菜时的灵活与协调，如图 5.14 所示。

图 5.14　防切手护具

IP12 等势原理（equipotentiality）

说明：改变了工作条件，就没必要提高或降低对象（不易或不能升降的对象可通过外部环境的改变达到相对升降的目的）。

● 在修理大卡车时，将其用千斤顶抬高非常困难，而采取等势原理，在地板上设置一道沟渠，即可在不抬升汽车的情况下进入车底进行修理，如图 5.15 所示。

图 5.15　汽车修理部的地下修理通道

- 在两个不同高度的水域之间设置水闸，以便船只顺利通过，如图5.16所示。

图5.16　三峡工程五级船闸

IP13　反向作用原理（the other way around）

IP13-1　不以常规行为完成动作，而是用一个反向动作的方式来替代
- 跑步机利用人与路关系的反向作用，使得一个不大的装置成为一条永远走不完的路，它可以让我们在斗室之内跑马拉松。

IP13-2　使得一个对象或环境通常可移动的部分固定，或者通常固定的部分变为活动
- 车削工艺中将刀具固定。在车床加工时，使工件旋转，而刀具固定。

IP13-3　把一个物体的空间位置（或过程）"倒置"或翻转
- 将路灯的灯泡向上，再用反射板把灯泡的光反射向下，而灯泡的余光可以用来装饰灯杆。此外，这种翻转式路灯还能有效地防止灯罩或灯泡被飞石击碎，如图5.17所示。

图5.17　翻转式路灯

- 酒心巧克力。其常见的制作工艺是将液态巧克力浇铸成中空的瓶型，冷却后，灌上酒，接着继续加热其上部，挤压，使其光滑地衔接，封住瓶口。然而有没有可能消除昂贵的巧克力模具，消除封瓶的烦琐工艺？答案是将酒冰冻，然后用融化的巧克力铸模，酒在热巧克力内融化，同时融化的巧克力沿着冰酒模的表面冷却。可谓一举两得，大大省却了工艺，提高了效率。

IP14　曲面化原理（curvature increase）

IP14-1　把对象的线性部件改成曲线形，把平坦的表面改成曲面；把形如立方体或平行六面体的部件变成球形结构

- 流线型在汽车、潜艇、飞行器上的应用。

高速运动的物体受到环境的阻力很大，采用流线型外形可减小空气阻力，并给人舒服的视觉和触觉感受。这在汽车、潜艇、飞行器上都有应用。

IP14-2　运用柱状、球状和螺旋状的结构

- 螺旋形的楼梯可以大幅提高空间的利用率。
- 螺旋齿轮可以提供均匀的承载能力，如图5.18所示。

图5.18　螺旋齿轮

IP14-3　将线性运动变成圆周运动以便利用其产生的离心力

- 滚筒甩干，利用湿衣服在滚筒内高速转动时水的离心力大于与衣服间的附着力，实现甩干。

IP15　动态性原理（dynamic parts）

IP15-1　改变对象或者环境的特征使作用在任何阶段均能达到最佳性能

- 奥德修斯太阳能飞机外形看上去像来自外星球的不明飞行物，它的机翼呈Z形，翼展长达150m，而且机翼可以随着日光的消减而变形。这种设计独特的变形机翼使飞机可以在空中持续飞行5年。当有阳光时，飞机就会根据阳光的情况来调整机翼，以尽可能多地吸收太阳能。当处于黑暗中时，飞机就会将机翼变成水平直线保持平飞来保存能量，这时飞机的电动发动机将由储存在电池板中的能量来驱动，如图5.19所示。

图5.19　奥德修斯太阳能机翼可折叠飞机

IP15-2　把对象分解成可以在内部互相移动的部件

● 变焦镜头是在一定范围内可以通过变换焦距来得到不同宽窄的视场角、不同大小的影像和不同景物范围的照相机镜头。与固定焦距镜头不同，变焦距镜头并不是依靠快速更换镜头来实现镜头焦距变换的，而是通过推拉或旋转镜头或旋转镜头的变焦环来实现镜头焦距变换的，在镜头变焦范围内，焦距可无级变换。它省却了外出拍摄时需携带和更换多只不同焦距镜头的麻烦，如图 5.20 所示。

图 5.20　变焦镜头

IP15-3　使一个本来固定的对象可移动或可自适性

● 活字印刷术。雕版印刷术是通过在版料上雕刻图文，然后用油墨转印到纸上，满足大批量印书的技术。但雕成的版很难进行修改，若雕错字或者需要修改，都不得不重新雕制一块新版，而且当书本页数很多时，需要雕刻的版的数目也很惊人。

北宋平民发明家毕昇发明了活字印刷术，用于印书的雕版由一个个单字组成，把每个字看成一个字格，这些字格是可以拆分的，拆分之后这些字就可以随意移动了。这样对雕版的修改就变得有针对性，只需要更换需要修改的字就行了。

IP16　不足或过量作用原理（partial or excessive actions）

说明：如果完全达到想要的效果很困难，那么应当试着让要达到的效果略差或略超出预期效果，以使问题简化。

● 艺术雕刻。一尊雕塑的创作，艺术家不是让原料直接成形（从一个部位开始精雕细刻），而是先用比较粗糙的手法雕刻出大致的外形轮廓，再逐步细化刀法。每次雕刻完成一个层次，而在最后一次雕刻之前的每一次都没有达到艺术家的创作要求。

● 卫星回收。废弃卫星回收有一种销毁方法是将导弹置于卫星轨道上撞击卫星。采用过量原则，让导弹从一开始就在比卫星靠外一点的轨道上运行，等到要撞击卫星时，使导弹减速，落回到卫星的轨道上，实现撞击。虽然刚开始导弹的运行速度快，且比目标轨道靠外，但采用过量原则设计的这种撞击方式显然提高了命中率。

IP17 多维化原理（dimensionality change）

IP17-1 将物体由一维运动变为二维运动，或由二维运动变为三维空间的运动

● 折叠式集装箱。普通集装箱提供了足够的空间，为运输的标准化作出了重要的贡献，但其体积庞大，在不用时非常浪费空间，是其最大的弊端之一。

折叠式集装箱被设计成可从二维展开到三维的模型。通过合理的机械机构设计，实现用节点可靠控制整个箱体形状的目标。不用时，采用二维放置以减少空间消耗，需要使用时，则打开成三维形状以提供符合标准的内部空间，如图 5.21 所示。

图 5.21　折叠集装箱

IP17-2 利用多层结构替代单层结构

● 立交桥。

● "立体快巴"沿轨道行驶，上方可载客 1400 人，悬空的下方可让高度在 2m 以下的汽车正常通过，令塞车情况减少 20% 至 30%，而其造价仅是地铁的 10%，如图 5.22 所示。

图 5.22　立体快巴

IP17-3 将对象倾斜或侧向放置

● 翻斗车运输货物时，车体后部的翻斗是水平状态的；而在卸货时，将翻斗用液压装置支撑到倾斜状态，货物即顺利卸车。

● 往汽车上装卸汽油桶的时候，在地面与车厢之间利用木板形成斜坡，使装卸变得容易，如图 5.23 所示。

图 5.23　往汽车上装卸汽油桶

IP17-4　利用给定物体表面的反面

● 双头手电筒。普通手电筒只在其前端装有灯泡，如果在黑暗中跟在别人后面走，则当用灯光照亮前方时，脚下的灯光并不充足。双头手电筒利用了手电筒的尾部，倾斜 45°后又安装了一个灯泡，这样手电筒照亮前方时也可照顾到脚下，方便跟在后面的人走路，如图 5.24 所示。

图 5.24　双头手电筒及照射效果

IP17-5　利用射到相邻区域或目前区域背面的光线

● 传说阿基米德用士兵们盾牌的背面汇聚阳光，将罗马舰队的帆点燃，从而挫败了罗马舰队的进攻。

IP18　振动原理（mechanical vibration）

IP18-1　使对象发生振动

● 在浇筑混凝土的时候，利用振动式励磁机（激励器）去除混凝土中的孔隙。

● 振动盘是一种自动组装机械的辅助设备，能把各种产品有序排出来，它可以配合自动组装设备将产品各个部位组装起来，成为一个完整的产品。振动盘料斗下面有脉冲电磁铁，可以使料斗作垂直方向振动，由倾斜的弹簧片带动料斗绕其垂直轴作扭摆振动。料斗内的零件由于受到这种振动,会沿螺旋轨道上升,直至送到出料口。其工作目的是通过振动将无序的工件自动有序定向排列整齐,准确地输送到下道工序,如图5.25所示。

图5.25 振动盘

IP18-2 如果对象已经处于振动状态,则提高振动的频率(直至超高频)

● 超声波清洗机在将高频电能转换成机械能之后,会产生振幅极小的高频震动并传播到清洗槽内的溶液中,清洗液的内部将不断地产生大量微小的气泡并瞬间破裂,从而将工件冲刷干净。

IP18-3 运用共振现象

● 18世纪中叶,法国昂热市一座102m长的大桥上有一队士兵经过。当他们在指挥官的口令下迈着整齐的步伐过桥时,桥梁突然断裂,造成大量官兵和行人丧生。究其原因是共振造成的。因为大队士兵迈正步走的频率正好与大桥的固有频率一致,使桥的振动加强,当它的振幅达到最大以至超过桥梁的抗压力时,桥就断了。而现今,则可运用共振现象,定点拆除废弃的建筑物或桥梁,避免了爆破拆除带来的危险和污染。

IP18-4 综合运用超声波振动与电磁场

● 利用超声波振动、电磁场耦合超声波振动和电磁场,在电熔炉中混合金属,使之均匀混合。

IP18-5 利用压电振动代替机械振动

● 电子手表(压电共振)。

将石英晶片的极板上接上交流电场,当外加交变电压的频率与石英晶片的固有频率相等时,就会产生共振。这种现象称为"压电共振"。利用这种稳定的振荡特性,人们创造出了精度极高的电子表和石英钟。

IP19 周期性动作原理(periodic action)

IP19-1 将非周期性作用转变为周期性作用(或脉动)

● 在建筑工地上,利用打桩机周期性地作用于桩子,可以快速地将桩子打入地面。
● 当汽车在结冰的路面上制动时,利用"多次轻踩刹车的方式"可以避免打滑。

IP19-2 如果功能已经是周期性运作,改变其周期(作用频率)

● 在不同的工作状态下,洗衣机(或洗碗机)会采用不同的水流喷射方式。

IP19-3　利用脉动的间隙，来完成其他的有用作用
- 当过滤器暂停使用时，通过倒流将其冲洗干净。

IP20　有效持续作用原理（continuity of useful action）

IP20-1　让工作不间断地进行（对象的所有部分都应一直满负荷工作）
- 光刻机是一种用于集成电路制造设备的器械，可在小芯片上制作成千上万的极微小的电子线路元件。最新款的光刻机24h不停歇地工作。4个工作台轮换工作，在一个进行刻蚀时，另外几个进行x、y方向的校准以及后续操作，精密的构件使工作台可以骤停，无延时现象。一系列动作只需在几十微秒内即可完成。
- 寒玉床。"初时你睡在上面，觉得奇寒难熬，只得运全身功力与之相抗，久而久之，习惯成自然，纵在睡梦之中也是练功不辍。常人练功，就算是最勤奋之人，每日总须有几个时辰睡觉。要知道练功是逆天而行之事，气血运转，均与常时不同，但每晚睡将下来，睡梦中非但不耗白日之功，反而更增功力。"——金庸《神雕侠侣》

IP20-2　排除无用的运作和中断（消除空闲和间歇性动作）
- 老式打印机的打印头只能沿一个方向进行打印，打印头从初始位置开始打印，直到极限位置，然后需要快速回到初始位置（称为回程），以进行下一次打印。而新式打印机在回程的时候也能执行打印工作。

IP20-3　用旋转运动代替往复运动
- 用计算机硬盘（旋转运动）代替磁带（往复运动，需要倒带）进行数据存储。
- 用绞肉机代替菜刀来剁肉馅。

IP21　急速作用原理（hurrying or skipping）

说明：用尽可能短的时间，快速通过某个过程中困难的或有害的部分。也就是说，若某事物在给定的速度下会出问题（发生故障，或造成破坏的、有害的、危险的后果），则可以通过加快其速度来避免出现问题或降低危害的程度。
- 快速冷冻食物，避免细胞损坏，保持食物营养和口感。
- 通过超高温瞬时灭菌技术，使温度急速通过可能影响口感的温度区域，从而实现杀死病菌而不影响果汁或者牛奶的口感。

IP22　变害为益原理（use harmful factors）

IP22-1　利用有破坏性的因素，尤其是对环境的破坏性影响，以获得有用的效果（变废为宝）
- 燃烧垃圾进行发电，燃烧后的灰分还可以作为化肥或制成建筑材料。

- 利用水蛭来吸取肿胀部位的淤血。

IP22-2　通过跟其他负面的因素相结合，排除某个负面因素（负负得正）
- 潜水中使用氦氧混合气体。单独使用氧会造成中毒，但是，混合使用则可以使人能够在水下呼吸。

IP22-3　维持或加大破坏性的因素直到它不再产生破坏性（以毒攻毒）
- 利用爆炸来扑灭油井大火。
- 利用极端的低温来冷冻已经被冻成块的材料，可以加速其恢复流动能力的过程。例如在寒冷的天气里运输砂砾时，沙砾很容易冻结成块，这时可以通过过度冷冻（使用液氮）使成块的砂砾变脆，易于碎裂。

IP23　反馈原理（feedback）

IP23-1　向系统中引入反馈，以改善性能
- 调节温度的锅能够根据锅内的温度来对比预定温度和调节火的大小。
- 调节放水的水龙头能够通过压力传感器在水放到一定量时切断供水。

IP23-2　改变已存在的反馈方式、控制反馈信号的大小或灵敏度
- 啸叫现象的消除。我们使用麦克风的时候，音频信号由麦克风进入扩大机（功率放大器），再由扩大机推动喇叭（扬声器）向外播放，如果将麦克风对准喇叭，则喇叭的输出信号会再度进入麦克风而被扩大机反复放大。因此，当麦克风对准喇叭时，喇叭将会发出尖锐啸声，令人难以忍受，这就是所谓的啸叫现象。

扩声系统之所以产生过度的声反馈，是因为系统中某些频率信号过强，而反馈抑制器则可自动发现过于突出的声反馈频率并将其衰减下来，并且几乎不会对正常范围内的声音造成任何影响。其作用是改变已存在的反馈方式，通过检测并减小过度的反馈信号，达到消除啸叫现象的目的。

IP24　中介原理（intermediary）

IP24-1　利用中介物来转移或传递某种作用
- 用于演奏弦乐器的拨子（琴拨、拨弦片）。
- 在雕刻或开采石头的时候，利用凿子来控制力的方向。

IP24-2　暂时把一个对象与另一个（很容易分离的）对象结合起来
- 饭店上菜的托盘。
- 药片上的糖衣，或者内部承载药物的胶囊。

IP25　自服务原理（self-service）

IP25-1　让对象进行自我服务，具有自补充、自修复功能
- 记忆材料在一定条件下，可以恢复其原来的形状等特性。
- 北京奥运会祥云火炬具有大小两个火苗，在大火苗熄灭后，小火苗会点燃大火苗。此外还具有收集余热的功能，保持火炬长时间稳定燃烧，如图 5.26 所示。

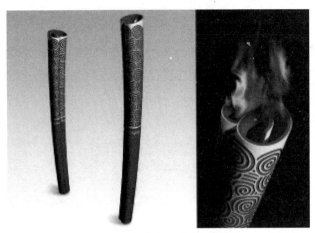

图 5.26　北京奥运会祥云火炬

IP25-2　利用废弃的物质资源及能源
- 利用健身运动时产生的能量来发电，保证一个小范围空间内的部分用电。
- 在收割的过程中，将作物的秸秆粉碎后直接填埋作为下一季庄稼的肥料。

IP26　复制原理（copying）

说明：通过使用较便宜的复制品或模型来代替成本过高而不能使用的对象（此处成本是一个宽泛的概念，不仅指金钱，还包括了时间和便利性等因素）。

IP26-1　利用简易的廉价复制品，代替难以获得的、复杂的、昂贵的、不便于操作的或者易损易碎的物体
- 服装店里的塑料模特（代替真人模特），或者大厅摆放的塑料花、塑料水果。
- 售楼处所摆放的建筑物模型。

IP26-2　用按比例放大或者缩小的光学复制品替代实物
- 在黑夜测量电线杆的长度，可以采用如下办法：利用比例法通过测量影子长度，计算得出电线杆的实际长度。只要分别测量出身高为 a 的人的影子长 l_1 和电线杆的影子长 l_2，设电线杆长度为 x，$x/a = l_2/l_1$，即可求出 x，如图 5.27 所示。

图 5.27 测量电线杆高的示意图

IP26-3　如果可见光复制品已被采用，可转向用红外或紫外线光的复制品
- 在黑夜中，夜视仪利用红外线（检测热源）来观察物体。

IP26-4　用数字模拟来代替实物
- 在化学工程领域，常常采用计算机软件模拟实际的化工反应流程，为学生提供了成本较低，同时也非常安全的实习操作机会。
- 软件中的打印预览功能。

IP27　一次性用品替代原理（cheap disposables）

说明：用一组廉价的对象替代昂贵的对象，在某些性能上稍作让步。
- 一次性的餐具、水杯、医疗耗材、纸尿布、纸内裤、打火机、照相机等。
- 在切割工具中（例如工业钻头、玻璃刀），常利用工业钻石代替天然钻石。

IP28　替换机械系统原理（mechanical interaction substitution）

IP28-1　用光学、声学或嗅觉方法替代机械系统
- 用"声学栅栏"（动物可听见的声学信号）代替真正现实中的栅栏，来圈住牛羊。
- 利用触摸屏技术（触觉设计原理）代替了原有的按键式机械结构。使手机变得更加易于操作、更加智能化，同时触屏的推广与使用也使手机增加了许多扩展功能，类似于手机阅读、网页浏览等功能也日趋完善。

IP28-2　运用电场、磁场或电磁场与物体进行交换作用
- 磁场感应涡流加热。利用电流通过线圈产生磁场，当磁场内的磁力通过含铁质锅底部时，即会产生无数之小涡流，使锅体本身自行高速发热，然后再加热锅内的食物。电磁炉工作时产生的电磁波，完全被线圈底部的屏蔽层和顶板上的含铁质锅所吸收。

IP28-3　用移动场代替固定场，用动态场代替静态场，用结构化场代替非结构化场，用确定场代替随机场
- 核磁共振成像。又称磁共振成像（NMR），是利用核磁共振原理，通过外加梯度磁场检测所发射出的电磁波，绘制物体内部的结构图像，在物理、化学、医疗、石油化工、考古等方面获得了广泛应用。将这种技术应用于人体内部结构的成像，就产生出一种革命性的医学诊断工具。快速变化的梯度磁场的应用,大大加快了核磁共振成像的速度,这是用动态场代替静态场,用结构化场代替非结构化场的典型案例。

● 在通信系统中,利用定点雷达预测代替早期的全方位检测,可以获得更加详细的信息。这是用确定场代替随机场的典型案例。

IP28-4 把场和能够与场发生相互作用的粒子(例如磁场和铁磁粒子)组合起来使用。

● 用变化的磁场加热含铁磁粒子的物质,当温度达到居里点时,物质变成顺磁,不再吸收热量,从而实现恒温。

IP29 气压或液压结构原理(pneumatics and hydraulics)

说明:利用气体或液体部件代替对象中的固体部件,例如充气结构、充液结构、气垫、液体静力结构和流体动力结构等。

● 机械千斤顶可以认为是固定传动结构,部件间存在一定的摩擦作用,在较大压力作用环境下,更容易磨损。液压千斤顶利用液体,虽然原理与机械千斤顶不同,但成功避免了固件部分的直接接触,因而更加灵活、耐用和有效。

IP30 柔性壳体或薄膜结构原理(flexible shells and thin films)

IP30-1 用柔性壳体、活动的盖子或薄膜替代通常的结构
● 自行车的车座软垫可以使车垫变得柔软,坐上去更舒适。

IP30-2 用柔性壳体、活动的盖子或薄膜把对象和外部世界隔离开来
● 胶囊、蚊帐、塑料大棚。

IP31 多孔材料原理(porous materials)

IP31-1 给物体加孔或者运用补充的多孔物质(插入物,覆盖物等)
● 活性炭的微观结构充满孔洞,其堆积密度低,比表面积大。活性炭主要用于脱色和过滤,吸收各种气体与蒸汽等。
● 蜂窝煤是横断面中部有多个垂直通风圆孔,状似蜂窝的圆柱形煤球,主要用于家庭生火、取暖。在圆柱形煤球内打上一些孔,可以增大煤的表面积,使煤能够充分燃烧。

IP31-2 如果对象已经由多孔物质组成,那么小孔可以事先用某种物质填充
● 多孔催化剂。催化剂一般可作为载体,令反应物在催化剂表面附着。化学反应速率有时候取决于反应物在催化剂表面的附着速率。将催化剂装在多孔载体里,可增加催化剂的表面积,从而使反应物更容易在催化剂表面附着,在一定程度上加快了化学反应速率。

IP32 变换颜色原理（optical property changes）

IP32-1 改变对象或者其环境的颜色
- 迷彩服或者变色龙身上的颜色变化。

IP32-2 改变对象或其环境的透明程度
- 将绷带做成透明的，这样就可以在不揭开绷带的条件下观察伤情。

IP32-3 采用有颜色的添加物，使不易被观察到的对象或过程被观察到
- 水温感应喷头，在水温不同时喷头的颜色也不同。温度低的时候偏白色、蓝色，温度高的时候偏橙色、红色。这样用户不必用身体触碰就可根据喷头颜色来辨别水温。

IP32-4 如果某种补充物已经得到运用，那么可增加其发光特性以提高可视性（考虑使用荧光物质）
- 在纸币中加入荧光物质，以提高纸币的防伪能力。
- 在无损检测中，利用荧光探伤法可以检测工件的表面缺陷。

IP33 同质原理（homogeneity）

说明：与指定对象发生相互作用的对象，应该采用与指定对象相同的材料（或性质接近的材料）制成。

- 钻石的切割温度比较高，如果使用由其他材料制成的工具来切割金钢石，切割时的高温容易使金钢石和其他材料发生化学反应，而采用金刚石作为切割材料则可以避免。
- 用糯米制成的糖纸来包装软糖（糖纸和软糖都是可食用的）。与此类似，利用鸡蛋和淀粉来制造装冰激凌的容器（冰激凌和容器具有相同的特性——可以食用）。

IP34 抛弃与再生原理（discarding and recovering）

IP34-1 已经完成任务的部件和无用的部件自动消失，或在工作过程中自动改变（溶解、蒸发等）
- 多级火箭除第一级以外，其他级只是为了增加推进速度，当完成任务之后就会被舍弃，基本是坠入大气层烧毁。
- 可吸收外科手术缝合线具有生物可降解性。伤口缝合后，随着伤口的愈合，缝线自动在体内降解，这样就避免了拆线的痛苦。

IP34-2 在工作时消耗或减少的部件应当被立即替换或自动再生
- 自动铅笔的铅芯头写完了，轻轻一按，就会得到补充，不需要削铅笔了。
- 自动步枪可以在发射出一发子弹后自动装填下一发子弹。

IP35　状态和参数变化原理（parameter change）

IP35-1　改变对象的物理聚集状态（例如在气态、液态、固态之间转化）
● 用液态形式运输氧、氮、天然气，从而取代气体形式的运输，可以减少货物的体积，提高运输效率。
● 向磁流变液施加磁场，可以在 1ms 内使其从自由状态变为固态；当磁场移去之后，又立即恢复液态，从而实现对流体传动介质的控制。
● 用液态的洗手液代替固态的肥皂，在公共场所使用更加方便卫生。

IP35-2　改变对象的浓度、密度和黏度
● 改变硫酸的浓度，不同浓度的硫酸有不同的性质。例如：稀硫酸具有强酸性，属于强电解质，可与比氢活泼的金属反应生成硫酸盐和氢气；而浓硫酸具有吸水性、强酸性（但它不能与比氢活泼的金属反应生成硫酸盐和氢气）、强脱水性、强氧化性以及难挥发性。

IP35-3　改变物体的柔性（或灵活性）程度
● 通过硫化过程来提高天然橡胶的强度和耐久性。
● 改变自行车轮胎的充气程度（柔性），来控制其与地面的接触面积。

IP35-4　改变物体的温度或体积
● 低温麻醉是在全麻基础上用物理降温法使人体温度降至预定范围，旨在降低组织代谢及耗氧，提高器官对缺氧的耐受性。降温方法有体表、体腔及血流降温等法。低温麻醉主要用于需短暂阻断循环的心血管手术，应预防室性心律紊乱、呼吸功能不全、冷反射等并发症。
● 陶瓷烧制时颜色釉对温度的变化十分敏感（"窑变"），在不同的烧制温度下能呈现出不同的色彩，于是才有了色彩繁复、千变万化的瓷器。

IP35-5　改变对象的压力
● 在烹饪牛肉的过程中，普通的制作方式难以使其熟透，通过高压锅，增加锅内部的压力以提高水的沸点，可以使牛肉得到充分的烹制，色香味俱全。

IP36　相变原理（phase transitions）

说明：相是物理化学上的一个概念，它指的是物体的化学性质完全相同，但是物理性质发生变化的不同状态。在发生相变时，有体积的变化也有热量的吸收或释放，这类相变即称为"一级相变"（例如：在 1 个大气压 0℃的情况下，1kg 质量的冰转变成同温度的水，要吸收 79.6Cal 的热量，与此同时体积亦收缩。所以，冰与水之间的转换属于一级相变）。

在发生相变时，体积不变且没有热量的吸收和释放，只是热容量、热膨胀系数和等温压缩系数等物理量发生变化，这类变化称为二级相变（例如：正常液态氦与超流氦之间的转变、正常导体与超导体之间的转变、顺磁体与铁磁体之间的转变、合金的有序态与无序态之间

的转变等都是典型的二级相变的例子）。相变原理利用的就是相变过程中产生的各种效应，比如体积、辐射或热量吸收的改变等。

● 氟利昂在冰箱制冷中的应用。低压气态氟里昂进入压缩机，被压缩成高温高压的气体氟里昂；气态氟里昂流入室外冷凝器，放出热量，冷凝成高压液体氟里昂；高压液体氟里昂通过节流装置降压变成低温低压气液氟里昂混合物；气液混合氟里昂进入室内蒸发器，吸收热量，变成低压气体，重新进入了压缩机；如此循环往复即可制冷。

IP37 热膨胀原理（thermal expansion）

IP37-1 加热时充分运用材料的膨胀（或缩小）特性

● 在过盈装配时，先冷却对象内部件使之收缩，加热外部件使之膨胀，装配完成后再恢复到常温，这样内、外部件就实现了紧密装配。轴承、联轴器等与轴的联接常采用这种装配方式。

IP37-2 将几种热膨胀系数不同的对象组合起来使用

● 双金属片传感器的工作原理是，将两种不同膨胀系数的金属材料贴合在一起，这样当温度变化时双金属片会因发生不同程度的膨胀而弯曲，由此做出温控装置，如火灾报警器等，如图5.28所示。

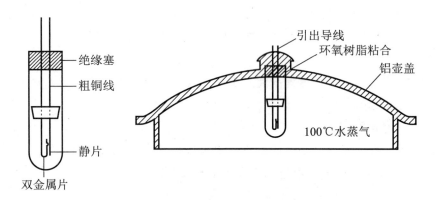

图 5.28 传感器及装配图

IP38 强氧化作用原理（strong oxidants）

IP38-1 用富氧空气取代普通的空气

● 用双氧水消毒，利用其强氧化作用杀死细菌。

IP38-2 用纯氧取代富氧空气

● 乙炔切割中用纯氧代替空气，纯氧可以使乙炔燃烧更完全，能够提高乙炔燃烧的热效率。

IP38-3 用离子化氧代替纯氧

- 传统空气过滤（净化）器为吸附型，是采用活性炭或其他多孔介质对气体中的有害物质进行吸附，实现空气净化。过一段时间以后介质的吸附能力就会达到饱和，需要对它加热处理（专业上称为再生），把吸附材料中的污染物赶出来，使材料重新具有吸附功能。负离子型空气过滤器是利用高电压的电离作用使空气产生负离子，负离子和空气中的污染物相互作用，从而达到净化空气的目的。

IP38-4 用臭氧（臭氧化氧）代替离子化氧

- 在水处理过程中，利用臭氧杀菌系统杀灭水中的细菌。
- 臭氧是一种强氧化剂，同时具有抗炎和镇痛的作用。将臭氧气体通过细针穿刺注射入椎间盘髓核内，可以使髓核组织细胞逐渐脱水、萎缩，从而使椎间盘突出物缩小，减轻对神经根的压迫而达到治愈的目的，是目前公认治疗椎间盘突出症既免开刀又具有良好疗效的最佳手段。

IP39 惰性介质原理（inert atmosphere）

IP39-1 用惰性介质替代普通的介质

- 在食物的加工、储存和运输过程中，利用惰性气体进行保鲜。
- 引入惰性气体作为保护气体，利用其化学惰性，将高温熔化的金属与空气隔离开来，这样就可以避免金属被氧化，得到优质的铝镁合金。

IP39-2 向对象中添加中性或惰性成分

- 用惰性气体充入灯泡内，可以延长灯丝的使用寿命。
- 将难以燃烧的材料添加到泡沫材料构成的墙体中，以形成防火墙。

IP39-3 使用真空环境

- 食品采用真空包装袋，有利于保鲜。
- 水沸腾产生水蒸气并不一定要加热到100℃，因为根据物理常识，在真空条件下，水的沸点会降低，因而只需消耗较少的能源即可产生水蒸气。据此原理制造出了真空锅炉。

IP40 复合材料原理（composite materials）

说明：使用复合物质替代单种材料。

- 钢筋混凝土是由钢筋、水泥、小石头等物质组成的复合材料。
- 汽车轮胎是由橡胶、钢丝等组成的多层复合结构体。

5.2.2 疑难发明原理辨析

本节将对5对容易混淆的发明原理进行辨析。

辨析一：IP5（合并原理）与IP6（多用性原理）的区别

IP5是将时间或空间上相关的操作对象合并，要求对象间相关、相邻、相连；而IP6是将要实现的功能合并，这些功能间不一定要相互联系。

辨析二：IP9（预先反作用原理）、IP10（预先作用原理）、IP11（预先防范原理）的区别

IP9（预先反作用原理）：对象肯定要发生会产生有害作用的动作，因此预先施加反作用以抵消动作所产生的危害。

IP10（预先作用原理）：对象肯定要发生会产生有益作用的动作，因此预先施加作用以更有利于动作的发生。

IP11（预先防范原理）：强调针对系统中可靠性较差的部件或对象，做出预防或提供备用零件，以避免可能会发生的有害作用。也就是说，IP9是一定会发生有害作用，因此采用预先反作用来减小或消除危害；IP11是有害作用不一定会发生，但因为系统中部分部件或对象可靠性相对较差，易出现问题从而引发有害作用。因此IP11是针对上述部件与对象进行的防范，以此避免发生有害作用。

辨析三：IP25（自服务原理）的2号子原理与IP22（变害为益原理）的区别

IP25（自服务原理）的2号子原理：强调对废弃资源的直接利用，并具有时间上的同时性。

IP22（变害为益原理）：强调对有害效应和物质的利用及转化，中间存在转化过程，不需要时间上具有同步性。例如太阳风飞船，太阳能资源本身不是废弃的，但太阳风暴是有害的，不过利用太阳风暴的能量可以驱动飞船飞行，故该原理源于IP22而不是IP25。

辨析四：IP26（复制原理）、IP27（一次性用品替代原理）与IP34（抛弃与再生原理）的区别

IP26强调对复制品进行操作，复制对象的性能与原始对象要尽可能一致，原始对象不用承受作用，也不会遭到破坏；IP27则将原始对象改换为一次性的，其承受相应的作用，也会遭到破坏，同时一次性的替代对象性能有所下降也是可以接受的。

与IP26和IP27相比，IP34关注的是部件（而非整体）的抛弃和再生。

辨析五：IP35（状态和参数变化原理）、IP36（相变原理）与IP37（热膨胀原理）的区别

IP35是利用对象状态变化后的最终状态；IP36则利用对象在相变过程中所产生的效应；而IP37是利用对象在加热过程中的体积变化（最简单的如热胀冷缩）。

5.3 2003矛盾矩阵及应用

5.3.1 经典矛盾矩阵简介

1970年，阿奇舒勒将40个发明原理与39个通用工程参数相结合，开发出了经典矛盾矩阵。建立矛盾矩阵的初衷是，针对某一对由两个此消彼长的工程参数确定的技术矛盾，解决时用到某些特定的发明原理的次数明显比其他原理多。换而言之，就是不同的发明原理对不同的技术矛盾解决的有效性是不同的。如果能够将这种对应关系体现出来的话，技术人员就可以直接选用对解决自己遇到的技术矛盾最有效的几个发明原理，而不用将 40 个发明原理逐个思考并尝试。

正是基于这样的考虑，经典矛盾矩阵是一个二维表格，使用者从纵向排列的 39 个工程参数中选出得到改进的一个，再从横向排布的 39 个工程参数中找到恶化的一个，在行列相交的一栏中找到对应的发明原理，经过几次尝试就可以找到典型解决方案。

经典矛盾矩阵有以下 3 个特点：

（1）整个矩阵表中存在少量的空白，意味着有少许矛盾没有相应的发明原理予以解决。

（2）矛盾矩阵中对角线元素是非对称结构，例如"功率"参数改善而"稳定性"参数恶化，与"稳定性"改善而"功率"恶化所对应的发明原理是不同的。

（3）矛盾矩阵对角线处的元素，实际上指同一个工程参数既要改善又要恶化（意味着物理矛盾的存在），没有提供相应的发明原理。在经典 TRIZ 理论中，物理矛盾的解决需使用分离原理（5.5 节将予以介绍）。

5.3.2　2003 矛盾矩阵简介

经典矛盾矩阵问世后，迅速吸引了创新技法研究者以及实际应用者的关注，并在实践过程中不断改进，于 2003 年公布了新版矛盾矩阵（请直接登录"创新咖啡厅"网站查询，网址 www.cafetriz.com）。相比于经典的矛盾矩阵，二者存在以下 3 点区别：

（1）增加了 9 个通用工程参数，矩阵的规模也随之扩展为 48×48。结果是，矩阵中能容纳的矛盾关系增加了 1000 个左右，扩大了能够解决问题的范围。

（2）各栏所提供的发明原理数量有所增加，更重要的是不再留有空格，也即所有的矛盾（48×48）都能找到对应的发明原理予以解决。

（3）对角线处是物理矛盾的解决方案，也加入了相应的发明原理做为建议。如果将解决物理矛盾的发明原理单独列举出来，可以制作出一张"发明问题解决引导表"，能够更高效、有序地解决系统对同一个参数存在相反的要求而产生的物理矛盾，其完整版如表 5.3 所示。

表 5.3　发明问题解决引导表

通用工程参数名称	发明原理编号	通用工程参数名称	发明原理编号
运动物体的质量	35、28、31、8、2、3、10	物质（材料）的损失	35、10、3、28、24、2、13
静止物体的质量	35、31、3、13、17、2、40、28	时间的损失	10、35、28、3、5、24、2、18
运动物体的尺寸	17、1、3、35、14、4、15	能量的损失	35、19、3、2、28、15、4、13
静止物体的尺寸	17、35、3、28、14、4、1	信息的遗漏（损失）	24、10、7、25、3、28、2、32

续表

通用工程参数名称	发明原理编号	通用工程参数名称	发明原理编号
运动物体的面积	5、3、15、14、1、4、35、13	噪声*	3、9、35、14、2、31、1、28
静止物体的面积	17、35、3、14、4、1、28、13	有害的扩散（散发）*	35、1、2、10、3、19、24、18
运动物体的体积	35、3、28、1、7、15、10	（物体产生的）有害副作用	35、3、25、1、2、4、17
静止物体的体积	35、3、2、28、31、1、14、4	适应性（通用性）	15、35、28、1、3、13、29、24
形状	3、35、28、14、17、4、7、2	兼容性（可连通性）*	2、24、28、13、10、17、3、25
物质（材料）的数量	35、3、31、1、10、17、28、30	可操作性（易使用性）	25、1、28、3、2、10、24、13
信息的数量*	2、7、3、10、24、17、25、32	可靠性	25、1、28、3、2、10、24、13
运动物体的耐久性（实用时间）	3、10、35、19、28、2、13、24	易维修性	1、13、10、17、3、35、28
静止物体的耐久性（实用时间）	35、3、10、2、40、24、1、4	安全性*	28、2、10、13、24、17、3、1
速度	28、35、13、3、10、2、19、24	易损坏性（易受伤性）*	31、35、13、3、10、24、2、28
力	35、3、13、10、17、19、28	美观*	3、7、28、32、17、2、4、14
运动物体消耗能量	35、19、28、3、2、10、24、13	（物体对外部）有害作用敏感性	35、24、3、2、1、40、31
静止物体消耗能量	35、3、19、2、13、1、10、28	可制造性（易加工性）	1、35、10、13、28、3、24、2
功率	35、19、2、10、28、1、3、15	制造（加工）的精度	3、10、2、25、28、35、13、32
应力/压强	35、3、40、17、10、2、9、4	自动化程度	10、13、2、28、35、1、3、24
强度	35、40、3、17、9、2、28、14	生产率	10、35、2、1、3、28、24、13
结构的稳定性	35、24、3、40、10、2、5	装置（构造）的复杂性	28、2、13、35、10、5、24
温度	35、3、19、2、31、24、36、28	控制（检测与测量）的复杂性	10、25、37、3、1、2、28、7
物体明亮度（光照度）	35、19、32、24、13、28、1、2	测量难度*	28、32、26、3、24、37、10、1
运行效率*	3、2、19、28、35、4、15、13	测量精度	28、24、10、37、26、3、32

5.3.3 2003矛盾矩阵应用流程及示例

本书以 2003 矛盾矩阵为基础进行介绍。具体来讲,运用 2003 矛盾矩阵的核心流程如下:

(1)确定问题:通过对初始情境的剖析,明确地找出系统中存在的发明问题。

(2)构建矛盾:运用通用工程参数重新描述发明问题,确定改善的工程参数和随之恶化的工程参数(如果该矛盾是由同一参数构成的则为物理矛盾)。

(3)查询矩阵:查询 2003 矛盾矩阵,将改善和恶化的工程参数代入,得到相交方格处推荐的若干发明原理编号(物理矛盾则可直接将工程参数代入 2003 矛盾矩阵的对角线处寻求推荐的发明原理编号)。

(4)应用所推荐的发明原理寻求解决方案,此步骤的核心是某个发明原理在具体问题中的应用和实现。

(5)如果有多对矛盾,则重复第 2~4 步,直至完成。

在现实问题的分析过程中,有可能存在一个工程参数改善了,随之却有多个工程参数恶化的情况发生。此时,需要逐个尝试每一对参数可能的组合,直至找出合适的解决方案。下面以飞机机翼的进化问题为例[①②],具体说明运用 2003 矛盾矩阵的基本流程。

初始情境:随着飞机进入喷气式时代,其飞行速度迅速提高。然而飞机在接近音速飞行时,飞机所遭受的空气阻力骤然增大,这就是所谓的"音障"。与此同时,机翼上会出现"激波",使机翼表面的空气压力发生剧烈变化而造成气流的不稳定,如图 5.29 所示。

图 5.29 飞机在风洞试验中产生"激波"的示意图

为了突破"音障",消除不稳定性,许多国家都在研制新型机翼。德国人阿道夫·布斯曼发现,把机翼做成向后掠的形式,像燕子的翅膀一样,可以延迟"激波"的产生,减小飞

---

① 张武城. 技术创新实施方法论 DAOV[M]. 北京:中国科学技术出版社,2011.

② "形形色色的机翼",http://www.afwing.com/intro/wings/wings-3.htm。

机接近音速时的空气阻力。但是，向后掠的机翼比平直机翼，在同样的条件下产生的升力小，这使得飞机在起飞、着陆和低速巡航时燃料消耗大大增加。

步骤一：明确地找出系统中存在的发明问题。根据初始情境的描述可以提炼出发明问题，即将战斗机平直机翼改进为后掠式机翼之后，能够减小高速飞行过程中的空气阻力，突破音速，但是起飞、巡航过程中的升力减小，耗油量增加。

步骤二：运用通用工程参数重新描述发明问题。上述矛盾中，改善的工程参数是"40 作用于对象的外部有害因素"（即空气阻力），恶化的工程参数是"16 运动对象的能量消耗"（即耗油量）；另一组描述本发明问题的参数可以提取为，改善的工程参数是"14 速度"，恶化的工程参数是"16 运动对象的能量消耗"。

步骤三：查询2003矛盾矩阵。可以得到改善的40号工程参数与随之恶化的16号工程参数，二者交叉的方格内推荐的发明原理编号为6、24、1、26、15、14、17、3。

步骤四：应用所推荐的发明原理寻求解决方案。上述推荐的发明原理具体如下，据此思考合适的实现路径以及解决方案。

IP6（多用性原理）——对解决本问题帮助有限。

IP24（中介原理）——对解决本问题帮助有限。

IP1（分割原理）——对解决本问题帮助有限。

IP26（复制原理）——对解决本问题帮助有限。

IP15（动态性原理）——通过对机翼的改造，使其成为活动部件，形成了可变式后掠翼，即在飞行的时候通过有效地控制机翼的形态，使之能够在比较大的范围内改变后掠角。后掠翼兼具平直翼和三角翼的优点，表现出很强的适应性。苏联图-160式战斗机就采用了这种机翼，如图5.30所示。

图5.30 苏联图-160式战斗机

IP14（曲面化原理）——空气在翼尖绕流以及随之产生的涡流是飞机飞行过程中一个很重要的阻力因素，平直机翼或后掠式机翼都存在这个问题。运用曲面化原理，对机翼形状进行改进，形成椭圆形机翼，使得靠近翼尖的地方空气绕流产生的阻力随之减小，如此便较好地降低了翼尖涡流的阻力问题，如图 5.31 所示。

图 5.31　英国"喷火式"战斗机

IP17（多维化原理）——不论是平直机翼还是后掠式三角翼，都可以看成是二维的机翼设计，根据多维化原理，为了彻底解决二维机翼所存在的矛盾，可以采用多种形式的三维机翼。例如：为了减少翼尖绕流，除了椭圆式机翼之外，还可以把机翼的顶端折起来，形成 C 形翼；进一步，把 C 形翼的顶端连接起来，就成为矩形翼。这些方法都可以有效地解决原有矛盾，如图 5.32 和图 5.33 所示。

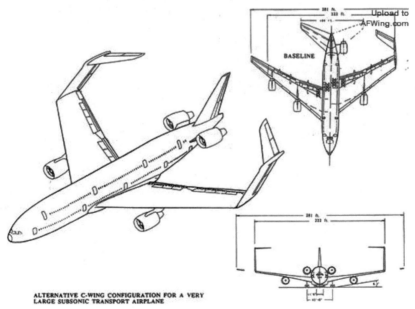

图 5.32　C 形翼飞机示意图

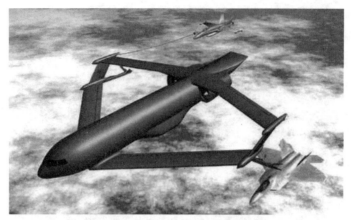

图 5.33　矩形翼飞机示意图

IP3（局部特性原理）——使得机翼的不同部分具有不同的特性。将平直机翼与后掠式机翼结合起来，使得新型机翼的某一部分具有平直机翼升力大的优点，而另一部分具有后掠式机翼阻力小的优点，如此梯形机翼的设计便随之产生，如图 5.34 所示。

图 5.34　梯形翼飞机示意图

需要指出，另一组描述本发明问题的参数可以提取为，改善的工程参数是"14　速度"，恶化的工程参数是"16　运动对象的能量消耗"，查询 2003 矛盾矩阵后也可得到一系列的发明原理，其中 IP15（动态性原理）与上述分析内容类似，不再重复；而其他发明原理对解决本例用处较小，在此从略。

以上示例，展示了通过运用 2003 矛盾矩阵解决发明问题的基本流程。整个流程较为清晰有效，也充分体现了矛盾矩阵和发明原理在解决创新问题时的威力，希望本书读者能够理解并熟练掌握该流程。

5.4 发明原理及矛盾矩阵实战演练

5.4.1 坦克装甲改进问题

在第二次世界大战的战场上，坦克作为陆战之王，受到了各个参战国家的极大关注。在不断改进的过程中，为了增加坦克的抗打击能力，最直接的方法就是增加坦克的装甲厚度，但这会导致坦克重量大幅增加，进而产生坦克机动性降低和耗油量增加等一系列问题。

本例中存在的发明问题已经明确，现运用通用工程参数重新描述。增加坦克的抗击打能力，可以提炼为"20　强度"的改善。与此同时，抗击打能力提升需要增加装甲厚度，从而引起了坦克全重的增加。所以，恶化的参数就是"1　运动对象的质量"。

查询2003矛盾矩阵，将"20　强度"代入纵向维度（改善参数），将"1　运动对象的质量"代入横向维度（恶化参数），得到相交方格内推荐的发明原理包括40、31、17、8、1、35、3、4。应用所推荐的发明原理寻求解决方案：

IP40（复合材料原理）——应用该原理意味着用复合材料代替原来的均质材料，采用复合材料装甲不但能减轻重量、降低成本，而且可增加战斗负荷，提高战场生存能力。普通坦克常因中弹着火而严重毁损，而复合材料车体着火的装甲内壁温度不会明显升高，可防止乘员烧伤或引燃弹药。由于上述优点，近年来复合材料已成功用于现代坦克制造上，如M1A1、T-80、豹2等坦克均不同程度地使用了复合材料，并且已由非承力部件逐步发展到用于主承力部件。

除此以外，复合材料还具有下述优点：对光波和雷达波反射比金属弱，并可吸收部分雷达波；具有材料性能和结构外形的可设计性，可制成具有最佳隐形结构的外形；可减少各发热部位的红外辐射和抑制车辆的推进噪声，使坦克的各种主、被动信号减少到最低限度。一些国家已经成功研制出可以吸收、屏蔽雷达的Kevlar纤维复合材料。美国研制的高强度S-2型玻璃纤维增强模压热固性复合材料、荷兰研发的超高强度聚乙烯纤维复合材料，都具有上述特点，是一种可供装甲车辆外壁使用的很有前途的隐形材料。

IP31（多孔材料原理）[①]——在坦克装甲改进方面，运用多孔材料和运用复合材料的本质思路是相似的。由于粉末冶金多孔材料中存在大量的孔隙，所以其比强度（强度与密度之比）大，广泛应用于机械工具和交通运输工具等领域。例如多孔钢的密度与致密材料相比能够减轻34.2%。铝合金多孔材料或镁合金的[质量]密度可以小于1g/cm^3，当材料的外表为致密时，则可以浮出水面。

IP17（多维化原理）——对解决本问题帮助有限。

IP8（反重力原理）——在水陆两用坦克上，本原理得到了广泛应用。例如在第二次

---

① http://blog.cdstm.cn/373411-viewspace-165562。

世界大战中，盟军为实施诺曼底登陆，对原有的谢尔曼坦克进行改进，设计出了DD（duplex drive）坦克。该坦克也被戏称为"唐老鸭坦克（Donald Duck）"，其原理就是在坦克上加装了一个9英尺（约2.7m）高的可折叠帆布框架，使其成为像船一样能漂浮在水面上的坦克。帆布框架的作用是，通过排开海水产生浮力，以补偿坦克的重量。

这套DD设备是匈牙利籍的英国工程师尼古拉斯·斯特劳斯勒的发明专利。DD坦克的浮渡围帐的奥妙在于它是可以伸缩的。围帐的主体用经过防水处理的粗帆布制成，结合部位用橡胶密封条来密封。围帐的四周有36根橡胶管，利用压缩空气，可以使这36根橡胶管充气，使围帐升起来为坦克提供浮力，坦克在水中利用螺旋桨提供动力（参见图5.35）；把充气放掉后，围帐便收拢在车体的四周，可上陆继续前进，如图5.36所示。

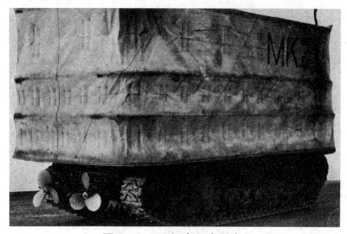

图 5.35　DD坦克入水形态

图 5.36　DD 坦克陆地形态

IP3（局部特性原理）——对解决本问题帮助有限。

IP1（分割原理）、IP35（状态和参数变化原理）、IP4（不对称原理）——将以上推荐的三条原理综合考虑，其可以提供的启示在于，能否设计一种这样的坦克装甲，使得其在平时行进时保持低重量、低强度的状态，而在投入战斗、遭受打击的时候转换成高强度的状态（状态和参数变化原理）；为了达到这样的目标，应该将坦克的装甲分割为容易组装和拆卸的部分（分割原理），同时在重点部位多加防护（不对称原理）。图 5.37 所示的新型坦克正是这种想法的实现。

图 5.37　新型坦克示意图[①]

除此之外，还可能存在的改进方案包括：

灵敏装甲[②]　与传统的被动式装甲不同，它可主动改变弹丸或射流的动量方向，若这种灵敏装甲的某部位受到破坏，还可自行修复。在灵敏装甲层下面有多个装有引发剂的小型球体，球体周围为单体材料。当弹丸撞击使球体破裂时，引发剂从球体中释放出来，与周围的反应物聚合，得到的高分子材料即可用以填补受攻击后装甲的缺陷。

5.4.2　开口扳手损坏问题

在使用开口扳手拧六角螺栓时，二者之间的作用力集中在螺栓棱边的顶点处，如图 5.38 中 A 所指示。这样的受力点可能造成扳手打滑，也会加快螺栓棱边顶点处的磨损，减少其使用寿命。

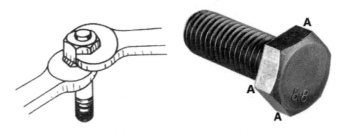

图 5.38　开口扳手及螺栓示意图

首先明确本例中存在的发明问题，矛盾集中于扳手与螺栓的作用点上。为了使扳手能够拧动螺栓，则二者必须接触；而为了使扳手不损伤螺栓，二者又不能接触，这样相互矛盾

---

① 李海军，丁雪燕. 经典 TRIZ 通俗读本 [M]. 北京：中国科学技术出版社，2009，103.
② 中国复合材料信息网，http：//www.cnfrp.net/news/echo.php？id=46097&WebShieldSessionVerify=9AkJcRQvtbsVCoYIgNSI.

的要求，构成的一对物理矛盾。

其次，运用通用工程参数重新描述发明问题。发明问题中所包含的物理矛盾，可以提取出的通用工程参数是"9　形状"。

查询2003矛盾矩阵，将工程参数"9　形状"代入对角线处，得到建议的解决物理矛盾的发明原理有3、35、28、14、17、4、7、2。

应用所推荐的发明原理寻求解决方案。在综合考虑了各个发明原理之后，比较适合解决本例的是IP14（曲面化原理）。为了使扳手和螺栓既接触又不接触，可以改变二者的接触面，使其曲面化，美国授权的5406868号发明专利就是该解法的具体实现，其具体发明如图5.39所示。

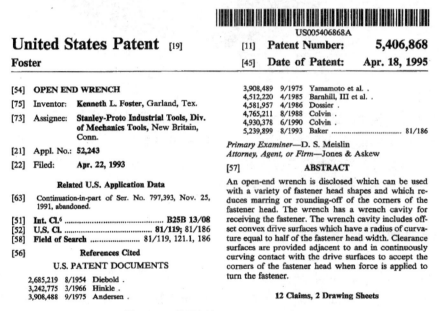

图 5.39　美国授权5406868号专利

如图5.40和图5.41所示，根据曲面化原理改进后的扳手，其与螺栓作用时的着力点是21A及21B，在保证与螺栓充分作用的同时又不会磨损螺栓棱边的顶点，较为完美地解决了该问题中存在的物理矛盾。

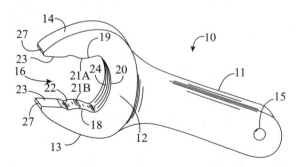

图 5.40　改进后的开口扳手示意图一

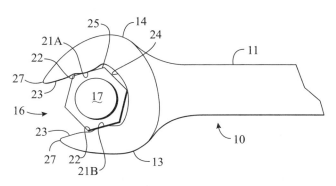

图 5.41　改进后的开口扳手示意图二

5.5　物理矛盾和分离原理

5.5.1　技术矛盾向物理矛盾转化

如 5.1.3 节所述，与技术矛盾相对应的另一种矛盾类型是物理矛盾（physical contradiction）。其定义为，为了实现某种功能，对同一个对象（或者同一个子系统）的同一个工程参数提出了互斥的要求。

中世纪时枪支的出现，极大地增强了各国军队的作战能力，成为战争史上最重要的发明。然而在实际应用过程中，出现了这样一对矛盾：最初的枪都是通过枪管从前面装填火药和子弹，为了减少士兵装弹的时间间隔，就要缩短枪管的长度，枪管越短就越容易装填；但是，减少枪管的长度，会导致步枪的射击精准度下降。在本例中，可以容易地得到这样一对技术矛盾：子弹发射时间间隔的改进，导致了子弹射击精度的恶化。然而，进一步的分析表明，技术矛盾的背后是更为尖锐的物理矛盾——步枪的枪管应该既长又短。这个矛盾在后来出现的"后膛填充式"枪支中被消除了，这种类型的枪既方便填充又不影响步枪的射击精准度。

由以上案例可以知道，技术矛盾的背后往往隐含着物理矛盾，技术矛盾一般都可以转化为物理矛盾加以解决。以上面有关技术矛盾的例子来说，坦克耐打击性的提升与机动性减退构成一对技术矛盾，但是其背后隐藏着的物理矛盾是"既要求坦克重量提升（装甲厚），同时又要求坦克重量减小（装甲薄）"；类似的，手机屏幕的易操作性与耗电量形成一对技术矛盾，然而其背后则隐藏着"手机屏幕既要大又要小"这样截然相反的要求。通过此种方式，技术矛盾能够转化为物理矛盾，因而物理矛盾是最尖锐、最核心的矛盾类型。TRIZ 提供了针对技术矛盾和物理矛盾的分析原则和解决办法，两种矛盾之间可以相互转化，其解决方案之间也存在着相关关系。

因此，物理矛盾通常成为解决问题的核心所在，克服更加核心的物理矛盾也预示着更高水平解决方案的出现。在绝大多数情况下，技术矛盾都可以转化为物理矛盾，因为通过分析可知，构成技术矛盾的两个参数 A 和 B 可能都与另外一个参数 X 有关。也就是说，改善的参数 A 可能与 X 关联，恶化的参数 B 可能与 -X 关联，从而使发明问题中的技术矛盾转化为物理矛盾。

例如：某种金属零件在化学热处理过程中，需要被放入到含有镍、钴、铬等金属离子的盐溶液中，以便在零件表面形成化学保护层。化学反应的速度会随温度的升高而迅速增大，温度越高，处理速度越快，生产效率越高；但是，在高温条件下，金属盐溶液会发生分解，将近 75% 的化学物质会沉淀在容器壁和容器底部，造成损失和浪费。加入稳定剂也没有明显效果。如果降低温度的话，会使化学热处理过程的生产效率急剧降低。

在本例中，可以分析存在的技术矛盾并提取出相应的通用工程参数，其中改善的参数是"44 生产率"，恶化的参数是"25 物质的无效损耗"。与此同时，可以构造出如图 5.42 所示的逻辑链。

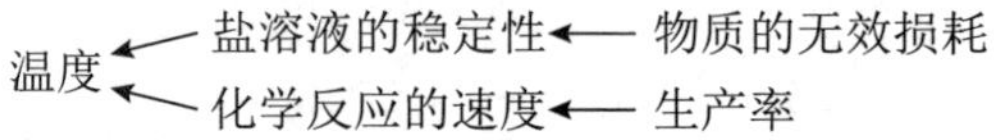

温度 ← 盐溶液的稳定性 ← 物质的无效损耗
温度 ← 化学反应的速度 ← 生产率

图 5.42 技术矛盾逻辑链示意图 [①]

为了将该问题转化为物理矛盾，我们可以选择温度作为中间参数。物理矛盾的描述为：提高盐溶液的温度，生产率提高，物质的无效损耗增加；反之，降低盐溶液的温度，生产率降低，物质的无效损耗减少。因此，盐溶液的温度既应该高，又应该低——成功将技术矛盾转化为物理矛盾。

将技术矛盾向物理矛盾转化，有助于我们了解矛盾问题的本质。与此同时，研究者也建立了四个分离原理与 40 个发明原理之间的对应关系，这对迅速分析矛盾并加以解决大有帮助，如表 5.4 所示。

表 5.4 分离原理与发明原理之间的对应关系

分离原理		对应的发明原理
空间分离		1、2、3、17、13、14、7、30、4、24、26
时间分离		15、10、19、11、16、21、26、18、37、34、9、20
系统级别分离	转换到子系统	1、25、40、33、12
	转换到超系统	5、6、23、22
	转换到竞争性系统	27
	转换到相反系统	13、8
条件分离		35、32、36、31、38、39、28、29

除了应用发明原理，解决物理矛盾，一般更多的情况都会运用四大分离原理。

5.5.2 空间分离原理

如果在物理矛盾中，对某一参数的互斥要求存在于不同的空间中，也即在某空间中要

[①] 李海军，丁雪燕. 经典 TRIZ 通俗读本 [M]. 北京：中国科学技术出版社，2009.

求该参数为 A，在另外一个空间中要求该参数为 -A，则可以使用空间分离原理解决物理矛盾。例如在吃火锅的过程中，有人喜欢吃辣有人不喜欢。对待火锅口味是否辛辣的互斥要求存在于不同的空间中，因此引入鸳鸯锅，从空间上将两种口味分开，解决了以上矛盾。

再如，在利用轮船进行海底测量时，早期是将声呐探测器安装在船体某一部位，但在实际测量中，轮船上的各种干扰会影响到测量的精度和准确性。解决问题的方法之一就是将声呐探测器单独置于船后千米之外，用电缆连接，使声呐探测器和轮船内的各种干扰在空间上得以分离，互不影响，来大大提高测试精度。

5.5.3 时间分离原理

如果在物理矛盾中，对某一参数的互斥要求存在于不同的时间内，也即在某时间段内要求该参数为 A，在另外的时间段内要求该参数为 -A，则可以使用时间分离原理解决物理矛盾。例如：飞机的机翼面积要加大，以加强升力；同时机翼的面积也要减小，以减小阻力。细致分析机翼面积这一参数中包含的物理矛盾，在起飞的时候面积要大，在高空巡航的时候面积要小，这是不同时间段内的要求，所以采用时间分离原理，设计了可调节面积的活动机翼。再比如日常生活中常用的伞，既要面积大以遮风挡雨，又要面积小方便携带，这二者是不同时间内的要求，所以运用时间分离原理，设计了折叠伞。下雨时撑起面积大，不用时收起面积小，完美地解决了物理矛盾，如图 5.43 所示。

图 5.43 可调节面积的活动机翼

5.5.4 系统分离原理

如果在物理矛盾中，对某一参数的互斥要求存在于系统不同的层次下（包括超系统、系统、子系统等不同级别），也即在某一层次下要求该参数为 A，在上一层次或者下一层次则要求该参数为 -A，则可以使用系统级别的分离原理解决物理矛盾。例如：自行车链条在整体上（系统级别）要求柔性，在牙盘和飞轮间起到良好的连结和传动作用；但在局部（子系统级别）上又要求刚性，提升其强度和耐用性。这是系统不同层次对同一参数提出的要求。可以使用系统分离原理，设计出分段链接的链条，有效解决物理矛盾，如图 5.44 所示。手表链条、九节鞭、双节棍等结构都是类似思路的应用。

图 5.44 自行车链条

另一个系统级别分离的例子是光的波粒二象性，如图 5.45 所示。在宏观层次下，光体现出"波"的性质，能够产生干涉、衍射等效应；而在微观层次下，光体现出"粒子"的性质，拥有动量，能够产生光电效应等。

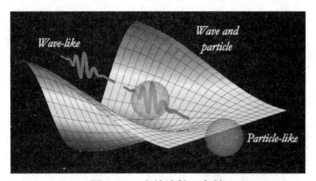

图 5.45 光的波粒二象性

万向管是一种常用于低压力的流体输送，向数控机床、工件刀具、机械等设备喷射油、水、气、冲剂等液体，具有长度、角度、口径可调整等优点的导向管，如图 5.46 所示。万向管可以实现 360°全方位自有固定，冷却管弯曲的同时不会缩减内径，也不会打结或出现疲劳现象。通常用塑胶原料制作，具有抗化学性、油性、药品等优良特性，抗疲劳性、耐摩擦性和耐腐蚀性远胜于金属管线，因此可以长期固定而不易晃动和反弹。

图 5.46 伸直状态和弯曲状态下的万向管

实际上,万向管就是典型的系统级别分离原理应用案例。从万向管的单个"节"来看,呈现的是刚性状态,具有单一的自由度,而从万向管整体来看,则呈现一种柔性状态,自由度大大增加,如图 5.47 所示。

图 5.47 不同状态下的万向管

5.5.5 条件分离原理

夜间是交通事故发生的高峰期,而夜间的交通事故大多是由于不按照驾驶规范合理使用远光灯造成的。乱开远光灯会造成对向车辆的驾驶员眩晕,降低其反应的敏捷性,还可能短暂地失去行动能力。那么应该如何惩罚不合理使用远光灯的驾驶行为呢?

根据相关报道,交警采用了"角色互换"的办法来惩罚乱开远光灯的行为,让抓获到的乱开远光灯的驾驶员坐上"远光灯自愿体验椅",进行"体验式处罚",如图 5.48 所示[①]。

图 5.48 远光灯处罚体验执行现场

如果在物理矛盾中,对某一参数的互斥要求存在于不同的条件下,也即在某条件存在时要求该参数为 A,在另外的条件存在时要求该参数为 -A,则可以使用条件分离原理解决物理矛盾。需要指明的是,条件分离原理是对以上三个分离原理的总结和提炼,是解决物理矛盾的最根本思想,不同的时间、空间、整体和部分都可以看做是条件,将其单独列为分离

---

① http://news.163.com/17/0216/12/CDD6JRG0000187R2.html,http://news.163.com/17/0918/16/CUKMDFAU000187VE.html。

原理是因为其使用频率相对较高。

实例1：水射流可以当作软质物质，用于洗澡时按摩；也可以当作硬质物质，以高压、高射速流用于加工或作为武器使用。这取决于射流的速度条件或射流中有无其他物质。

实例2：在厨房中使用的水池箅子，对于水而言是多孔的，允许水流过；而对于食物残渣而言则是刚性的，不允许通过。

实例3：汽车的安全带，在缓慢拉拽的条件下是可移动的，在突然猛烈拉拽的条件下是固定不动的。这样的条件分离就能保证驾驶员或乘客在平时可以方便地系好安全带，而在遭受冲击时，安全带也能提供充分的保护和固定作用。

实例4：液体防弹衣的发明是运用条件分离原理解决物理矛盾的典型。众所周知，防弹衣需要由比较坚韧的材料制作，以便在受到打击时提供足够的保护，但同时也会导致穿戴不方便、敏捷行动受阻等问题。因此，对防弹衣材料的要求是既要坚韧又要灵活，这里存在物理矛盾。运用条件分离原理可知，互斥要求是在平时没有受到冲击的条件下，防弹衣呈柔性，便于穿戴和行动；在受到子弹尖锐打击的条件下，防弹衣呈韧性，能有效吸收冲击能量。因此发明出采用特殊聚合物填充的液体防弹衣，有效地解决了这一对物理矛盾。（高分子聚合物非牛顿流体在液体状态时具有一种特殊性质，即在缓慢柔和的外力作用下呈流动态，在急促强力的作用下呈凝固态，称为聚合物的粘弹性。）

5.5.6 分离原理解决物理矛盾练习

请尝试综合运用四大分离原理解决交通拥堵问题。

交通的本质是路权的分配。一方面希望车辆足够多，以充分利用道路运载能力；另一方面希望车辆足够少，以保持交通通畅。路权分配过程中对汽车数量的相反要求，成为其中的物理矛盾。请运用物理矛盾分离原理，尽可能多地提出不同类型的解决方案。

（答案详见附录C.2）

5.6 本章小结

围绕矛盾矩阵和发明原理，在实际学习过程中存在一个认知难点，即在解题过程中如何将问题突破点转化为技术矛盾。

（1）对于这个难点有两个构建思路，一是围绕需求试图构建新的解决方案构建矛盾。首先明确系统目标及其相关的性能指标，这个系统目标（性能指标）就是系统需要提高（改善、增强等）的参数，假设确定为参数A；对于另一个可能会"恶化"的参数B，要认识到，因为是构建新的解决方案，因此改善A只是可能会带来B参数的恶化，但关键是，B参数的恶化是你想尽力避免的，显示了你的风险偏好。所以构建矛盾就可以简化为，明确你想要什么，确定要改善的参数 A；确定你害怕什么，不要什么，确定"恶化"的参数 B。这样在矛盾矩阵中查到的对应原理一定是改善了 A，又满足你的偏好（不让 B 参数恶化）的发明原理。例如：解决机身发热问题，没有现成的解决方案，可根据上述思路构建矛盾：首先明确系统的目标是机身的温度要改善，所以改善的参数确定为"温度"；其次，系统已经很庞杂，需要一个简单的方案，不想或不能忍受新的方案让系统更复杂，于是"恶化"的参数选择"系统的复杂性"。这样在矛盾矩阵中查到的一定都是既改善温度，又不会使系统更复杂的发明原理。

第二个思路是对已有的解决方案进行改进。假设已经有了解决方案，那么改善的参数 A 就很容易确定了，而"恶化"的参数 B 可以根据实际中现有解决方案的缺陷来确定。例如：想一次多承载些货物，那么船的体积就要增大，但实际情况是船大了能耗也提高了，所以要改善的参数即为"运动物体的体积"，恶化的参数，按照实际情况可以表述为"运动物体消耗的能量"。

（2）构建完技术矛盾后，可对技术矛盾进行转化，看改善和恶化的参数又都分别和哪些参数有关。当找到了呈现相反变化的统一参数后，就可以构建物理矛盾了。物理矛盾一般都和系统动力（例如动力轴的转速）或者系统的限制性因素（如温度或系统的规模如尺寸、面积和体积等）等有关。

（3）通过所构建的矛盾查找发明原理，根据发明原理的提示构建解决方案。在构建解决方案的过程中要注意深入研习所选原理的内涵，正确运用原理构建解决方案，而不要仅凭原有经验对原理望文生义、断章取义。

第6章 物-场模型及标准解

6.1 物-场模型简介

阿奇舒勒认为，两个物体间的作用都可用两个物质（对象物质 S_1 和工具物质 S_2）和一个场的基本模式来描述。其中场（Field，简写为 F）是两个物质间相互作用、联系和影响的力与能量，常用的场包括引力场（重力场）、热力场（温度场）、电磁场、光场、原子场（核能场）等（简称力热电光原），其名称、符号以及示例如表 6.1 所示。

表 6.1 各种类型场的示例 [①]

名称	符号	示例
重力场	G	重力
机械场	ME	压力、惯性、离心力
流体场	P	流体静力、流体动力
声场	A	声波、超声波
热场	T	热储存、热传导、热绝缘、热膨胀、双金属效应
化学场	C	燃烧、氧化、腐蚀
电场	E	静电、电感应、电容
磁场	M	静磁、铁磁
光场	O	光波反射、折射、衍射、干涉
辐射	R	X 射线、不可见电磁波
生物-场	B	腐烂、发酵
核能场	N	α、β、γ 射线束，中子束，电子束

两个物质，第一种物质（S_1）是作用的承受者，或可称之为产品/目标物质/对象物质；第二种物质（S_2）是作用的施加者，或可称之为工具/工具物质。需要说明的是，这里物质的概念是广义上具体或抽象的对象；而人们所期望的功能是对象物质与工具物质在场的作用下实现的。TRIZ 利用物质和场来描述系统问题的方法叫做物-场分析方法，也称作物-场理论。在分析某个具体的技术系统时，建立的模型就叫做物-场模型。

基本的物-场模型如图 6.1 所示。举例来说，人们要用锤子在墙面上实现钉钉子的功能，这里钉子是对象物质 S_1，锤子是工具物质 S_2，人手的作用力就是 F（机械场），该作用力施加于锤子 S_2 上，就实现了钉钉子的功能。

---

① 檀润华．TRIZ 及应用：技术创新过程与方法 [M]．北京：高等教育出版社，2010，51．

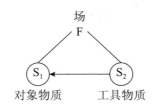

图6.1 基本的物-场模型示意图

较为复杂的物-场模型,则可以用多个基本的物-场模型连接起来。其基本形式有串联式连接(参见图6.2(a))和并联式连接(参见图6.2(b))两种。

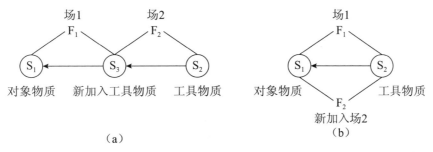

图6.2 较为复杂的物-场模型示意图

在物-场模型示意图中,除了若干物质S和不同类型的场F作为基本元素,各元素之间不同的连线也代表了不同的含义。具体来看,如图6.3所示,细实线代表存在有益作用/联系;虚线代表存在有益作用/联系,但效应不足;双实线代表存在有益作用/联系,但效应过度;加粗实线代表存在有害作用/联系。连线的箭头指示作用/联系的方向。

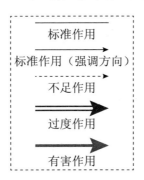

图6.3 物质之间相互作用的图例

根据物-场模型可以对系统功能进行详细分析,如果构建的物-场模型表示出系统缺乏基本要素,或有益作用不足,或存在有害作用,TRIZ给出了相应的76个标准解来解决问题。

标准解系统是阿奇舒勒于1985年创立的,是其后期进行TRIZ理论研究最重要的课题。标准解系统的本质思想,也是通过物-场模型的建立,将具体问题转化为典型问题,继而通过76个标准解(也即典型问题的典型解法)所给出的建议,找到具体问题的解决方案。这与矛盾矩阵和发明原理的本质相同,而物-场模型与标准解系统特别适用于难以明确描述系统中存在的矛盾、想要消除某种有害功能或实现有益功能,以及在系统内实现测量和检测功能的情况。

6.2 四种基本的物-场模型[①]

6.2.1 有效的完整物-场模型

此种模型中三个要素完备，能够顺利完成所期望的功能。如游泳者 S_1 在水 S_2 中游泳，受到一个足够大的浮力 F_1 和手脚划水的作用力 F_2，其中 F_2 的承受对象和 F_1 的施加主体都是游泳者，F_2 的施加主体和 F_1 的承受对象是水本身，两种物质和两种场的共同作用完成了游泳的整体功能，如图 6.4 所示。

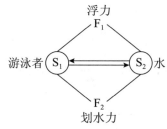

图6.4 实现游泳功能的物-场模型

6.2.2 不完整的物-场模型

此种模型中三个要素不完备，在解决问题的过程中，构建的物-场模型不完善就直接说明了原技术系统存在缺失。基于此，物-场模型会引导创新思维的方向，指出该在哪里需要给予完善，使其向完备的物-场模型转换。物-场模型不完备是最基本、最常见的一种问题类型，在后续的标准解中会有详细论述。

6.2.3 有害的完整物-场模型

有害的完整物-场模型是指组成物-场模型的三个元素完备，但彼此间产生的是有害作用，或是在产生了有用作用的同时也产生了有害作用。这种有害作用可能是由 S_2 引起的，也可能是由 S_1 引起的，如图 6.5 所示。

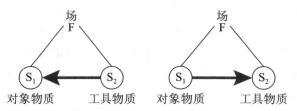

图6.5 有害的完整物-场模型

[①] 姚威，朱凌，韩旭. 工程师创新手册 [M]. 杭州：浙江大学出版社，2015.

对于此种类型的系统，必须保留或进一步扩大有益作用；对有害作用也必须设法予以消除。在此介绍两种最基本的解决方案，方案一：如果 S_1 和 S_2 两个物质间不要求紧密相邻，可以引入第三个物质 S_3 作为中介物来阻断有害作用。如在餐馆中，刚出锅的菜肴盛装在碗中（S_1），温度很高，有可能会烫伤服务员的手（S_2），S_2 对 S_1 的作用是我们需要的，而 S_1 对 S_2 的作用是有害作用，解决方案是引入托盘作为中介物（S_3），它阻断了有害作用，而有益作用也完全没有受到影响，如图 6.6 所示。

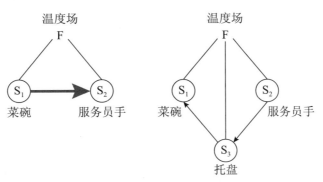

图6.6　有害的完整物-场模型解决方案一的实例

方案二：如果两个物质间要求紧密相邻，则引入第二个场来抵抗有害作用。例如：在利用刀具来完成切削功能的过程中，为了防止车床加工过程中，切削工具的作用力导致细长轴件的变形，引入了与长轴平行的支架，其产生的反作用力能够防止（抵消）细长轴的变形，如图 6.7 所示。

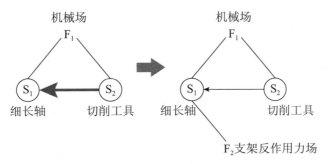

图6.7　有害的完整物-场模型解决方案二的实例

6.2.4　效应不足的物-场模型

效应不足的物-场模型是指模型的基本元素完备，但是需要实现的功能不足，此时该问题可以通过改变原有的场和物质，或者引入新的场和物质加以解决。例如：在矿石开采的过程中，经常需要将大块的岩石碎裂成小块以便进一步加工，这一过程通常是由人力完成的，效率非常低，此时建立起的就是效应不足的物-场模型。我们可以通过以下两种方案进行改进。

方案一：改变原有的场或物质。可以有三种不同的思路，均展示在图 6.8 中。第一种情况,改变工具物质,即 F_1 仍然使用人力,但把工具物质由 S_2 锤子换成大石头 S_3,用大石头来砸碎石头,以提高工作效率;第二种情况,改变场,即将机械场 F_1 改变为电动场 F_2,也就是采用电力驱动锤子来碎石;第三种情况同时改变场和工具物质,如引入风钻,利用压缩空气驱动活塞做高频往复运动的原理,冲击岩石至其破碎。

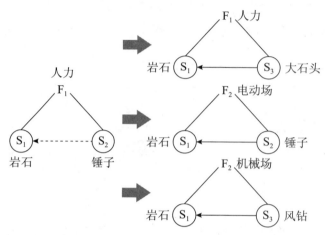

图6.8　效应不足的物-场模型方案一

方案二:引入新的场或物质,可以有两种不同的思路。第一种思路,引入新的化学场使岩石脆化,或引入新的温度场(冷冻场)使岩石冻裂,这些新引入的场在模型中均以 F_2 来表示,如图6.9所示。

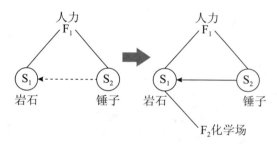

图6.9　效应不足的物-场模型方案二(a)

第二种思路,引入新的物质 S_3,在本例中为凿子,辅助人力敲击石头,以提高工作效率,其完善后的模型如图6.10所示。

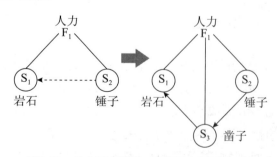

图6.10　效应不足的物-场模型方案二(b)

6.3 标准解的定义和使用流程

有关物-场模型和标准解的应用,应遵循以下流程:

(1) 将当前问题用 TRIZ 的语言给予准确描述,特别要关注系统、子系统、超系统等多个层面以及系统基本运作流程。

(2) 用符号形式表达组成问题的核心元素以及它们间的相互作用关系,从而建立物-场模型。在此步骤中,要特别注意分析层次的选取,使得建立起来的物-场模型足够大,能够包含所有的核心元素以及关键作用关系。与此同时又要足够小,简化物-场模型,排除不必要元素的掺杂与干扰。

(3) 对问题所属类型进行判断,根据图 6.11 所示的流程选取对应的标准解。在此步骤中,要根据系统的自身条件以及客观限制,在建议的标准解范围内精细筛选。如未找到合适解,也可适度扩大搜索范围,查询其他标准解。

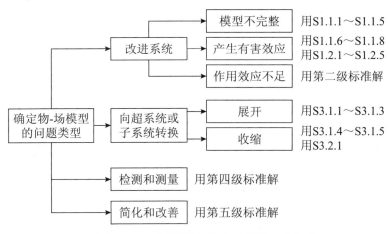

图 6.11 问题类型与标准解法的对应关系

(4) 选择合适的标准解法,并通过类比设计,将 TRIZ 理论提供的普适解转化为现实问题的解决方案。

(5) 如果因引入了新的物质或场使系统更复杂,可以运用第五级标准解——简化和改善系统,使系统更加理想化。(本步不是必须步骤)

6.4 76 个标准解详解

前文集中阐述了物-场模型的概念,构建物-场模型的基本元素和相应规则,并且进一步介绍了能够解决实际问题的4种基本物-场模型及其解决方案。本节所介绍的标准解系统(共

76个标准解），正是对这些基本模型和解决方案的极大扩充。

具体来讲，标准解系统是对标准发明问题进行求解的工具。阿奇舒勒分析了大量的发明专利，发现在去除不同工程领域待解决问题的具体技术背景之后，许多问题的本质可以用某一种相似的物-场模型来表示，与此同时，在问题的物-场模型和工程约束条件相同的情况下，可以采用相同的解决方案（即相同的解模型）来解决该技术问题。

阿奇舒勒总结了76个标准解，这76个标准解，根据其针对的问题类型的不同，可以分成五级：第一级包含13个标准解，是在不改变系统，或只对系统作微小改变的条件下改善系统；第二级包含23个标准解，是通过改变系统来改善系统，与第一级是递进关系；第三级包含6个标准解，是向双、多级系统和微观级系统转换的标准解法；第四级包含17个标准解，是有关检验和测量的问题；第五级包含17个标准解，专注于简化与改善系统。

接下来将对76个标准解进行详细说明，并配以相关实例。在此基础上明晰标准解系统的应用流程，并辅之来自实践的题目，训练读者解决问题的能力。需要说明的是，按照约定俗成的做法，76个标准解都有自己对应的编号，类似于S1.2.1（代表第一级，第二子级下面的第一条标准解），本书也遵照此体例编排。

6.4.1 第一级：基本物-场模型的标准解

第一级的标准解，针对的是基本的物-场模型，是在不改变系统，或只对系统作微小改变的条件下改善系统。它有两个子级，分别是"S1.1 构建完整的物-场模型"以及"S1.2 消除或中和有害作用，构建完善的物-场模型"，具体如表6.2和表6.3所示。其中，子类别S1.1的内涵是，完整的物-场模型至少有两个物质和一个场组成，物与场之间能够进行正常有效的作用，共有8个标准解；子类别S1.2的内涵是，在完善的物-场模型中，当物质和场之间产生有害作用时，可以按其提供的方法予以消除，以提高系统的使用效率，共有5个标准解。

表6.2 构建完整的物-场模型标准解

S1.1 构建完整的物-场模型
S1.1.1 由不完整的向完整的物-场模型转换
S1.1.2 在物质内部引入附加物，建立内部合成的物-场模型
S1.1.3 在物质外部引入附加物，建立外部合成的物-场模型
S1.1.4 利用环境资源作为物质内、外部附加物，建立与环境一起的物-场模型
S1.1.5 引入由改变环境而产生的附加物，建立与环境和附加物一起的物-场模型
S1.1.6 对物质作用的最小模式
S1.1.7 对物质作用的最大模式
S1.1.8 对物质作用的选择性最大模式：分别向最大和最小作用场区域选择性地引入附加物

表6.3 消除或中和有害作用，构建完善的物-场模型标准解

S1.2 消除或中和有害作用，构建完善的物-场模型
S1.2.1 在系统的两个物质间引入外部现成的物质
S1.2.2 引入系统中现有物质的变异物
S1.2.3 引入第二物质
S1.2.4 引入场
S1.2.5 切断磁影响

S1.1 构建完整的物-场模型

S1.1.1 由不完整的向完整的物-场模型转换

完整的物-场模型是由三个因素组成的，如果有缺失的因素就要补齐它。S1.1.1标准解的内涵是，通过引入缺失的场或物质来建立完整的物-场模型。

一个最简单的实例是人们用锤子打钉子，只有钉子（目标物质S_1）不行；只有锤子（工具物质S_2）也不行；有了钉子和锤子，没有人的手臂用力（机械场F）同样不行；只有当三个因素同时具备时才能完成钉入钉子的任务，如图6.12所示。

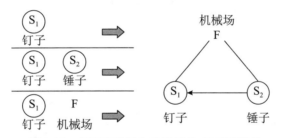

图6.12 由不完整的向完整的物-场模型转换

S1.1.2 在物质内部引入附加物，建立内部合成的物-场模型

从形式上看，系统的三个元素都齐全，是一个完整的物-场模型，但其表现为不能够正常工作，因此是不完善的物-场模型。倘若系统内部对引入物质没有限制，引入的附加物质对现有的系统也不会产生大的变化时，可在系统物质中通过引入附加物S_3，构建完整的、完善的、物质内部合成的物-场模型。该附加物也可以是系统物质的变异，如图6.13所示。

实例：人工降雨。天空中的乌云（水蒸气）在没有足够的重力下，就不会形成雨滴降落。人工降雨就是向乌云中引入水的变异物——人造冰粒（干冰），使水蒸气迅速冷凝成水滴，由于重力的加大使其从天上掉下来形成雨滴，如图6.14、图6.15所示。

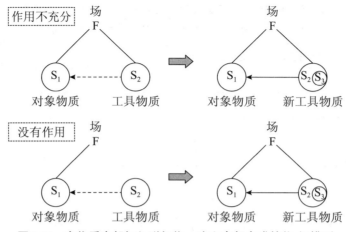

图6.13 在物质内部加入附加物，建立内部合成的物-场模型

图 6.14 人工降雨示意图

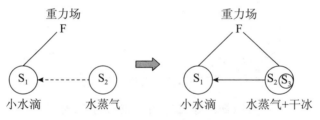

图6.15 人工降雨物-场模型

S1.1.3 在物质外部引入附加物，建立外部合成的物-场模型

从形式上看，系统的三个元素已经齐全，是一个完整的物-场模型，但其表现为不能够正常工作，因此是不完善的物-场模型。然而系统内部对引入物质有限制，系统不能改变，实施内部合成受阻，因此可在两个物质S_1或S_2的外部引入附加物S_3来达到增强效应的目的，如图6.16所示。

实例：查找出压缩机氟利昂渗漏部位。在压缩机制冷系统中，普通光照下，一旦发生氟利昂泄漏人们很难觉察，因为氟利昂制冷剂是无色无味又不能发光的液体。氟利昂制冷剂中是禁止加入发光体的，于是只能在压缩机的外部引入附加物S_3（卤素灯）建立外部合成的物-场模型，这样渗漏出的氟利昂在卤素灯的照射下会发出荧光，由此可以准确地确定氟利昂的渗漏部位，如图6.17所示。

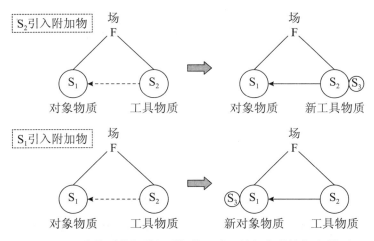

图6.16 在物质外部引入附加物，建立外部合成的物-场模型

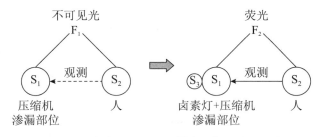

图6.17 查找出压缩机氟利昂渗漏部位的物-场模型

S1.1.4 利用环境资源作为物质内、外部附加物，建立与环境一起的物-场模型

在基本物-场模型已经形成的基础上，如果系统难以满足要求的变化，且限制将物质引入系统内部或外部时，可以将环境中的物质S_E作为附加物引入，形成与环境一起的物-场模型，如图6.18所示。

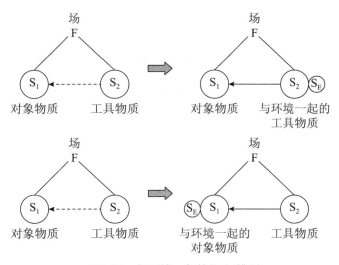

图6.18 与环境一起的物-场模型

实例：潜水艇下水深度的调整。当潜水艇浮在水面上时，同时承受着来自地球自上而下的重力和与之相反方向的水的浮力，倘若将环境中的水大量地注入潜水艇中，一旦潜水艇的重力克服了水的浮力时，潜水艇就会开始下沉，如图6.19所示。

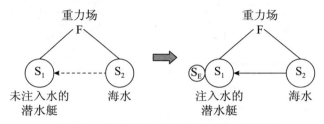

图6.19 潜水艇下水深度的调整物-场模型

S1.1.5 引入由改变环境而产生的附加物，建立与环境和附加物一起的物-场模型

在基本物-场模型已经形成的基础上，如果系统难以满足要求的变化，且限制附加物引入系统内部或外部，对引入环境虽然没有限制，但原有环境或原环境中的物质不能满足需求时，可通过改变或分解环境来获得所需的附加物S_{ed}引入系统，建立与环境和附加物一起的物-场模型，如图6.20所示。

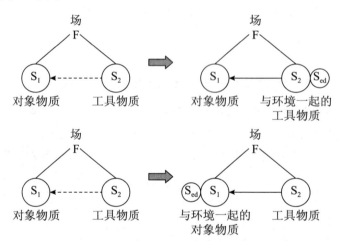

图6.20 引入由改变环境而产生的附加物，建立与环境和附加物一起的物-场模型

实例：拍摄太空物体图像。利用望远镜在通常的环境下拍摄太空物体得到的图像很不清晰，倘若在太空中设置望远镜，由于环境完全改变，使得望远镜的功能和清晰度得到大大提高，如图6.21所示。

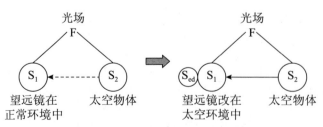

图6.21 拍摄太空物体图像的物-场模型

S1.1.6 对物质作用的最小模式

如果希望获得最小作用，但现有条件很难或无法保障做到，就先应用最大模式（最大作用场 F_{max} 或最大物质 S_{2max}）作为过渡形式，随后再设法将过量部分消除，以最终得到对物质的最小作用。其中过量的场用物质来去除；过量的物质用场（通过引入能生成场的物质）来去除。

实例：磁发电机导体陶瓷板上涂强磁性涂料。为了要在陶瓷板的凹槽上涂一层薄薄的磁性涂料，首先要向整个陶瓷板满喷一层磁性材料，随后将凸面上的过量部分通过机械作用场将它们去除掉，最终只在板槽中留下适量需要的强磁性导电涂料，如图 6.22 所示。

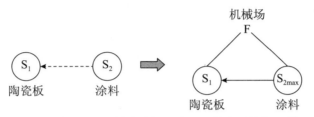

图6.22　磁发电机导体陶瓷板上涂强磁性涂料的物-场模型

实例：洗完衣服后的甩干。要把衣服洗干净必须将衣服弄湿（过量的水），衣服洗完后想依靠重力或手臂的能力拧干衣服上的水是不太容易的事，而借助于洗衣机，让衣服随洗衣机滚筒转起来，即可利用产生的离心力把衣服上多余的水分去除，如图 6.23 所示。

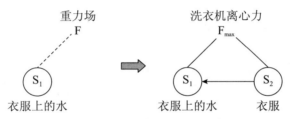

图6.23　洗衣后的甩干的物-场模型

S1.1.7 对物质作用的最大模式

如果系统要求获得最大的作用，但这对系统物质 S_1 会产生伤害时，引入保护性附加物 S_2 让最大作用首先直接作用在与原物质相连接的附加物 S_2 上，然后再到达需免受伤害的物质 S_1 上。

实例：拳击用手套。在进行拳击时，拳击手总是要以尽可能大的攻击力出手，因此对拳击手的攻击力是不可限制的。但为了避免对攻击对象造成致命的伤害，引入了起保护性作用的拳击手套，拳击手套可以起到极好的缓冲作用，如图 6.24 所示。

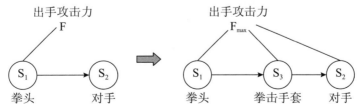

图6.24　拳击用手套的物-场模型

S1.1.8 对物质作用的选择性最大模式：分别向最大和最小作用区域选择性地引入附加物

当在系统中某些区域需要使用最大作用场，并在该系统的另外某些区域同时需要使用最小作用场时，可以根据使用的作用场区域究竟是最大还是最小，参照标准解 S1.1.6 和 S1.1.7 分别引入附加物：当最大作用情况下，将一种保护性物质引入到要求最小作用的所在区域，以避免最大作用场可能引起的伤害；当最小作用情况下，将一种可以产生局部场的物质引入到要求最大作用的所在区域，以获得增强输出场。

实例：注射液玻璃瓶的封口工艺。当为注射液玻璃瓶进行封口时，必须将火焰调整到最大功率，以使火焰在瓶口处达到最大效应，快速熔化玻璃并完成封口；但是，灼热的火焰对瓶内的药液质量会产生伤害，为使瓶内的药剂免遭受热，影响药液的质量，在完成封口操作时，必须将瓶身浸在水中，以使瓶身受火焰的影响达到最小，如图 6.25 所示。

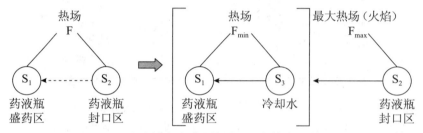

图6.25 注射液玻璃瓶的封口工艺的物-场模型

S1.2 消除或中和有害作用，构建完善的物-场模型

S1.2.1 在系统的两个物质间引入外部现成的物质

当物-场模型中同时存在有用作用和有害作用，且它们的两个物质之间可以不紧密相邻时，可将外部现成的附加物，引入系统的两个物质之间，以避免两个物质直接接触，从而消除它们之间的有害作用。该附加物可以是临时的，也可以是永久的。

实例：微芯片的铜导线。在微电路中，用直径 $0.2\mu m$ 的铜导线来替换 $0.35\mu m$ 宽的铝导线，腾出的空间可以增加硅基半导体元件，以提高运行速度，节约用电。铜导线对系统产生有效作用；但由于铜原子会向硅中扩散，因此铜导线对硅基产生有害作用，继而会恶化整个系统。在硅和铜导线之间增加隔离层，即可消除铜导线对于硅基的有害作用，如图 6.26 所示。

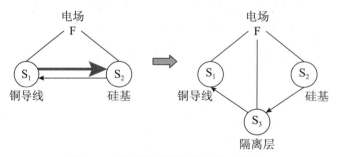

图6.26 微芯片的铜导线的物-场模型

S1.2.2 引入系统中现有物质的变异物

当物-场模型中同时存在有用作用和有害作用，且在它们的两个物质之间不要求紧密相邻，但限制从外部引入新物质时，引入通过修正系统形成的系统物质变异物$S_{1modified}$或$S_{2modified}$来消除两个物质间的有害作用。

实例：高温焦炭的输送。灼热的焦炭在运输过程中，为了避免高温对传送带的伤害，在传送带上铺设了一层碎的焦炭，以起到隔热的作用。碎的焦炭就是来自灼热焦炭的变异物，如图 6.27 所示。

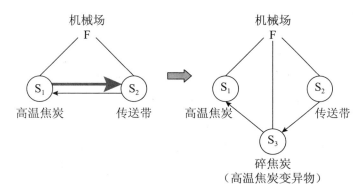

图6.27　高温焦炭的输送物-场模型

S1.2.3 引入第二物质

为了消除一个场对物质的有害作用，引入了第二种物质来排除有害作用。

实例：电器接地保护。为了防止电器设备漏电造成对人的伤害，采取了接地保护措施，如图 6.28 所示。

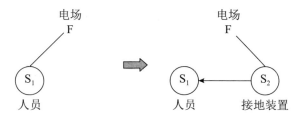

图6.28　电器接地保护的物-场模型

S1.2.4 引入场

若在系统中同时存在有用作用和有害作用，且两个物质之间要求必须直接紧密相邻，可通过直接引入另一个场F_2来消除有害作用，或将有害作用转化为另一个有用功能。系统则向并联式双物-场模型转换。

实例：骨折病人术后的理疗。医生对腿骨折病人进行外科手术后，用支撑架通过机械场作用在腿上将骨折部分固定。仅仅依靠支撑架，久而久之会导致病人肌肉萎缩，而通过施加脉冲电场对肌肉进行理疗，可以刺激肌肉并防止肌肉萎缩，如图 6.29 所示。

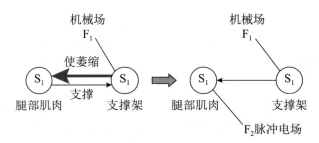

图6.29 医生对骨折病人手术后的理疗物-场模型

S1.2.5 切断磁影响

如果系统中存在着起有害作用的磁性,可采用退磁的方法(加热磁性物质到居里温度以上,或引入另一相反的磁场)来给予消除。

实例:起重机的应用。用电磁吸盘的起重机在运输铁质材料时,所需的能量直接与运输的距离和时间有关。为了减少所需的能量,可以通过使用永磁体来抓举货物,而在释放货物时,只要通过激活一个相反电场,产生所需要的负相位磁场,抵消永磁体产生的磁场,即可使货物被释放。用该方法即使在突然停电的情况下,货物也不会掉下,非常安全,如图 6.30 所示。

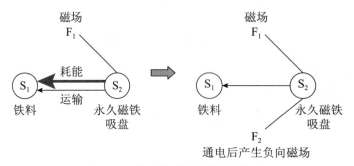

图6.30 起重机的应用物-场模型

6.4.2 第二级:增强物-场模型的标准解

第二级的标准解,是通过改变系统来增强功能。它有4个子级别,分别是"S2.1 向复合物-场模型转换""S2.2 增强物-场模型""S2.3 利用频率协调增强物-场模型"以及"S2.4 引入磁性附加物增强物-场模型",如表6.4所示。其中,子类别S2.1的内涵是,复合物-场模型分为串联和并联两种形式:在基本物-场模型的基础上,当引入的添加物为物质时,就构成了串联式复合物-场模型;当直接引入场时,则构成了并联式复合物-场模型,以此来提高系统的效率。该子类别共有2个标准解。

子类别S2.2的内涵是,通过改变场的结构和物质的结构来提高系统的柔性和可动性,获得增强系统可控性的有效功能,共有6个标准解。其增加物-场模型的思路与方法符合前文所讲的进化法则。

子类别 S2.3 的内涵是,对于组件之间具有周期性相互作用特点的系统,当需要增强该系统的有用功能效应，但是系统本身却又限制引入附加物时，可以通过对构成系统的各元件之间固有频率的协调匹配（或故意不匹配），包括场与场之间、场与物质之间的协调匹配，来达到增强所需的功能或要求的特性。该子类别共有 3 个标准解。

子类别S2.4的内涵是，为了提高系统的功能效应和可控性，在已有的基本物-场模型或复合物-场模型中，通过在组成系统的物质或环境中引入铁磁物质或磁场，以获得所需的性能。该子类别共有12个标准解。

表6.4 增强物-场模型的标准解

编号	内容
S2.1	向复合物-场模型转换
S2.1.1	引入物质向串联式复合物-场模型转换
S2.1.2	引入场向并联式复合物-场模型转换
S2.2	增强物-场模型
S2.2.3	利用更易控制的场替代
S2.2.2	加大对工具物质的分割程度向微观控制转换
S2.2.3	利用毛细管和多孔结构的物质
S2.2.4	提高物质的动态性
S2.2.5	构造场
S2.2.6	构造物质
S2.3	利用频率协调增强物-场模型
S2.3.1	匹配组成物-场模型中的场与物质元素的节奏（或故意不匹配）
S2.3.2	匹配组成复合物-场模型中的场与场元素的节奏（或故意不匹配）
S2.3.3	利用周期性作用
S2.4	引入磁性附加物增强物-场模型
S2.4.1	引入固体铁磁物质，建立原铁磁场模型
S2.4.2	引入铁磁颗粒，建立铁磁场模型
S2.4.3	引入磁性液体
S2.4.4	在铁磁场模型中应用毛细管（或多孔）结构物质
S2.4.5	建立合成的铁磁场模型
S2.4.6	建立与环境一起的铁磁场模型
S2.4.7	利用自然现象或知识效应
S2.4.8	提高铁磁场模型的动态性
S2.4.9	构造场
S2.4.10	在铁磁场模型中匹配节奏
S2.4.11	引入电流，建立电磁场模型
S2.4.12	利用电流变流体

S2.1 向复合物-场模型转换

S2.1.1 引入物质向串联式复合物-场模型转换

在基本物-场模型已经形成的基础上，为了强化系统，提高系统的有效性，可将物-场模型中的一个物质元素转换为一个独立控制的完整物-场模型，即向串联式复合物-场模型转换。

实例：让带有衬垫紧固件中的楔子轻而易举地拔出。楔形系统由楔子和间隔的衬垫组成。为了容易拔出楔子，衬垫由两部分组成，其中的一部分为低熔点合金，衬垫经加热后，易熔合金衬垫熔化，楔子就会轻而易举地被拔出，如图6.31所示。

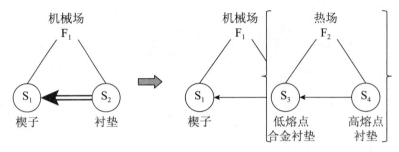

图6.31 带有衬垫紧固件中的楔子物-场模型

S2.1.2 引入场向并联式复合物-场模型转换

在基本物-场模型已经形成的基础上，为了提高系统的控制性，但系统对引入物质有限制，又不能改变现有系统的物质时，可在系统中直接引入另一个场，形成并联式复合物-场模型。

实例：零部件电解液的清洗工艺。电解装置的两级是薄铜片，在电解过程中往往会有少量的电解液的沉积物沉积在铜片表面。为了清除这些沉积物，如果仅仅依靠洗涤剂的化学作用往往会感到效力不足，但如果在洗涤剂化学场的作用下，再引入第二个超声波场，则沉积物就能迅速、完全地被清除掉，如图6.32所示。

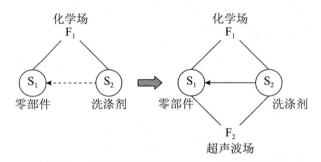

图6.32 零部件电解液的清洗工艺物-场模型

S2.2 增强物-场模型

S2.2.1 利用更易控制的场替代

如果物-场系统的效率不足，其工作场无法控制或者难以控制，那么就要用可充分控制的场来替代不可控制或难以控制的场，以获得增强功能效应。选择易控制场的进化路径，可以循着进化路径方向的逐级被替代，获得逐级增强系统功能的效应，如图6.33所示。

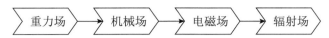

图 6.33　向更易控制的方向进化的"场"

实例：破碎大型混凝土块。破碎大型混凝土块通常采用的机械冲击装置会产生很大的噪声，改用液压冲击装置后，由于液压冲击波比机械冲击波平稳，产生的噪音便大大降低了，如图 6.34 所示。

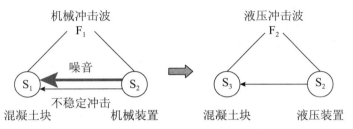

图6.34　破碎大型混凝土块的物-场模型

S2.2.2　加大对工具物质的分割程度向微观控制转换

该标准解是通过加大对工具物质 S_2 的分割程度来达到微观控制，以获得增强系统功能效应，如图 6.35 所示。

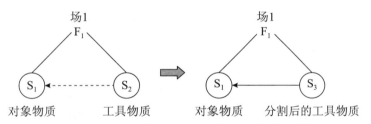

图 6.35　加大对工具物质的分割程度向微观控制转换

在此过程中，固体物质结构进化的路径如图 6.36 和图 6.37 所示，分别为结构上的进化路径和材料上的进化路径。随着进化路径方向逐级递增，可以达到逐步增强系统功能的目的。

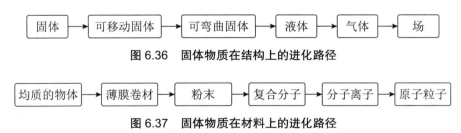

图 6.36　固体物质在结构上的进化路径

图 6.37　固体物质在材料上的进化路径

实例："针式"混凝土。用一系列钢丝代替标准钢筋混凝土中常用的较粗钢筋，可以制造出"针式"混凝土。相比于粗钢筋来讲，一束钢丝不易折断，能够提供更强的韧性，其结构能力大大增强，如图 6.38 所示。

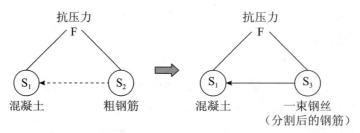

图6.38 "针式"混凝土物-场模型

S2.2.3 利用毛细管和多孔结构的物质

该标准解是通过改变物质结构，使之成为具有毛细管或多孔的物质，并让气体或液体通过这些毛细管或多孔的物质，来获得系统功能的加强。例如胶水瓶头一旦改用多孔的海绵状瓶头后，就可以明显地提高胶水涂抹的质量和效率，如图 6.39 所示。

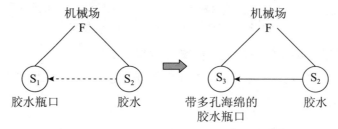

图6.39 多孔的海绵状胶水瓶口的物-场模型

在此过程中，从固体物转化到毛细管和多孔物质的路径如图 6.40 所示。

图 6.40 从固体物转化到毛细管和多孔物质的路径

S2.2.4 提高物质的动态性

对于效率低下的系统，其物质是具有刚性的、永久和非弹性的，可通过提高动态化的程度（向更加灵活和更加快速可变的系统结构进化）来改善其效率，如图6.41 所示。

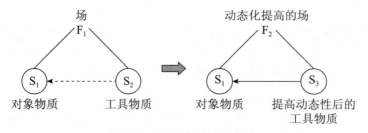

图 6.41 提高物质的动态性

在此过程中，物体动态性进化的路径如图 6.42 所示。

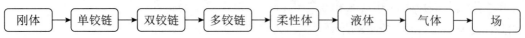

图 6.42 物体动态性进化路径

实例：切割技术的动态性进化。切割技术的发展遵循着物体动态性进化的法则。最初的刀具是刚体，到剪刀是单铰链系统，多功能钳是多铰链系统。进而，向柔性体的进化是一个飞跃，产生了线切割机床；后续的切割技术则更加柔性化，包括水切割、激光切割等。

S2.2.5 构造场

该标准解是利用异质的或可调的、有组织结构的场，来代替同质的或无序结构的场来增强物-场模型，如图6.43所示。

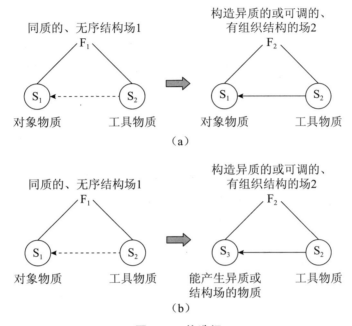

图 6.43 构造场

实例：有噪声的渔网。海豚看不到渔网，为防止海豚误入捕鱼网，在渔网上添加活性声波辐射器，并制成塑料球面或抛物面状的反射器，用异质场替代同质场，用结构化的场替代非结构化的场，提高声波定位信号对海豚的反射，可非常有效地防止海豚触及渔网，如图6.44所示。

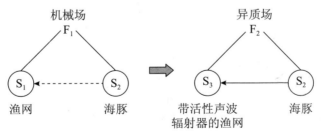

图6.44 有噪声的渔网物-场模型

S2.2.6 构造物质

该标准解是，利用异质的或有组织结构的物质替代同质的或无序结构的物质，以提高系统的功能效应。

实例：橡胶球的制造工艺。确保有一定的圆度是橡胶球制造工艺的重要指标。直接用单一橡胶硫化很难达到要求，因此制造时采用多种材料。即首先要做好一个球芯，它是用粉状的白垩粉和水经混合干燥后制成的，然后在其外部敷以橡胶，经硫化后，用一根针头刺入球体并注射进去一种液体，促使球芯溶解，随之，液体通过针头被取走，如图6.45所示。

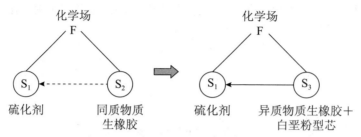

图6.45　橡胶球的制造工艺物-场模型

S2.3　利用频率协调增强物-场模型

S2.3.1　匹配组成物-场模型中的场与物质元素的节奏（或故意不匹配）

图6.46（a）为利用原基本物-场模型中的场与物质固有频率的协调来达到增强的物-场模型。倘若固有频率协调产生了有害作用，则设置一个与有害振动源方向相反的振动源物质（引入物质S_4，其振动频率与物质S_1的振动频率互为反向），即F_3与F_1反向，用以消除有害作用，如图6.46（b）所示。

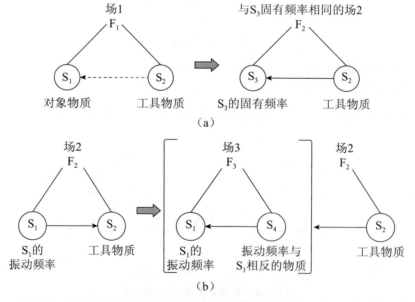

图6.46　匹配组成物-场模型中的场与物质元素的节奏（或故意不匹配）

实例：用超声波破碎人体内结石。将超声波的频率调整到结石的固有频率，使得结石在超声波作用下产生共振，结石就能被震碎，如图6.47所示。

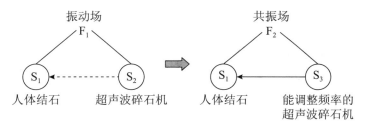

图6.47 用超声波破碎人体结石物-场模型

S2.3.2 匹配组成复合物-场模型中的场与场元素的节奏（或故意不匹配）

在使用了两个场的复合物-场模型中，可利用协调场与场的固有频率来完成所需的功能或要求的特性，以增强系统的功能效率或可控性。

实例：分选磁矿石。在进行分选强磁成分的废矿石时，为了有效提高分离效果，必须让坚硬的磁矿石同时置于连续磁场和振动场两个场的作用下，且磁场的强度与振动频率必须在匹配的情况下进行分离，如图6.48所示。

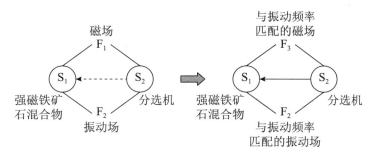

图6.48 分选磁矿石的物-场模型

S2.3.3 利用周期性作用

如果在系统中，需要完成两个互不相容或两个独立的功能，为了使二者达到协调，可利用周期性作用，周而复始地在完成其中一个功能的间隙实施并完成另一个功能。

实例：接触式电焊机的焊接与控制。利用高频脉冲进行焊接的接触式电焊机，是通过测量热电动势的反馈信息来对焊接工艺进行精确控制的。也就是说，要实现在一个周期内，完成两个完全不同的功能，例如其中的热电动势的测量，是在焊接电流的两个脉冲的间歇来完成的，如图6.49所示。

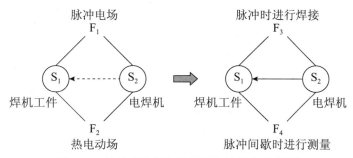

图6.49 接触式电焊机的焊接与控制物-场模型

S2.4 引入磁性附加物增强物-场模型

S2.4.1 引入固体铁磁物质，建立原铁磁场模型

原铁磁场模型为物-场模型和铁磁场模型的中间步骤，它是通过在物-场模型中引入固体铁磁物质（磁铁），构建原铁磁场模型来增强两个物质间的有效作用和可控性。注意：这里的S_1必须是铁磁性物质，否则磁铁将不会产生作用。

实例：磁悬浮列车。为了提高火车的行驶速度，在轨道与火车之间增加了一个移动磁场。在该磁场的作用下，火车被悬浮在铁轨上，减少了火车与铁轨之间的摩擦，提高了运行速度，如图6.50所示。

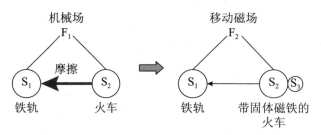

图6.50　磁悬浮列车的物-场模型

S2.4.2 引入铁磁颗粒，建立铁磁场模型

该标准解是，应用铁磁颗粒构建铁磁场模型来替代原物-场模型（或原铁场模型），或用一个易控场（或增加易控场）来代替可控性差的场，从而提高系统的可控性。铁磁性碎片、颗粒、细颗粒等统称为铁磁颗粒，铁磁颗粒越细小，其可控性就越强。

实例：提高晶体吸油效果。油轮一旦出现事故，大量的原油就会流入海中，为了及时将原油去除，通常是将疏松的晶体抛洒在受污染的油面上，以此来有效地吸除油污。但这些晶体颗粒彼此不能相互吸附，因此很容易被风或波浪吹散，极大地影响了晶体的吸附效果。而在晶体中添加磁化颗粒，使晶体之间由无效作用转换为相互吸附的有效作用，即可抑制油污面积向外扩散，如图6.51所示。

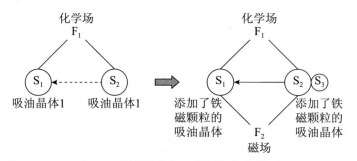

图6.51　提高晶体吸油效果的物-场模型

S2.4.3　引入磁性液体

物质包含铁磁材料的进化路线是：固体物质→颗粒→粉末→液体。系统的控制效率将随着铁磁材料的进化路径而增加。磁性液体是一种含有铁磁颗粒的胶状溶液，是铁磁粒子在汽油、硅酮或者水中的胶状悬浮液，或者是铁磁粒子以化学方式与聚合物成分结合的胶状悬浮液。使用磁性液体构建强化的铁磁场模型是"S2.4.2　引入铁磁颗粒，建立铁磁场模型"标准解进化的高级状态。

实例：废金属的分类。废金属的分类是个非常复杂的工作，因为金属的种类繁多，尤其是废金属的形状、尺寸各异，通常很难做到对废金属分类既准确又高效。

而使用带有磁流变或电流变液体的电镀槽，在大功率的电磁作用下，磁流体的密度会出现可控制的变化，通过变化的磁流体的密度，即可使废金属按照自己的 [质量] 密度逐个浮出液面，这时人们就可以很容易地在磁流变液体的液面上把它们分门别类地收集起来，如图 6.52 所示。

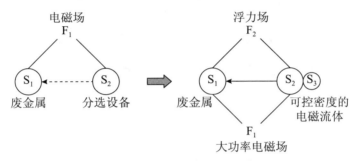

图6.52　废金属分类的物-场模型

S2.4.4　在铁磁场模型中应用毛细管（或多孔）结构物质

如果已经存在铁磁场，但其效率不足，可将固体结构的物质改为毛细管，或多孔结构，或毛细管与多孔一体结构的物质，从而使磁场得到增强。

实例：毛细管多孔一体结构过滤器。普通的过滤器中仅仅包含多孔结构以及磁性粒子，现引入毛细管，构造毛细管多孔一体结构过滤器，可获得更好的渗透能力以及可控性，如图 6.53 所示。

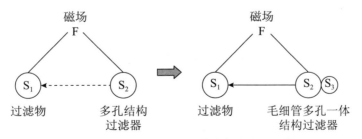

图6.53　毛细管多孔一体可逆过滤器的物-场模型

S2.4.5 建立合成的铁磁场模型

当非磁性物质内部禁止引入铁磁颗粒时,可以利用非磁性物质的空腔或外部(如涂层)引入具有临时性的或永久性的磁性附加物,构建内部的或外部合成的铁磁场模型,以此来提高系统的功能性和可控性。

实例:钢珠的运输(抛丸机)。抛丸机在运输钢珠的过程中,由于钢珠对其管道的冲击力较大,特别是在管道的拐弯处造成的磨损很严重。给抛丸机弯管强烈磨损区添加保护层电磁铁 F_2 后,在磁场的作用下,一部分钢球会被吸附在该处管道的内壁,避免了钢珠与钢管的直接碰撞,使得抛丸机的使用寿命延长,如图 6.54 和图 6.55 所示。

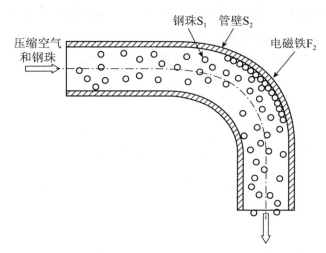

图 6.54 钢珠的运输示意图

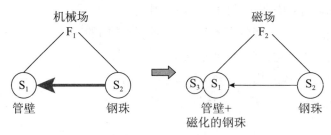

图 6.55 钢珠的运输(抛丸机)物-场模型

S2.4.6 建立与环境一起的铁磁场模型

当禁止引入铁磁颗粒物质,又禁止在物质内部或外部引入磁性附加物时,可将铁磁粒子(或磁性液体)引入环境,通过改变环境的磁场,来实现系统的有效作用及可控性。

实例:在磁极间移动一个金属的、无铁磁性的元件。机械振荡可通过在磁极间移动一个金属的、无铁磁性的元件来进行衰减。为减少衰减时间,在磁极和金属元件的间隙中引入了磁流体。磁场的作用力与振荡振幅成正比,可根据振幅大小进行调整,如图 6.56 所示。

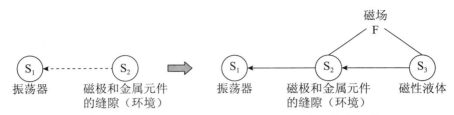

图6.56 在磁极间移动一个金属的、无铁磁性的元件物-场模型

S2.4.7 利用自然现象或知识效应

该标准解是利用自然现象或知识效应来获得增强铁磁场模型的功能及可控性。

可以利用的效应包括物理效应、化学效应和几何效应三大类。物理效应和化学效应是通过改变作用区域的元素，使系统出现新的功能和特征；几何效应是只改变系统的形状或相对位置，其物理或化学的属性没有改变，是解决最简单的矛盾的方法。

实例：磁共振成像。运用可调谐的振动磁场，探测特定核子的共振频率，然后将那些核子的中心区域着色成像。由于肿瘤与正常组织的密度不同，在磁共振成像时，通过探测到这部分组织结构的变化，就能得出肿瘤的具体位置。

实例：利用电晕电极自动采摘棉花和葡萄。葡萄自动采摘机是配备有一台能产生 4~6kV 电压的小型发动机的拖拉机，用一个片状电极接触葡萄，另一个电极搭在束缚葡萄的藤上。当电极通电时，由于成熟果柄的电阻比果枝的电阻要小得多，所以果柄易瞬间烧断，就像短路一样。让自动采摘机在成行葡萄架间行驶，成熟、完整的符合商品外观的葡萄串就会自动落在传送带上，传送到筐或包装箱中。

S2.4.8 提高铁磁场模型的动态性

对于由刚性的、永久的和非弹性的稳定结构物质组成的、效率很低的铁磁场系统，可以通过提高动态化的程度，将物质结构转化为动态的、可变的或能自我调节的磁场，以此来提高系统的适应性和可控性。

实例：测量无磁性不规则物体的壁厚。物体的壁厚可以用外部的感应换能器与内部的铁磁物质来测量。但是对于不规则物体的壁厚的测量，放入内部的铁磁物质必须有所讲究：需要用一个表面涂上铁磁粒子的气球，放入不规则物体的空腔内，柔性的气球能充分体现物体空腔的内部形状。气球放入物体内部后，能和被测物体的内壁紧密贴合，然后，利用感应式传感器就能准确地测量出该物体的壁厚，如图 6.57 所示。

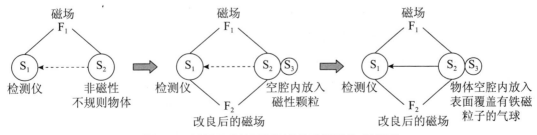

图6.57 测量无磁性不规则物体壁厚的物-场模型

S2.4.9　构造场

该标准解是，使用异质的或结构化的铁磁场替代同质的无组织结构的铁磁场，来获得增强铁磁场模型。

实例：在塑料表面绘制凸起的图案。为了让塑料垫子的表面形成复杂的图案，在未凝固的塑料垫子中混合一些铁磁微粒，而后用结构性的磁场（借助于激光光束产生有规律的磁场）拖动铁磁微粒形成所需要的形状。这样当塑料凝固后，就能在塑料表层获得凸起的复杂图案，如图6.58所示。

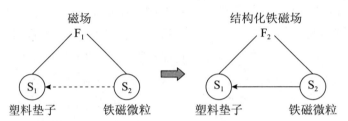

图6.58　在塑料表面绘制凸起图案的物-场模型

S2.4.10　在铁磁场模型中匹配节奏

该标准解是，通过匹配组成铁磁场模型中的场与物质元素的频率来获得增强原铁磁场模型或铁磁场模型。

振动原理在实践中应用很广。例如：磁场中的振动常被用来分离混合物，以降低粒子间的粘附和改善分离效率；每类原子都有一个共振频率，可以通过外加磁场强度和共振频率的改变与原子共振频率的匹配程度来判断材料的成分。

实例：微波炉的工作原理。通电后微波管与食品中的水分子会产生共振，运用振动产生的热量来迅速加热食品，如图6.59所示。

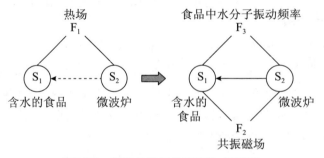

图6.59　微波炉的工作原理物-场模型

S2.4.11　引入电流，建立电磁场模型

在已存在的基本物-场模型或复合物-场模型中，通过对组成系统的物质或环境引入铁磁物质或磁场，显然可以大大提高系统的功能效应和可控性；但是，当禁止引入铁磁粒子或不易将一个物体进行磁化时，可通过引入电流来产生电磁场，如图6.60所示。

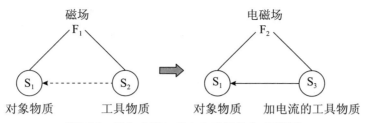

图6.60 引入电流，建立电磁场的物-场模型

利用电磁场还有一个更重要的优势是：在没有电场作用时，不会产生磁场，而且磁场的强度可以通过电流的大小来控制，这样就可以通过改变电流来精确地控制磁场的强度。

增强电磁场的进化路径与铁磁场相同，为基本电磁场→复杂电磁场→环境电磁场→动态化电磁场→结构化电磁场→节律匹配/失配电磁场。

S2.4.12 利用电流变流体

在汽油、硅酮或者水等流体中，需要引入磁性物质，但禁止引入铁磁粒子的场合，可以引入电流来替代。通过引入电流的大小来改变电场，可以获得所需要的电磁场，或者控制电流变流体的速度和液体黏度，如图6.61所示。

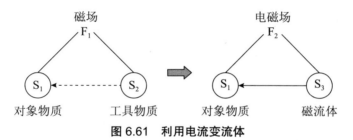

图6.61 利用电流变流体

实例：在车辆的减震器中用电流变流体替代标准润滑油。通常在车辆减震器中用的润滑油由于车辆机械冲击力的作用，温度会升高，润滑油的黏度也会随着温度的上升而提高，导致润滑效果降低；而改用电流变流体，利用改变电场来控制润滑油的黏度不发生变化，则可以提高车辆的使用效率和可控性。

6.4.3 第三级：向双、多级系统或微观级系统进化的标准解

第三级的标准解是，基于技术系统的进化法则，解决由于结构变化和系统进化产生的技术矛盾和物理矛盾，增加有效功能，增强系统的功能效率、可操作性和可控性。它有两个子类别，分别是"S3.1 向双系统或多系统转换"和"S3.2 向微观级系统转换"，如表6.5所示。其中，子类别 S3.1 的内涵是，将两个或多个相同的或不同的系统组合为一个系统，以便在原有基础上，增加系统的功能和提高系统的功能效率，共有 5 个标准解；子类别 S3.2 的内涵是，将系统中的物质用能在原子、分子、粒子等各种场的作用下实现其功能的物质来替代，

以实现系统从宏观向微观系统的进化,共有 1 个标准解。

表 6.5 向双、多级系统或微观级系统进化的标准解

S3.1 向双系统或多系统转换
S3.1.1 系统转换 1a:利用组合,创建双、多级系统
S3.1.2 改进双、多级系统间的链接
S3.1.3 系统转换 1b:加大系统元素间的特性差异
S3.1.4 简化双、多级系统
S3.1.5 系统转换 1c:使系统的部分与整体具有相反的特性
S3.2 向微观级系统转换
S3.2.2 利用更易控制的场替代

S3.1 向双系统或多系统转换

S3.1.1 系统转换 1a:利用组合,创建双、多级系统

该标准解是,将两个或多个系统组合起来,保持各自的功能,使整体系统的功能获得增强。

实例:薄片玻璃的加工。当单独给一片很薄的玻璃进行打磨时很容易使玻璃破裂,如果将薄玻璃堆叠起来(用水做临时的黏合剂)变成一块"厚玻璃"后再加工,玻璃的破损率可以明显降低,如图 6.62 所示。

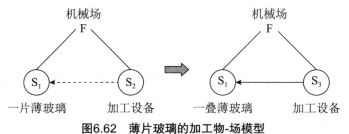

图6.62 薄片玻璃的加工物-场模型

S3.1.2 改进双、多级系统间的链接

经组合(或集成)后形成的双级系统或多级系统,如果出现缺失或者不足(难以控制或无法控制),可根据"协调法则",增加柔性、移动性和可控性,通过改进双、多系统间的链接来获得增强系统的可控性。

双、多系统间的链接方法有刚性链接和柔性链接两种。举例来说:当多人移动和安装沉重的物体时,为了使他们能够做到同步,将多位安装工的手设法用刚性装置连接起来,是为刚性链接;两个刚性的船体,通过柔性方式形成双船体,以使其可调整两个船体间的距离(提高系统的灵活性),是为柔性链接。

实例:多路电气线路板的安装。其设计思路是用多系统替代单一系统,将单一系统的一组导线改编成线束,使得导线的线束占据的空间最小,大大提高了系统的可操作性,同时

还为各个电气线路的维修提供了方便,如图 6.63 所示。

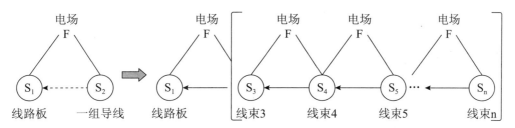

图6.63 多路电气线路板的安装物-场模型

S3.1.3 系统转换 1b:加大系统元素间的特性差异

该标准解是通过加大元素间功能特性的差异,然后再进行组合,以获得双级系统和多级系统效率的增强。具体来讲,系统转换 1b 的路径为:相同元素的组合→改变了特性的不同元素的组合→相反元素的组合。其中相反元素的组合是系统转换的终极状态,它意味着系统的变化由技术矛盾向物理矛盾的转换。因此,一旦能完成相反元素的组合,就预示着新一轮的创新产品的诞生。

实例:扩大热处理炉的使用功能。车间内设置了数台形式完全相同的热处理炉,给各台炉子以相同方法预设加热,可获得经热处理后的同一种产品。如果给每台炉子预设不同的加热方法 S_6、S_7 等,组合后可以获得多种不同的产品;如果将其中的一些炉子改为冷却炉 S_9,则组合后可以实现完全不同的新处理工艺,如图 6.64 所示。

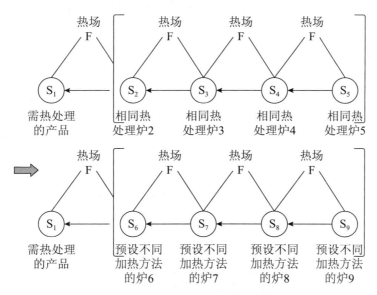

图6.64 扩大热处理炉使用功能的物-场模型

S3.1.4 简化双、多级系统

该标准解是对双、多系统进行的收缩简化,反映了系统向"提高理想度法则"方向进化。双、多级系统进行收缩简化的路径是,首先减少辅助的子系统和系统元件,进而寻求最终完

全地简化，形成在新的水平上的单一系统。通过对双、多系统的收缩，可将许多系统的功能集为一体，既简化了系统又使系统功能获得增强。

实例：瑞士多功能刀。在一个共用的外壳内装上数种工具，组成多用工具。功能增加了，体积缩小了，如图 6.65 所示。

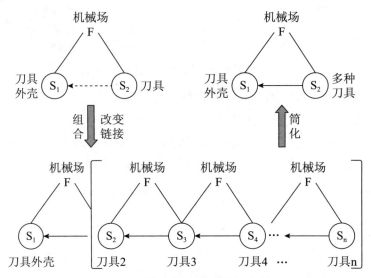

图6.65 瑞士多功能刀的物-场模型

S3.1.5 系统转换 1c：使系统的部分与整体具有相反的特性

该标准解是，分解系统整体与部分间的矛盾特性，使整体系统具有特性 A 的同时，各部分系统具有相反的特性 -A，以增强双、多系统的功能性，如图 6.66 所示。

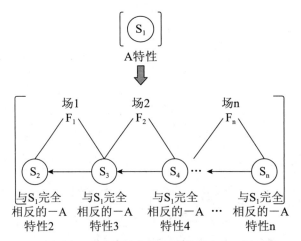

图 6.66 使系统的部分与整体具有相反的特性

实例：水刀切割。水刀切割是将普通的水经过多级增压后所产生的高能量（380MPa）水流，通过一个极细的红宝石喷嘴（$\phi 0.1 \sim 0.35$mm），以近千米每秒的速度喷射，产生切割的作用。在这个系统中，水本身是流动的，柔软的，而水刀却是锋利坚硬，削铁如泥的。

S3.2 向微观级系统转换

S3.2.1 利用更易控制的场替代

该标准解是，将系统中的物质用能在原子、分子、粒子等各种场的作用下实现功能的物质来替代，以实现系统从宏观向微观系统的进化。技术系统在其进化的任何阶段，向微观级的跃迁均可以提高其效率。

实例：微型电磁阀。当电流通过微型电磁阀的绕组时，在电磁场的作用下，阀片被提升打开；当切断电流时，在弹簧力的作用下，阀片下滑关闭。这种类型的微电磁阀价格昂贵，特别是极小型绕组，制造困难，导致使用时易出故障，不太可靠。

这时可采用更易控制的场替代：用形状记忆合金制作的板代替电磁铁绕组，并将记忆合金板固定在阀片上，当电流通过时，在温度场的作用下，合金板被伸长，阀片被打开；当切断电流时，温度降低导致合金板收缩，带动阀片关闭返回原处，如图6.67所示。

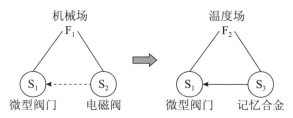

图6.67 微型电磁阀的物-场模型

6.4.4 第四级：测量与检测的标准解

第四级的标准解是专门用于解决有关测量与检测物体参数的技术系统的标准解。其中，检测是指检查某种状态发生或不发生，测量是指在被分析的现象与量值之间建立相关性，具有量化及精度的功能，既可以测量系统，也可以测量技术系统的任何部分。

一个完整的测量系统，应该包括以下几方面内容：测量的对象、被测值表现出物质的特性或状态、测量单位、选用单位校准的测量工具、测量方法、接收测量结果的观察者或记录器以及最后的测量结果。

按照技术系统的完备性法则和能量传导法则，能量在最低限度可操作的测量技术系统中，从产品流向传感器。传感器将来自产品的能量转化为转化器可处理的形式。转化器将从传感器-执行结构接收到的能量转化为可以相应方式进行定性和定量比较的形式，比较结果被作为测量结果传送到控制装置。控制装置产生针对技术系统各元件的控制作用。在系统各元件的操作中进行最低限度的协调是测量技术系统可操作性的必备条件。

第四级标准解共有5个子级别，分别是"S4.1 利用间接的方法""S4.2 构建基本完整的和复合的测量物-场模型""S4.3 增强测量物-场模型""S4.4 向铁磁场测量模型转换"以及"S4.5 测量系统的进化方向"，如表6.6所示。其中，子级别S4.1的内涵是，检测或测量结果不能直接获得，而只能通过迂回的方式来获得，共有3条标准解。

子类别S4.2的内涵是，通过构建完整或复合的测量物-场模型，来获得检测或测量结果，共有4条标准解。

子类别S4.3的内涵是，利用物理效应的节奏匹配来达到增强测量物-场模型的目的，共有3条标准解。

子类别S4.4的内涵是，将非磁性的物-场测量模型转化为具有磁性的物-场测量模型，以提高系统测量的灵活性和测量精度，共有5条标准解。

子类别S4.5的内涵是，也即测量系统进化方向的目的是提高测量的效率和精确程度，共有2条标准解。

表6.6 测量与检测的标准解

S4.1 利用间接的方法	
S4.1.1	以系统的变化来替代检测或测量
S4.1.2	利用被测对象的复制品
S4.1.3	利用二级检测来替代
S4.2 构建基本完整的和复合的测量物-场模型	
S4.2.1	构建基本完整的测量物-场模型
S4.2.2	引入附加物，测量附加物所引起的变化
S4.2.3	在环境中引入附加物，构建与环境一起的测量物-场模型
S4.2.4	改变环境，从环境已有的物质中分解需要的附加物
S4.3 增强测量物-场模型	
S4.3.1	利用物理效应或自然现象
S4.3.2	利用系统整体或部分的共振频率
S4.3.3	连接已知特性的附加物后，利用其共振频率
S4.4 向铁磁场测量模型转换	
S4.4.1	构建原铁磁场测量模型
S4.4.2	构建铁磁场测量模型
S4.4.3	构建复合铁磁场测量模型
S4.4.4	构建与环境一起的铁磁场测量模型
S4.4.5	利用与磁场有关的物理效应或自然现象
S4.5 测量系统的进化方向	
S4.5.1	向双、多级测量系统转换
S4.5.2	向测量一级或二级派生物转换

S4.1 利用间接的方法

S4.1.1 以系统的变化来替代检测或测量

该标准解是通过改变系统的方法来代替检测或测量，使检测或测量不再需要。

实例：控制有机混合物的分离过程。为了使控制分馏器正常地工作，必须保持分馏器内有机溶剂混合物的温度在要求的95℃～100℃。传统方法是采用电加热的方法来控制分馏器的工作温度，其利用温度传感器来控制有机混合物温度的测量系统是必不可少的。但是，如果改变系统，将分馏器改成套筒式的，即在分馏器外加设一个水套，只要让水套内的水始终保持在沸腾状态，带有传感器的测量系统就可以取消了，如图 6.68 所示。

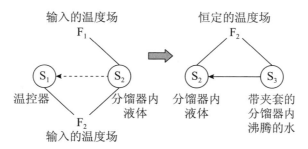

图6.68 控制有机混合物的分离过程物-场模型

S4.1.2 利用被测对象的复制品

该标准解是，采用测量被测对象的复制品、图片或图像来替代对被测对象本身的直接测量。对难以测量的物体（如软物体或具有不规则表面的物体），通常较多地使用这种测量方法，如图 6.69 所示。

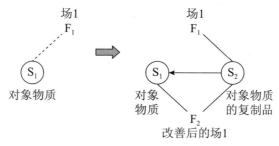

图6.69 利用被测对象的复制品的物-场模型

实例：高炉内铁水温度的测量。铁水的温度很高，人们一般不直接测量，而是利用光学高温计，通过接收器测量物体在高温计透镜上所形成的图像，然后根据该图像输出的亮度，经对比即可得知铁水的温度，如图 6.70 所示。

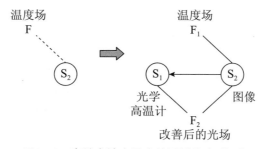

图6.70 高炉内铁水温度的测量物-场模型

S4.1.3 利用二级检测来替代

如果无法用 S4.1.1 或 S4.1.2 标准解法进行间接测量，可采用分解为二级测量的方法来完成对某物质的检测。

实例：进行加工过程中使用的量规。为测量轴径，通常预先做好量规（其上有间距为

0.01mm 的许多圆孔），这样测量的轴径问题就变为在量规上检测能否通过的问题。制造量规时的测量是一级测量，对照量规的测量是二级测量，如图 6.71 所示。

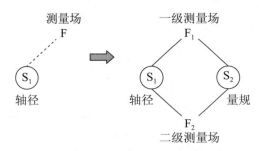

图6.71　进行加工过程中使用的量规物-场模型

S4.2　构建基本完整的和复合的测量物-场模型

S4.2.1　构建基本完整的测量物-场模型

测量物-场模型与物-场模型的差别在于：一个基本完整的测量物-场模型，必须是在它的输出端载有被测对象信息参数的输出场。如果原有的场是无效的或不充分的，则必须在不影响原系统的情况下改变或引入另一个增强场，该改变的新场或增强场的输出场应当有一个容易检测的参数，且此参数与所需测量的参数是相关的。

实例：检测液体开始沸腾的瞬间。如果利用温度场来进行测量液体是否沸腾显然是无效的，因为液体在开始沸腾的瞬间，温度并不会发生变化，不发生变化的参数输出场，进行测量也就不可能。此时引入电流，让电流通过液体，由于在液体开始沸腾的瞬间会出现气泡，因此随气泡的出现即可相应地测得所骤变的输出电阻，如图 6.72 所示。

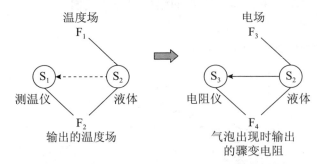

图6.72　检测液体开始沸腾的瞬间物-场模型

实例：汽车挡风玻璃上的自动雨刷。通过辐射光检测器，记录汽车挡风玻璃上的水滴在半导体激光束的作用下，造成的电磁辐射散射的强度来自动启动雨刷。当无水滴时，激光束不能到达光检测器；当玻璃上出现水滴时，水滴将激光束部分散射，光检测器记录下以特定角度散射的辐射，生成光散射输出信号 F_3 传送至雨刷的控制系统，雨刷即可投入运行，如图 6.73 所示。

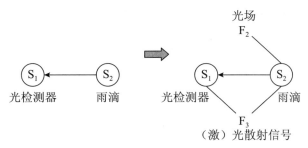

图6.73 汽车挡风玻璃上的雨刷物-场模型

S4.2.2 引入附加物，测量附加物所引起的变化

对难以测量和检测的系统或部件，引入易检测的附加物S_3，形成内部或外部合成的测量物-场模型，检测或测量该合成附加物的变化。

实例：生物标本在显微镜下的测量。生物标本在显微镜下可以观察到其内部结构，但细微的差别很难区分和测量，而在标本中添加化学染色剂，就能观察到标本结构间的细微差别，如图 6.74 所示。

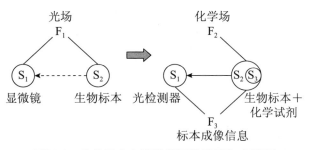

图6.74 生物标本在显微镜下的测量物-场模型

S4.2.3 在环境中引入附加物，构建与环境一起的测量物-场模型

当系统中禁止引入附加物时，可将易产生检测和测量的附加物引入环境中，通过测量环境状态的变化来获得有关对象状态变化的信息。

实例：检测内燃机内部磨损情况。检测内燃机的磨损情况，就是要测量发动机被磨损掉的金属表层。磨损的金属表层以颗粒形式混在发动机的润滑油中，润滑油被看作是环境。在润滑油中加入荧光粉，金属颗粒会吸收荧光粉，这样通过测量荧光粉量的变化就可以得出被磨损的金属量，如图 6.75 所示。

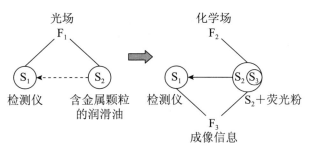

图6.75 检测内燃机内部磨损情况的物-场模型

S4.2.4 改变环境,从环境已有的物质中分解需要的附加物

为了检测和测量的需要,有的系统需要引入附加物,但是,该系统又禁止引入附加物。当系统的环境中也禁止引入附加物时,就可以通过分解或改变环境中已经存在的物体来创造附加物,并测量这些附加物对系统的影响。改变环境经常使用的方法有通过电解、气穴现象或其他相变的方法来获得气体、水蒸气或泡沫等形式的附加物。

实例:粒子运动的研究。在气泡室中,利用相变产生低于沸点及压力的液态氢,当能量粒子穿过时,可使局部沸腾,形成气泡路径。该路径可以被拍照,用于研究流体粒子的运动特性,如图 6.76 所示。

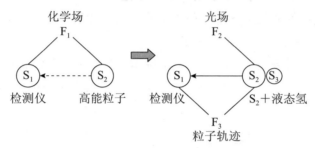

图6.76 粒子运动的研究物-场模型

S4.3 增强测量物-场模型

S4.3.1 利用物理效应或自然现象

该标准解是通过观察系统中已经出现的物理效应来测量和确定系统的状态。

实例:利用热传导效应测量物体温度。液体的热传导率会随液体温度的改变而改变,因而液体的温度可以通过测量液体热传导率的变化来确定,如图 6.77 所示。

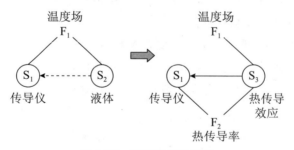

图 6.77 利用热传导效应

S4.3.2 利用系统整体或部分的共振频率

当需要直接改变系统或通过场来改变系统时,可以通过测量系统或部分系统的共振频率来完成。由于系统中的变化会导致共振频率的变化,通过测量共振频率的变化也就获得了系统变化的信息。

例如：可以通过测量储水罐的共振频率，确定储水罐中水的重量；通过测量两个线轴之间一段线的共振频率，确定正在线轴上缠绕的线的重量；利用核磁共振技术测量煤层孔隙结构，如图 6.78 所示。

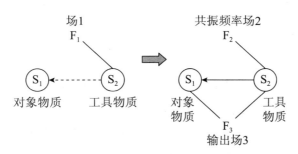

图 6.78 利用系统整体或部分的共振频率

S4.3.3 连接已知特性的附加物后，利用其共振频率

当不能直接检测或测量系统中的变化，又不能在系统中或部分系统中通过共振频率的测量来完成时，可以连接已知特性的附加物，然后通过测量共振频率来获得所需要的测量信息。

实例：未知物体电容的测量。不直接测量物体的电容，而是将该未知电容的物体插入已知感应系数的电路中，然后改变电压的频率，通过测定该组合电路的共振频率，计算出物体的电容，如图 6.79 所示。

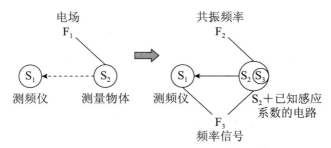

图 6.79 未知物体电容的测量物-场模型

S4.4 向铁磁场测量模型转换

S4.4.1 构建原铁磁场测量模型

为便于测量，在非磁性系统内引入固体磁铁，可将非磁性的测量物-场模型转换为包含磁性物质和磁场的原铁磁场测量模型。利用固体磁铁形成的原铁磁场模型通常只能在局部产生磁场，而不是分布在系统的各个部分。

实例：统计在十字路口等待的车辆数。在十字路口内，设置含有铁磁部件的传感器，即可方便地统计通过在红绿灯控制下等待的车辆数，如图 6.80 所示。

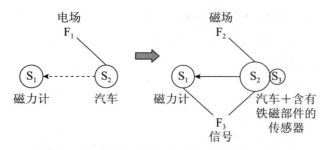

图6.80　统计在十字路口等待的车辆数物-场模型

S4.4.2　构建铁磁场测量模型

如果为提高系统测量的可控性，需要让系统的各个部分都具有磁的效应，则必须在系统中加入铁磁粒子，或用含铁磁粒子的物质来代替原系统中的一个物质，使系统由物-场测量模型或原铁磁场测量模型向铁磁场测量模型转换。这样通过检测和测量磁场的作用，就可得到需要的信息。铁磁场测量模型与原铁磁场测量模型磁场不同，铁磁场的磁性物质或者铁磁粒子在物质（S_1，S_2）的体积内各部分均有分布。

实例：鉴别货币的真假。将铁磁粒子混合在特定的颜料中，并将颜料印在货币上，这样在判别货币真假时，将磁场作用在货币上，通过铁磁粒子就能确定货币的真假，如图6.81所示。

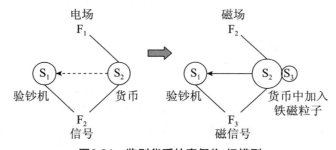

图6.81　鉴别货币的真假物-场模型

S4.4.3　构建复合铁磁场测量模型

为了提高系统检测或测量的效率，有时需要向铁磁场测量模型转化，但是，当不能向系统中的物质直接引入铁磁粒子时，可通过向系统的内部或外部（物质表面）引入带磁性粒子的附加物来构建合成的铁磁场测量模型。

实例：控制加压液体对地层的破坏程度。运用水力压裂技术（hydraulic fracturing，又称水力劈裂、水力裂解技术）开采天然气和页岩气的时候，需要先测量原地的主应力，为后续灌入高压液体开采气田提供指导。在测量时首先取一段基岩裸露的钻孔，用封隔器将上下两端密封起来；然后注入液体，并在液体中加入铁磁粉，加压直到孔壁破裂，根据磁场信息变化记录压力随时间的变化，并用印模器或井下电视观测破裂方位。根据记录的破裂压力、关泵压力和破裂方位，利用相应的公式计算出原地应力的大小和方向。铁磁粉的加入可以实现对地层破坏程度的有效控制和测量，如图6.82所示。

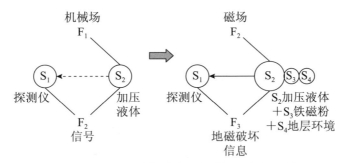

图6.82 控制加压液体对地层的破坏程度物-场模型

S4.4.4 构建与环境一起的铁磁场测量模型

为了提高系统检测或测量的效率，需要向铁磁场测量模型转换。但是，如果系统不允许引入铁磁物质，既禁止直接引入铁磁粒子，又不允许向系统的内部或外部（物质表面）引入带磁性粒子的附加物，此时可将含铁磁粒子的磁性物质引入与系统相联系的环境中，构建与环境一起的测量铁磁场模型，通过对环境磁场的检测和测量来得到需要的信息。

实例：研究船在水中行驶时波的形成过程。当船体从水中驶过时，会形成波浪。研究船在水中行驶时波的形成过程，不采用指示器，而是向环境（水）中释放铁磁粒子，用铁磁粒子代替指示器。在光学场作用下对水中的铁磁粒子分布进行跟踪拍照（或者曝光在屏幕上），通过研究铁磁粒子的运动即可研究波浪的特性，如图 6.83 所示。

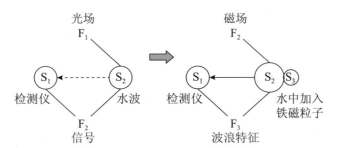

图6.83 研究船在水中行驶时波的形成过程的物-场模型

S4.4.5 利用与磁场有关的物理效应或自然现象

该标准解是利用与磁场有关的物理效应或自然现象以提高系统检测与测量的可控性和准确性。例如应用居里效应、磁滞现象、超导现象，霍普金森效应、巴克豪森效应、霍尔效应、超导性等自然现象或物理效应来测量。

实例：应用居里效应。液位探测仪通常由容器内的磁铁和容器外的磁敏感接点组成。为增加探测仪的可靠性，可将磁铁拧紧在磁敏感接点的平面上，并用居里点低于液体温度的磁性材料覆盖。其运用的物理效应是，液体的温度高于磁性材料的居里点，浸入后磁性材料即发生二级相变成为顺磁体，顺磁体的特性是其磁场很容易随周围的磁场变化而变化，从而提高了探测仪的敏感度和可靠性，如图 6.84 所示。

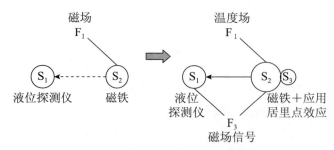

图6.84 应用居里点效应物-场模型

S4.5 测量系统的进化方向

S4.5.1 向双、多级测量系统转换

如果单一的测量系统不够精确，就应使用两个或多个测量系统。对一个测量对象可通过两个或多个传感器来获取被测对象的两个或多个信息。由于接收到的信息增多，测量的精确度显然可以获得提高。如验光师在给人们验光时，使用一系列的仪器测量远处聚焦、近处聚焦、视网膜整体的一致性等多项指标，而不只是测一项。

实例：测量滑水者跳跃距离。为测量滑水者的跳跃距离，在水面和水下各放置一个麦克风，两个麦克风接收信号的时间间隔与滑水者的跳跃距离成正比，由此可计算出滑水者的跳跃距离，如图 6.85 所示。

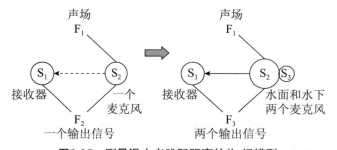

图6.85 测量滑水者跳跃距离的物-场模型

S4.5.2 向测量一级或二级派生物转换

测量系统为了获得所需要的某参数信息，不是直接地测量该信息的参数，而是转向测量该信息参数的一级或二级派生参数，用测量信息参数的一级或二级派生参数的仪器 S_3 来替代直接测量信息参数的仪器 S_1，测量精度将会随着测量派生路径的逐渐转换而有所提高。

实例：测量物体的位移。测量物体的位移可以用直接测量位移长度的方法。但如果用测量速度或加速度来替代位移的测量，速度和加速度就是位移派生的二级派生物，由于速度与长度是平方根关系，测量的精度因此就会得到提高，如图 6.86 所示。

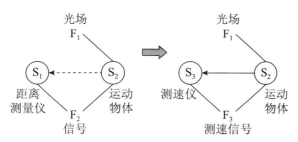

图6.86 测量物体的位移物-场模型

6.4.5 第五级：简化与改善策略的标准解

第五级的标准解专注于对系统的简化，引导人们如何使系统不会增加任何新的东西，或者即使在引入新的物质或新场的情况下，也不会使系统复杂化。它有5个子类别，分别是"S5.1 引入物质""S5.2 引入场""S5.3 利用相变""S5.4 利用物理效应或自然现象"以及"S5.5 产生物质粒子的更高或更低形式"，如表6.7所示。

表6.7 简化与改善策略的标准解

S5.1 引入物质
S5.1.1 间接方法引入物质（包含9个子项）
S5.1.1.1 利用"虚无物质"（如空洞、空间、空气、真空、气泡等）替代实物
S5.1.1.2 用引入一个场来替代引入物质
S5.1.1.3 引入外部附加物替代内部附加物
S5.1.1.4 引入小剂量活性附加物
S5.1.1.5 在特定区域（物质的个别部分）引入小剂量活性附加物
S5.1.1.6 临时引入附加物
S5.1.1.7 利用模型或复制品替代实物，允许其中再引入附加物
S5.1.1.8 引入经分解能生成所需附加物的化合物
S5.1.1.9 引入环境或物体本身经分解能获得所需的附加物
S5.1.2 将物质分割成若干更小的单元
S5.1.3 应用能"自消失"的附加物
S5.1.4 利用可膨胀结构，以获得向环境中引入空气、泡沫等大量附加物的需要
S5.2 引入场
S5.2.1 利用系统中已存在的场
S5.2.2 利用环境中已存在的场
S5.2.3 利用场源物质
S5.3 利用相变
S5.3.1 相变1：改变相态
S5.3.2 相变2：在变化的环境作用下，物质能由一种状态转变为另一种状态
S5.3.3 相变3：利用伴随相变过程中发生的自然现象或物理效应
S5.3.4 相变4：利用双相态物质替代
S5.3.5 利用物理与化学作用

S5.4 利用物理效应或自然现象	
S5.4.1	利用由"自控制"能实现相变的物质
S5.4.2	增强输出场
S5.5 产生物质粒子的更高或更低形式	
S5.5.1	通过分解获得物质粒子
S5.5.2	通过合成获得物质粒子
S5.5.3	综合运用 S5.5.1 和 S5.5.2 获得物质粒子

S5.1 引入物质

S5.1.1 间接方法引入物质

如果系统需要引入新的物质，然而工作状态又不允许给系统引入新物质时，可以通过其他途径，也即以下介绍的 9 个标准解所提供的间接方法来引入物质。

S5.1.1.1 利用"虚无物质"（如空洞、空间、空气、真空、气泡等）替代实物

如果有必要向系统物质内部引入附加物，但所有有形的物质都受到禁止或是有害时，就使用诸如空气等"虚无物质"（如空洞、空间、空气、真空、气泡等）代替实物作为附加物引入。

实例：防止跳水运动员受伤。在训练中，为了防止跳水运动员入水时造成伤害，教练会踩下脚踏板，让压缩气瓶中的空气通过安装在水池底部多孔的管道涌出，使水池内的水变成充满气泡的"软水"，如图 6.87 所示。

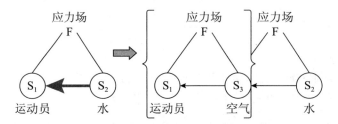

图 6.87　防止跳水运动员受伤的物-场模型

S5.1.1.2　引入一个场来替代引入物质

实例：气流的过滤。为了提高过滤器的过滤效果，在压力场的作用下，再引入第二个场（电场），在电流的作用下，使固体杂物聚集，颗粒增大而保留在过滤器中，如图 6.88 所示。

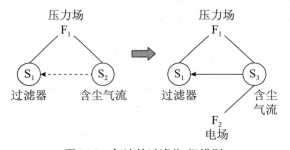

图 6.88　气流的过滤物-场模型

S5.1.1.3 引入外部附加物替代内部附加物

如果有必要在系统中引入一种物质，然而从系统内部引入物质不允许或不可能时，就在其外部引入附加物。

实例：有效防护维修高压设备工作人员触电。当维修高压输电线路时，有时会出现这样的意外：一个工人没看见正在作业的人就合闸，造成严重伤人事故。有效的防触电方法是不能让现有的交变电场对人直接产生作用。引入含磁性粒子的物质，做成手镯，把它佩戴在正在从事高压设备维修的人员手上，利用获得的电流来控制人的肌肉，一旦出现电流，肌肉就会收缩，手臂会自动远离有危险的高压源，如图6.89所示。

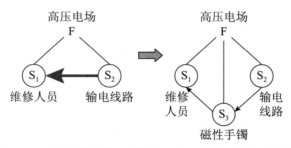

图6.89　有效防护维修高压设备工作人员触电的物-场模型

S5.1.1.4 引入小剂量活性附加物

实例：降低拉伸管材的摩擦力。为降低拉伸管材的摩擦力，在润滑剂中加入了0.2%～0.8%的聚甲基丙烯酸酯，使得润滑剂在高负荷、高温条件下也能保持良好的润滑效果，减少了摩擦力，如图6.90所示。

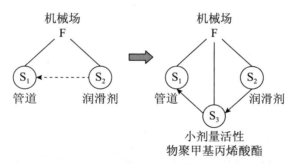

图6.90　降低拉伸管材的摩擦力物-场模型

S5.1.1.5 在特定区域（物质的个别部分）引入小剂量活性附加物

在系统的特定区域（物质的个别部分）引入小剂量活性附加物，是为了在需要最大作用的区域通过引入的小剂量活性附加物，来生成局部的强化场。例如在两个需要焊接的部件间加入可以发出高热量的焊接剂；化学去污剂只需抹在衣服有污垢的地方；为了避免药物对身体的健康造成严重负面影响，将药物靶向到病灶位置；等等。

实例：给铜板压花。在给铜板压花时，画家先在薄铜板上勾画出彩画，再把铜板放到橡胶砧板上，然后用喷枪把火药喷到需要压花的地方，引爆火药，增强的热作用场形成铜板压花，如图 6.91 所示。

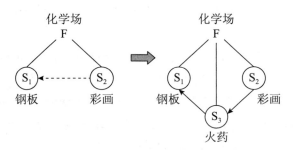

图6.91　给铜板压花物-场模型

S5.1.1.6　临时引入附加物

实例：检测人体内脏手段。为了检测人体的内脏情况，而又不能对人体造成过多的伤害，可临时地（一段最短时间）引入添加物——放射性同位素，检测完毕后立即除去。类似的还有血管造影技术，这是一种介入性的辅助检查技术，显影剂被注入血管里，因为 X 光无法穿透显影剂，因此可以准确地显示出血管病变的部位和程度，如图 6.92 所示。

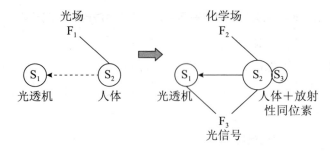

图6.92　检测人体内脏手段的物-场模型

S5.1.1.7　利用模型或复制品替代实物，允许其中再引入附加物

如果原系统中禁止加入附加物，可运用原件的复制品或模型，将附加物引入复制品中。

实例：快速修复螺栓松动了的铁轨枕木。为快速修复螺栓松动了的铁轨枕木，传统方法是将枕木撤下修复后再重新装上。这需要大量维修资金，由此导致的火车运行时刻的变更也会造成很大损失。澳大利亚曾发明过无需更换枕木的维修方法，即直接在现场扩孔：将原孔经清洗后，涂上环氧树脂，并钉入木栓，待胶凝固后，在上面重新钻螺栓孔。但整个过程还是需要至少半个小时。

这个问题的关键在于如何使螺栓孔恢复成原来未松动时的样子，一种简便的方法是引入木质的附加物"复制"出最初的未松动时的螺栓孔：即利用木头吸水膨胀的特性，事先准备好锥形的木栓毛坯，并将它挤压成圆柱形，经晾干后待用。维修时，把圆柱体按原来的锥形体底部朝下，插入枕木的维修孔中，浇上水，木栓膨胀，木栓毛坯即会以相当于数吨的力量嵌入枕木，然后在插入的木栓上钻螺栓孔，以此来紧固枕木。整个过程只需 5min，大大提高了效率，如图 6.93 所示。

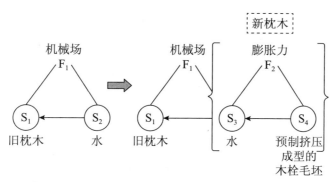

图6.93 快速修复被松动了螺栓的铁轨枕木物-场模型

S5.1.1.8 引入经分解能生成所需附加物的化合物

实例：赛车用的助燃剂。为了获得更高的能量，赛车使用的是化合物 N_2O，而不是空气中的 O_2 作为助燃气，因为 N_2O 燃烧时比空气中 O_2 燃烧时放出的热量要大得多，如图 6.94 所示。

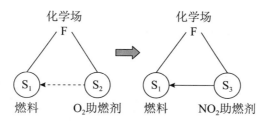

图6.94 赛车用助燃剂的物-场模型

S5.1.1.9 引入环境或物体本身经分解能获得所需的附加物

该标准解是，引入由分解（或电解）系统环境或系统物质本身由相变生成所需的附加物，包括极少系统元素和环境的聚合状态的变化。

实例：加强对水的消毒。臭氧对微生物有较强的杀伤力。将环境物质（空气）进行分解获得的臭氧引入水中，可加强对水的消毒作用，如图 6.95 所示。

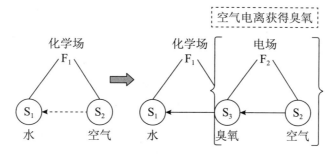

图6.95 加强对水的消毒物-场模型

S5.1.2 将物质分割成若干更小的单元

如果系统不可改变，又不允许改变工具，也禁止引入附加物时，可将物质分割为更小的单元（特别是在微粒流中，可以将微粒流分成同样和不同样两部分电荷），利用这些更小单元间的相互作用来代替工具物质，获得增强的系统功能，如图6.96所示。

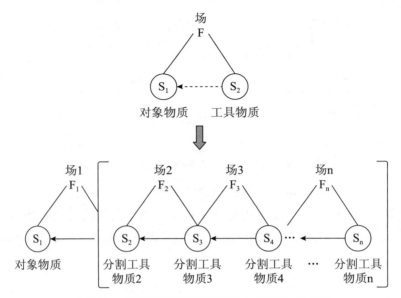

图6.96 将物质分割成若干更小单元的物-场模型

S5.1.3 应用能"自消失"的附加物

利用能"自消失"的附加物，就是当引入的添加物一旦完成其所需的功能后，能在系统或环境中自行消失，或变成与系统中相同的物质存在。

实例：射击用的飞碟。射击场上被打碎的飞碟残片对靶场会产生有害作用，如果收集残片，则难度大，易收集不干净，日积月累会污染靶场；如果不收集，则靶场的垃圾很快会超出可以承受的范围。而用冰来做成飞碟，由于冰残片会自我消失，因而对土地无害，如图6.97所示。

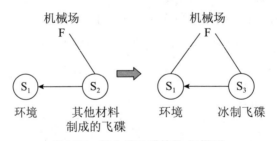

图6.97 射击用飞碟的物-场模型

S5.1.4 利用可膨胀结构，以获得向环境中引入空气、泡沫等大量附加物的需要

如果环境不允许引入某种大量的材料，可使用对环境无影响的充气或泡沫等可膨胀结构作为添加物，来实现系统的功能。其中，应用充气结构属于宏观级的标准解；应用泡沫属于微观级的标准解。

实例：移动空难后的飞机。要移走空难后的飞机，可将充气结构（庞大的充气垫）放在机翼下面，经充气后，大量空气产生的浮力能将飞机抬起来，这样运输车就可以进入到充气结构的下面,飞机就能顺利地被移动了,如图 6.98 所示。

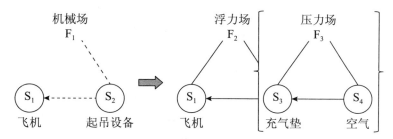

图6.98　移动空难后的飞机的物-场模型

实例:灭火。为切断火焰,可将火焰处于大量的泡沫之中,如图 6.99 所示。

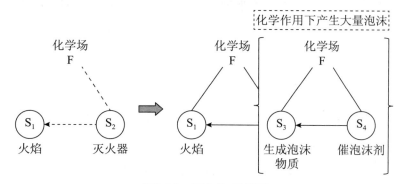

图6.99　灭火物-场模型

S5.2　引入场

S5.2.1　利用系统中已存在的场

该标准解是,当需要向系统引入一个场时,使用系统中已经存在的场,场的载体就是系统中包含的物质。

实例:检测两物体之间的磨损。欲要测量两物体在机械场的作用下运动产生摩擦受损的情况时,由于物体在运动过程中产生摩擦力的同时会产生温度场,因此,可通过传感器测量两物体的温度来达到目的,如图 6.100 所示。

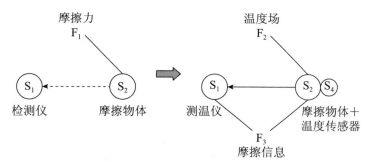

图6.100　检测两物体之间的磨损物-场模型

S5.2.2 利用环境中已存在的场

当需要向系统引入一个场,而系统所含有的载体中不存在可以引入的场时,考虑应用环境中已存在的场。在自然环境中存在着取之不尽的可利用的场。

实例:太阳能计算器。计算器可以使用光电池代替普通电池。使用光电池充分利用了环境中的太阳能(辐射场),也令计算器免除了换电池的麻烦。

实例:核材料的测量。清华大学的研究人员叶瑾、岳骞等于 2007 年发表了《宇宙线辐射成像技术在重核材料检测方面的应用》一文,是引入环境中已存在的场的典型案例。文中介绍,宇宙线辐射成像技术对于重核材料的检测和成像方面,和传统的 X 射线衰减成像法相比,具有对重核材料灵敏,穿透能力强,辐射源天然存在等方面的优点,在海关、机场或其他相关单位的重核材料走私或非法运输的监控方面具有不可替代的优势,如图 6.101 所示。

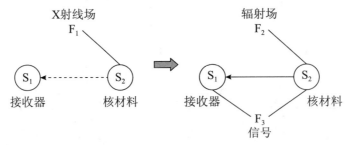

图 6.101 核材料的测量物-场模型

S5.2.3 利用场源物质

如果必须在系统中引入一个场,并且根据标准解 S5.2.1 和 S5.2.2 不可能做到时,就应在局部引入能生成场的物质,以补偿在最小作用下的不足部分,从而使系统在局部获得了所需要的最大作用力,提高了系统的功能效率或为系统获得附加的效应。

实例:高空的风力发电站。风力发电站机件的高度提升,其功率可以增加多倍,但随之而来的问题是,高空运动物体(包括电缆等)的支撑以及高空的低温会导致运动机件的摩擦增大,导致严重影响机件的使用寿命。

在俄罗斯的风力发电站中,最有效的方法是借助充气的气囊把风力电站和电缆分别升起,气囊的形状像风筝,以抵偿电站、电缆和绳索的重量,保持整个构件不会移动和坠落,如图 6.102 所示。

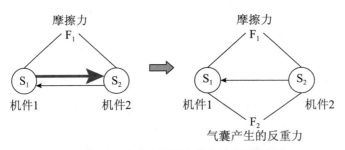

图 6.102 高空的风力发电站物-场模型

S5.3 利用相变

S5.3.1 相变1：改变相态

该标准解是，利用在变化的温度（或压力）条件下，物质会在气、液或固三种相态发生转换这一特性，通过改变整体或一部分系统的相态，来提高系统功能的有效性。

实例：潜水员的水下呼吸器。为解决潜水员能较长时间停留在水中的问题，氧气瓶中的氧为液态氧。液态氧经减压后，成为气态氧供潜水员使用。利用氧气由液态转换为气态的相变来满足对氧气的大量供应，如图6.103所示。

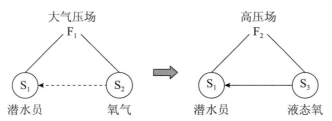

图6.103　潜水员的水下呼吸器物-场模型

S5.3.2 相变2：在变化的环境作用下，物质能由一种状态转变为另一种状态

该标准解是通过工作环境的改变来实现物质双重相态的动态化转换。

实例：能自动调节热交换器面积的瓣形物。热交换器上装有紧贴于其表面的由钛镍合金制成的瓣形物，它是具有形状记忆功能的物质，当温度升高时，瓣形物会伸展开来，增大冷却面积；当温度降低时，瓣形物会收缩，以减小冷却面积，如图6.104所示。

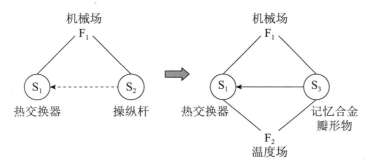

图6.104　能自动调节热交换器面积的瓣形物物-场模型

S5.3.3 相变3：利用伴随相变过程中发生的自然现象或物理效应

该标准解是应用伴随相变过程中的现象来加强系统的有效作用。

实例：超导绝缘开关。当超导体达到零电阻时，就变成了一种非常好的热绝缘体，利用这个特性，可将超导体制成热绝缘开关，作为隔绝低温设备的热转换装置。

S5.3.4 相变4：利用双相态物质替代

该标准解是利用双相态物质替代单相态物质，以实现系统特性或使系统由单一特性向双特性转换，如图6.105所示。

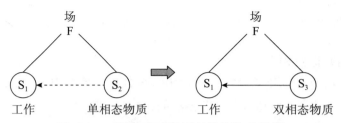

图6.105　利用双相态物质替代的物-场模型

实例：高效抛光。对产品进行抛光的工作介质不是单一的铁磁研磨颗粒，而是由液体（熔化的铅）和铁磁研磨颗粒双相态物质组成，以使满足高精度的抛光要求。

S5.3.5　利用物理与化学作用

该标准解是，利用分解、合成、电离-再合成等物理和化学作用，获得物质的产生或消失，以此来实现提高系统功能的有效性或给系统附加新的功能。

实例：经氨水浸泡的木材。可以提高木材的可塑性（柔性和弹性）。氨水是利用铵盐溶化而成的。

S5.4　利用物理效应或自然现象

S5.4.1　利用由"自控制"能实现相变的物质

由"自控制"能实现相变的物质是指，该物质本身能够随着工作环境的改变，自动地实现相变，能有效而可靠地、周期性地存在于不同物理状态中。

实例：血管修复术。施行血管手术必须在血管内部或外部安装支撑假体（管或螺旋线）。这种支撑假体必须在便于手术的初始状态下，自动形成所需的工作状态：手术时的支撑假体不能太大，以便轻易地装入到血管内；手术后，假体应该变得略大一些，以便留在血管内起到很好的支撑作用。

此时可利用形状记忆合金制造血管支撑假体，在0℃左右被扭绞成最小的截面以便插入人体血管；一旦进入人体后，受人体体温的影响，支撑假体受热自动扩大到需要的尺寸，如图6.106所示。

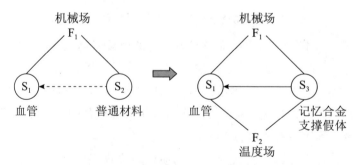

图6.106　血管修复术的物-场模型

S5.4.2 增强输出场

如果要求在弱感应下获得强作用,就必须增强输出场。输入场起到触发器的作用,利用聚集在物质中接近临界状态的能量,通过物质转换器促使感应,就像"扣扳机"一样来工作,使系统的输出场得到增强。真空管、继电器、晶体管都是利用小电流达到控制大电流的目的。

实例:测试密闭空气物体的密封性。测试密封的一种方法是,将物体浸在液体中,同时保持液体上的压力小于物体中的压力,此时密封破裂的地方就会显现气泡。将液体进行加热,促使输出场得到增强,即可以提高测试的可视性。

S5.5 产生物质粒子的更高或更低形式

S5.5.1 通过分解获得物质粒子

如果需要一种物质粒子(如离子、原子、分子等),但又不能直接得到,可用通过分解更高结构等级的物质来获得物质粒子。

实例:用电离法将水变成氢和氧。通过电解水可获得氢气和氧气。如果需要氧原子,可以用紫外线光电离来获得。

S5.5.2 通过合成获得物质粒子

如果需要一种物质粒子(如分子),但不能直接得到,可以通过合成较低结构等级的物质(如离子)来获得物质粒子。

实例:减少轮船的流体动阻力。利用在电磁场下生成水分子的联合体来代替高分子混合物,这将避免使用大量聚合体,以降低成本。(说明:Thoms 效应。在管道中流体流动沿径向分为三个部分:管道的中心为紊流层,紧贴管壁的是层流层,层流层与紊流层之间为缓冲区,层流层的阻力要比紊流层的阻力小。1948 年,英国科学家 B. Thoms 发现,在液体中添加聚合物可以将管内流动从紊流转变成层流,从而大大降低输送管道的阻力,这就是摩擦减阻技术。)

S5.5.3 综合运用 S5.5.1 和 S5.5.2 获得物质粒子

综合运用标准解 S5.5.1 和 S5.5.2 可以为系统获得所需要的不同特性的物质粒子。

实例:使用避雷针保护天线,且不妨碍天线预期功能的实现。避雷针是一个充满低压气体的管子,当没有雷击时,避雷针担当电介质的角色,不妨碍天线的机能;当闪电时,管子中气体的电压增大,气体分子被电离,创造了释放闪电的通道,闪电就通过电离气体的通道被释放。当闪电释放后,电子与离子重新合成,恢复成中性分子,避雷针变回了电介质,被保护物体得以免受闪电的打击。

6.5 物-场模型及标准解实战演练

6.5.1 构建物-场模型训练

训练题一：医生在为病人施行手术时，如果赤手操作，很难保证卫生，极易交叉感染；与此同时人手在接触血液之后会变得湿滑，难以精确开展手术。请读者尝试构建本例中的物-场模型，明确其中存在的问题，并予以解答。

训练题二：墙上的壁纸单纯用刀子很难刮掉，请读者明确该问题是哪一种基本类型，画出物-场模型图，并提供相应的解决方案。

训练题三：尝试运用物-场模型，对经典的曹冲称象问题进行分析解答。

（答案详见附录C.3）

6.5.2 运用标准解解决问题训练

案例一[①]：旧管道出现多处漏水和渗水现象，需要维修或更换。考虑到旧管道仍有利用价值，无须更换，仅希望对其渗水处进行维修。现在的问题是，管道多处漏水和渗水，无法确定其具体位置，维修时可从管道维修孔进入管道内部，其余部分均埋在地下，无法打开，请尝试解决此问题。

案例二[①]：对建筑材料进行检验，通常采用外加机械力的方式，将建筑材料制成的试件破坏，测试其破坏时的强度。建筑材料的破坏一般与其存在的微裂缝有关，通常检测裂缝时只能观察到其外部裂缝，试件内部裂缝则无法检测。能否找到一种检测方法，既可以检测其内部裂缝，又可以检测其强度呢？请尝试解决此问题。

案例三[①]：随着城市发展，人们对建筑物的使用功能和外形提出了更高的要求，造型别致、风格新颖的建筑物越来越多。然而建筑物的高度越高、跨度越大、外形越不规则，其抗震性越差。因此，怎样降低或消除地震对建筑的影响成为国内外工程师长期关注的问题，请尝试解决此问题。

（答案详见附录C.4）

---

① 常卫华著. TRIZ 理论在建筑工程中的应用 [M]. 北京：中国科学技术出版社，2001.

第7章　科学效应与知识库

请首先思考一个问题，如何将玉米加工成美味可口的爆米花呢？早期在加工爆米花时，是将玉米（许多谷物都可以）置于特殊的容器中加热，使得玉米处在高温高压的状态下，锅内的温度不断升高，且锅内气体的压强也不断增大。当温度升高到一定程度，米粒便会逐渐变软，米粒内的大部分水分变成水蒸气。由于温度较高，水蒸气的压强很大，使已变软的米粒膨胀。但此时米粒内外的压强是平衡的，所以米粒不会在锅内爆开。当锅的盖子被打开，随着"砰"的一声巨响，玉米被突然释放在常温常压下时，锅内的气体迅速膨胀，压强很快减小，使得玉米粒内外压差变大，玉米粒内高压水蒸气也急剧膨胀，因而瞬间爆开，形成爆米花。

第二个问题，如何将干果去皮呢？可以将待去皮的干果放置在高压的环境中，使干果内部的压力升高，待干果内、外压力平衡后，迅速去除干果外部的压力，使之达到常压，干果即由于内外压力差而使果皮爆裂，达到去皮的目的。

跳出食品加工领域，我们看一个关于切割钻石的专利。钻石的前身是金刚石，非常坚硬，最常见的用途是切割。那么金刚石自身如何被切割呢？在金刚石的内部有很多细微的裂纹，压力的陡然改变可使金刚石沿着其内部的裂纹裂开，从而轻松完成切割。

再看工业领域的一个关于管道内部滤网清洗的专利。管道过滤网通常用于水、油、气管道和各种设备上，是不可缺少的过滤装置。其作用是清除管内的杂质，保护各类阀门和水泵等设备的正常运转。在使用一段时间后，污物会牢固地聚集在滤网的表面及网孔内，严重影响过滤效果。直接将滤网拿出也很难清洗干净，因此采用的方法是使管道内滤网内表面和外表面形成压力差。当压差达到预设值时，便启动自清洗循环：突然产生一股吸力强劲的反冲洗水将过滤网上的污物清洗干净，并直接排出。

虽然这几个案例来自于不同的领域（食品加工领域和工业领域），解决的也是不同的问题（去壳、切割、清洗等），但是它们应用的是同一个原理——"瞬间压力差"。

阿奇舒勒在对大量高水平专利的研究过程中发现了这样一个现象：那些不同凡响的发明专利都是利用了某种科学效应，或者是出人意料地将已知的效应（或几个效应组成的效应链）应用到以前没有使用过该效应的技术领域中。

阿奇舒勒及后续研究者通过对海量专利的分析将自然科学及工程领域涉及到的常用科学效应按照从功能到知识的原则来进行编排，形成了基本学科知识效应库。随后按功能分类实现预期功能的效应知识库（简称功能库），以及按属性分类改变对象属性的效应知识库（简称属性库）也相继问世。

科学效应和现象知识库可能是 TRIZ 体系中最容易应用的工具。就像为浩瀚的知识海洋装上了准确高效的搜索引擎，只要使用者确定了需要实现的功能或需要改变的属性（就好像在搜索引擎中输入关键词一样），然后就可以查找到相应的知识，非常方便。在 CAI 软件的帮助下，TRIZ 中的知识库更是得到了极大丰富，搜索使用也更加便捷。科学效应所体现的自然规律本性和固有可靠性（严格遵守自然法则），使效应成为获得解决问题资源（新属性）的最佳方式。

7.1 科学效应与知识库简介

科学效应（简称效应）是在科学理论的指导下，实施科学现象的技术结果，即按照定律规定的原理将输入量转化为输出量，以实现相应的功能。将科学效应有序地安排，并提供高效的检索方式，即成为科学效应知识库。现今，效应知识库的分类主要有三种，无论哪种分类，最终的落脚点，总是与实现某个功能相关，其区别在于寻找功能的索引体系不同，具体包括：

学科效应库：按物理、化学、几何和生物四大学科分类；

功能库：按固体、粉末、液体、气体、场等不同相态物体实现的功能分类，简称功能库；

属性库：按不同需求对物质属性实施改变、增加、减少、测量、稳定等五种不同操作方法的分类，简称属性库。学科效应库的相关内容将放在附录 B 中详细介绍，以下将具体介绍这功能库和属性库两类效应知识库的内容。

7.1.1 功能库

与按照"学科 - 功能"进行分类的学科效应库相比，功能库更强调对所要实现"功能"的标准化，按使用者期望达到的功能（如吸收、积聚等，共计 35 项，如表 7.1 所示），将对象的性状分成五类（分割固体、场、气体、液体、固体），构建了功能库表格。

表 7.1 功能库能够实现的功能列表

序号	功能动词	序号	功能动词	序号	功能动词	序号	功能动词	序号	功能动词
1	吸收	8	冷凝	15	稀释	22	保持	29	保护
2	积聚	9	浓缩	16	干燥	23	连接	30	提纯
3	弯曲	10	约束	17	蒸发	24	融化	31	消除
4	分解	11	冷却	18	扩大	25	混合	32	抵御
5	相变	12	沉积	19	提取	26	移动	33	旋转
6	清洁	13	破坏	20	冷冻	27	指向	34	分离
7	压缩	14	探测	21	加热	28	产生	35	振动

对表 7.1 中每一个动词的解释如表 7.2 所示。

表 7.2 功能库动词释义

功能动词	动能动词说明
1. 吸收（absorb）	物质从一种介质相进入另一种介质相的现象，例如正常人体所需要的营养物质和水都是经过消化道吸收进入人体的。此外，光波或声波都能被某些材料或介质吸收，导致各种光波或声波在传播过程中的能量损失
2. 积聚（accumulate）	物质逐渐地积累、聚集
3. 弯曲（bend）	受到力的作用而造成形变，这种力的作用是合力最终形成的结果
4. 分解（break down）	一个整体分成几个部分的组合，或一种物质通过化学反应生成两种或两种以上的其他物质
5. 相变（change phase）	物质从一种相转变为另一种相的过程。物质系统中物理、化学性质完全相同，与其他部分具有明显分界面的均匀部分称为相。与固、液、气三态对应，物质有固相、液相、气相
6. 清洁（clean）	从物体或环境中去除不需要的物质，如污垢或其他杂质的过程。在这个过程中，物体本身的组分没有变化
7. 压缩（compress）	通过对某一物体施加压力导致其收紧或体积减小
8. 冷凝（condense）	冷凝是物体的温度降低而发生相变化的过程，如水蒸气遇冷变成水，水遇冷变成冰。温度越低，冷凝速度越快，效果越好
9. 浓缩（concentrate）	使溶剂蒸发而提高溶液的浓度，泛指不需要的部分减少而需要部分的相对含量增高
10. 约束（constrain）	对非自由体的位置和速度预先施加的几何学或运动学的限制称为约束。只限制系统位置的约束称为几何约束。例如：沿斜坡滑下的箱子必须保留在斜坡表面，不能穿过斜坡内部或者直接起飞 若同时还限制运动速度，而且这个限制不能化为位置的有限形式，则称为运动约束或微分约束
11. 冷却（cool）	使热物体的温度降低而不发生相变的过程
12. 沉积（deposit）	指悬浮在液体中的固体颗粒连续沉降。水流中所夹带的岩石、砂砾、泥土等在河床和海湾等低洼地带沉淀、淤积；也指这样沉下来的物质形成的冲积层或自然的堆积物
13. 破坏（destroy）	摧毁、毁坏、损害、使受损害
14. 探测（detect）	探查某物，以确定物体、辐射、化学化合物、信号等是否存在
15. 稀释（dilute）	指对现有溶液加入更多溶剂而使其浓度减小的过程。在稀释后溶液的浓度减小，但溶质的总量不变。和"9. 浓缩"是相反的操作
16. 干燥（dry）	指借热能使物料中水分（或溶剂）气化，并由惰性气体带走所生成的蒸气的过程
17. 蒸发（evaporate）	物质从液态转化为气态的相变过程。与"8. 冷凝"是相反的操作
18. 扩大（expand）	随着条件的变化，物质在形状，面积和体积上的变大的趋势。典型实例是"热胀冷缩"，但导致物质或材料扩大的条件不仅仅只有温度
19. 提取（extract）	通过溶剂（如乙醇）处理、蒸馏、脱水、经受压力或离心力作用，或通过其他化学或机械工艺过程从物质中制取有用成分（如组成成分或汁液）
20. 冷冻（freeze）	应用热力学原理，用人工制造低温的方法，使物体凝固、冻结。冰箱和空调采用的都是制冷的原理
21. 加热（heat）	指热源将热能传给较冷物体而使其变热的过程。一般的外在表现为温度的升高，可以用温度计等设备直接测量。加热方式一般可分为直接加热和间接加热两大类
22. 保持（hold）	维持某种状态使不消失或不减弱
23. 连接（join）	使两个物体互相衔接。在机械工程中具体指用螺钉、螺栓和铆钉等紧固件将两种分离型材或零件连接成一个复杂零件或部件的过程。常用的机械紧固件主要有螺栓、螺钉和铆钉

续表

功能动词	动能动词说明
24. 融化（melt）	固体受热变软或化为流体
25. 混合（mix）	指把多种物质合在一起并均匀分开，如把水和酒精混合起来。也指用机械的或流体动力的方法，使两种或多种物料相互分散并达到一定均匀程度的单元操作
26. 移动（move）	改换原来的位置
27. 指向（orient）	使物体本身或者物体运动朝着特定的方向
28. 产生（produce）	由已有的事物中生出新的事物
29. 保护（protect）	使对象不受外部作用伤害。例如：人有可能被子弹击杀，通过穿着防弹衣保护人体不受伤害；苹果可能会被虫子啃食，通过杀虫剂阻止苹果受到外部有害作用伤害
30. 提纯（purify）	指清除不需要或有害的杂质，使物品达到纯净的程度。在这个过程中物质的组分有所变化
31. 消除（remove）	使某物质不存在，如有机化学反应中的消去反应
32. 抵御（resist）	减缓内部必然发生的负面变化。例如：人必然会老，通过涂抹化妆品可减缓肌肤衰老；苹果必然会腐烂，通过加防腐剂可减缓这一过程
33. 旋转（rotate）	物体围绕一个点或一个轴做圆周运动
34. 分离（separate）	利用混合物中各组分在物理性质或化学性质上的差异，通过适当的装置或方法，使各组分分配至不同的空间区域，或在不同的时间依次分配至同一空间区域的过程
35. 振动（vibrate）	指一个状态即物体的往复运动，改变的过程。可分为宏观振动（如地震、海啸）和微观振动（如基本粒子的热运动、布朗运动）

7.1.2 属性库

属性（attribute）是用来阐明物质特性的一个重要概念，可以用物质的物理、化学或几何参数来表达（例如：物质具有质量属性，其参数就是重量度量值）。属性会随不同时间、空间而有所改变，并具有方向性。人们常说："购买商品就是购买商品带来的功能"。事实上，人们需要的不仅是功能，同时需要具有优良属性的产品，因此，功能和属性对于技术系统来说是同样重要的。而在面对现实问题时，有时我们并不需要实现新的功能或改进现有功能，只需要系统或对象的某些属性加以改变，便可解决技术问题。此时我们就可以利用"属性库"来指导具体的工作。

改变一个对象的属性（或激活一个对象的新属性），意味着使对象产生了质的变化，也就意味着对一个技术系统实现了创新。因此，我们对属性应有充分的认识，包括以下4个方面：

（1）不同类型的对象具有不同的属性；

（2）同种类型的对象具有相同的属性，但是量值不同；

（3）同一个对象常表现出多种属性，如内燃机系统中油的属性有流动性、黏度、可压缩性、润滑性、与系统材料的兼容性、化学稳定性、抗腐蚀性、快速释放空气、良好的反乳化性、良好的传导性、电绝缘性、密封性等；

（4）属性会随不同时间而有所改变，并具有方向性。

TRIZ 理论中的属性库，以使用者期望改变的属性（如亮度、颜色等，共计 37 项，如表 7.3 所示）为基础，将对属性的操作分成五类（改变、稳定、减少、增加、测量）。

表 7.3 属性库规范参数表

序号	功能动词	序号	功能动词	序号	功能动词	序号	功能动词	序号	功能动词
1	亮度	9	摩擦力	17	极化/偏振	25	声音	33	黏度
2	颜色	10	硬度	18	孔隙率	26	速度	34	体积/容积
3	浓度	11	热导率	19	位置	27	强度	35	重量
4	密度	12	同质性/均匀度	20	动力/功率	28	表面积	36	阻力 *
5	电导率	13	湿度	21	压力/压强	29	表面光洁度	37	液体流量 *[①]
6	能量	14	长度	22	纯度	30	温度		
7	力	15	磁性	23	刚度	31	时间		
8	频率	16	定位/方向	24	形状	32	透明度		

对表 7.3 中每一个属性的解释如表 7.4 所示。

表 7.4 属性释义

属性名词	属性名词说明
1. 亮度（brightness）	反映发光体（反光体）表面发光（反光）强弱的物理量。人眼从一个方向观察光源，在这个方向上的光强与人眼所见到的光源面积之比，定义为该光源单位的亮度，即单位投影面积上的发光强度。亮度的单位是坎德拉每平方米（cd/m²）。与光照度不同，由物理定义的客观的相应量是光强。这两个量在一般的日常用语中往往被混淆
2. 颜色（colour）	是通过眼、脑和我们的生活经验所产生的对光的视觉感受。我们肉眼所见到的光线，是由波长范围很窄的电磁波产生的，不同波长的电磁波表现为不同的颜色，对色彩的辨认是肉眼受到电磁波辐射能刺激后所引起的视神经感觉
3. 浓度（concentration）	指某物质在总量中所占的分量。它在分析化学中的含意是以 1L 溶液中所含溶质的摩尔（mol）数表示的浓度。以单位体积里所含溶质的物质的量（摩尔数）来表示溶液组成的物理量，叫作该溶质的摩尔浓度，又称该溶质的物质的量浓度
4. 密度（density）	物质每单位体积内的质量
5. 电导率（electrical conductivity）	物理学概念，也称为导电率。在介质中该量与电场强度 E 之积等于传导电流密度 J。对于各向同性介质，电导率是标量；对于各向异性介质，电导率是张量。生态学中，电导率是以数字表示的溶液传导电流的能力。单位以西[门子]每米（S/m）表示
6. 能量（energy）	物质的时空分布可能变化程度的度量，用来表征物理系统做功的本领。能量以多种不同的形式存在；按照物质的不同运动形式分类，能量可分为机械能、化学能、热能、电能、辐射能、核能、光能、潮汐能等。这些不同形式的能量之间可以通过物理效应或化学反应相互转化。各种场也具有能量
7. 力（force）	力是物体对物体的作用，力不能脱离物体而单独存在。两个不直接接触的物体之间也可能产生力的作用
8. 频率（frequency）	单位时间内完成周期性变化的次数，是描述周期运动频繁程度的量，常用符号 f 或 v 表示，单位名称为每秒，符号为 s^{-1}。为了纪念德国物理学家赫兹的贡献，人们把频率的单位命名为赫兹，符号为 Hz。每个物体都有由它本身性质决定的与振幅无关的频率，叫做固有频率

---

① 作者注：最后两种是数据库近年更新的，本书追踪到最新版本并进行了整理。

续表

属性名词	属性名词说明
9. 摩擦力（friction）	阻碍物体相对运动（或相对运动趋势）的力叫做摩擦力。摩擦力的方向与物体相对运动（或相对运动趋势）的方向相反。摩擦力分为静摩擦力、滚动摩擦、滑动摩擦三种
10. 硬度（hardness）	材料局部抵抗硬物压入其表面的能力称为硬度。硬度是比较各种材料软硬的指标。由于规定了不同的测试方法，所以有不同的硬度标准。各种硬度标准的力学含义不同，相互不能直接换算，但可通过试验加以对比
11. 热导率（heat conduction）	又称"导热系数"，是物质导热能力的量度，符号为 λ 或 κ。其具体定义为：在物体内部垂直于导热方向取两个相距 1m，面积为 $1m^2$ 的平行平面，若两个平面的温度相差 1K，则在 1s 内从一个平面传导至另一个平面的热量就规定为该物质的热导率
12. 同质性/均匀度（homogeneity）	物质或材料的组成或性质是均匀的，物质或材料的每一个部分组成和性质是相同的
13. 湿度（humidity）	通常是表示大气干燥程度的物理量。在一定的温度下在一定体积的空气里含有的水汽越少，则空气越干燥；水汽越多，则空气越潮湿。常用绝对湿度、相对湿度、比较湿度、混合比、饱和差以及露点等物理量来表示；若表示在湿蒸汽中水蒸气的质量占蒸汽总质量（体积）的百分比，则称为蒸汽的湿度
14. 长度（length）	是一维空间的度量，为点到点的距离。通常在二维空间中量度直线边长时，称长度数值较大的为长，不比其值大或者在侧边的为宽。所以宽度其实也是长度量度的一种，故在三维空间中量度垂直长度的高亦是
15. 磁性（magnetic properties）	物质受外磁场吸引或排斥的性质称为物质的磁性。磁性是物质的一种基本属性。物质按照其内部结构及其在外磁场中的性状可分为抗磁性、顺磁性、铁磁性、反铁磁性和亚铁磁性物质
16. 定位/方向（orientation）	物体本身或者物体运动朝着特定的方向
17. 极化/偏振（polarisation）	指事物在一定条件下发生两极分化，使其性质相对于原来状态有所偏离的现象，如分子极化（偶极矩增大）、光子极化（偏振）、电极极化等。表征均匀平面波的电场矢量（或磁场矢量）在空间指向变化的性质，通过一给定点上正弦波的电场矢量 E 末端的轨迹来具体说明。光学上称之为偏振
18. 孔隙率（porosity）	指块状材料中孔隙体积与材料在自然状态下总体积的百分比。孔隙率包括真孔隙率、闭孔隙率和先孔隙率 与材料孔隙率相对应的另一个概念，是材料的密实度。密实度表示材料内被固体所填充的程度，它在量上反映了材料内部固体的含量，对于材料性质的影响正好与孔隙率的影响相反 材料孔隙率或密实度的大小直接反映了材料的密实程度。材料的孔隙率高，则表示密实程度小
19. 位置（position）	指物体某一时刻在空间的所在处。物体沿一条直线运动时，可取这一直线作为坐标轴，在轴上任意取一原点 O，物体所处的位置由它的位置坐标（即一个带有正负号的数值）确定
20. 动力/功率（power）	动力是使机械做功的各种作用力，如水力、风力、电力、热力等； 功率是指物体在单位时间内所做的功的多少，即功率是描述做功快慢的物理量，用 P 表示。功的数量一定，时间越短，功率值就越大。求功率的公式为功率＝功／时间
21. 压力/压强（pressure）	物理学上的压力，是指发生在两个物体的接触表面的作用力，或者是气体对于固体和液体表面的垂直作用力，或者是液体对固体表面的垂直作用力。习惯上，在力学和多数工程学科中，"压力"一词与物理学中的压强同义 物体所受的压力与受力面积之比叫做压强，压强用来比较压力产生的效果，压强越大，压力的作用效果越明显。压强的计算公式是：$p=F/S$，压强的单位是帕斯卡，符号是 Pa

续表

属性名词	属性名词说明
22. 纯度（purity）	物质含杂质的程度。杂质愈少，纯度愈高
23. 刚度（rigidity）	指材料或结构在受力时抵抗弹性变形的能力，是材料或结构弹性变形难易程度的表征。硬度则是指材料局部抵抗硬物压入其表面的能力。刚度主要关注材料在大范围上抵抗弹性形变的能力，硬度更关注材料在小范围内抵抗塑性变形的能力
24. 形状（shape）	特定事物或物质的一种存在或表现形式，如长方形、正方形等
25. 声音（sound）	是由物体振动产生的声波，是通过介质（空气或固体、液体）传播并能被人或动物听觉器官所感知的波动现象。最初发出振动（震动）的物体叫声源。声音以波的形式振动（震动）传播。声音是声波通过任何物质传播形成的运动
26. 速度（speed）	科学上用速度来表示物体运动的快慢。速度在数值上等于单位时间内通过的路程。速度的计算公式：$v=s/t$。速度的单位是 m/s 和 km/h
27. 强度（strength）	指作用力以及某个量（如电场、电流、磁化、辐射或放射性）的强弱程度，如电场强度
28. 表面积（surface area）	所有立体图形表面的面积之和叫做它的表面积
29. 表面光洁度（surface finish）	是表面粗糙度的反义词，国内常用表面粗糙度。表面粗糙度（surface roughness）是指加工表面具有的较小间距和微小峰谷的不平度。其两波峰或两波谷之间的距离（波距）很小（在 1mm 以下），它属于微观几何形状误差。表面粗糙度越小，则表面越光滑，即表面光洁度越高。表面粗糙度一般由所采用的加工方法和其他因素所形成的，例如加工过程中刀具与零件表面间的摩擦、切屑分离时表面层金属的塑性变形以及工艺系统中的高频振动等。由于加工方法和工件材料的不同，被加工表面留下痕迹的深浅、疏密、形状和纹理都有差别。表面粗糙度与机械零件的配合性质、耐磨性、疲劳强度、接触刚度、振动和噪声等有密切关系，对机械产品的使用寿命和可靠性有重要影响。一般标注采用 Ra
30. 温度（temperature）	是表示物体冷热程度的物理量，微观上来讲是物体分子热运动的剧烈程度。温度只能通过物体随温度变化的某些特性来间接测量，而用来量度物体温度数值的标尺叫温标。从分子运动论观点看，温度是物体分子运动平均动能的标志。温度是大量分子热运动的集体表现，含有统计意义。对于个别分子来说，温度是没有意义的。温度可根据某个可观察现象（如水银柱的膨胀），按照几种标度之一来测得物体的冷热程度
31. 时间（time）	是一个较为抽象的概念，是物质的运动、变化的持续性、顺序性的表现。时间概念包含时刻和时段两个概念。时间是人类用以描述物质运动过程或事件发生过程的一个参数，确定时间，是靠不受外界影响的物质周期变化的规律
32. 透明度（translucency）	透明度是结晶矿物在磨制成标准厚度（0.03mm）时允许光线透过的程度。物理学中用吸收系数来说明物体的透明度。在肉眼鉴定中，则常以更简便的方法来鉴别结晶矿物的透明度，一般划分为透明、半透明与不透明三级。由于矿物中的裂隙、气泡、包裹体以及湿度对透明度的影响很大，所以，用条痕色划分比较可靠
33. 黏度（viscosity）	是物质的一种物理化学性质，定义为一对平行板，面积为 A，相距 dr，板间充以某液体；今对上板施加一推力 F，使其产生一速度变化所需的力 由于黏度的作用，物体在流体中运动时会受到摩擦阻力和压差阻力，造成机械能的损耗
34. 体积/容积（volume）	几何学专业术语，是物件占有多少空间的量。体积的国际单位是立方米（m^3）。一件固体物件的体积是一个数值用以形容该物件在三维空间所占有的空间。一维空间物件（如线）及二维空间物件（如正方形）在三维空间中都是零体积的 容积是一个汉语词汇，指箱子、油桶、仓库等所能容纳物体的体积，通常称为它们的容积。计量容积，一般就用体积单位。计量液体的体积，如水、油等，常用容积单位升和毫升，也可以写成 L 和 mL

续表

属性名词	属性名词说明
35. 重量（weight）	是物体受重力的大小的度量，重量和质量不同，单位是牛顿。它是一种物体的基本属性。在地球引力下，质量为 1kg 的物质的重量为 9.8N
36. 阻力 *（drag）	指妨碍物体运动的作用力。在一段平直的铁路上行驶的火车，会受到机车的牵引力，同时也受到空气和铁轨对它的阻力。牵引力和阻力的方向相反，牵引力使火车速度增大，而阻力使火车的速度减小。如果牵引力和阻力彼此平衡，它们对火车的作用就互相抵消，火车就保持匀速直线运动。物体在液体中运动时，运动物体受到流体的作用力，使其速度减小，这种作用力亦是阻力。例如：划船时船桨与水之间，水阻碍桨向后运动之力就是阻力；物体在空气中运动，因与空气摩擦而受到阻力
37. 液体流量 *（fluid flow）	指单位时间内流经封闭管道或明渠有效截面的流体量，又称瞬时流量。当流体量以体积表示时称为体积流量；当流体量以质量表示时称为质量流量。单位时间内流过某一段管道的流体的体积，称为该横截面的体积流量，简称为流量，用 Q 来表示

7.2 功能库和属性库的使用流程

下面以解决"热水壶外壳烫人"问题为例，解释一下功能库和属性库的使用流程。首先考虑事后干预的情况。

1. 事后干预

（1）确定要解决的问题（或负面功能），填写至图 7.1 的第 1 行的第 2 列，即"热水壶外壳烫人"。

序号	负面功能	如何消除负面功能	属性表达
1	"热水壶外壳烫人"	冷却固体	降低温度
2			
3			
4			
5			
…			

图 7.1　例表 1

（2）如何事后解决问题。首先，确定所要实施的动作（用功能库规范动词表中提供的动词，见表 7.1）；其次，确定该动作作用对象的性状（从以下 5 类性状中选择：固体、液体、气体、粉末、场）；最后，将"动作 + 性状"的表述方式填写在第 3 列。

例如，本例中热水壶外壳已经热了，把人烫了，想要事后解决这个问题，怎么办？当然在表 7.1 中首先选择的动作是"冷却"，接下来再去思考冷却什么？当然是"烫人的热水壶外壳"，确定了动作作用对象，其性状也就随之确定了（热水壶外壳的性状是固体），所以在第 3 列填写"冷却固体"。

（3）继续分析在第 3 列的操作中，哪个参数被改变了（用属性库规范参数表中提供的参数，见表 7.3），具体是如何改变的（从以下 5 个动词中选择：增加、减少、稳定、改变、测量）。

于是就将第 3 列的内容转化为属性的表述方式（动词＋属性），填写在图 7.1 的第 4 列中。

例如，本例中第 3 列中填写的是"冷却固体"，在这个过程中哪个参数被改变了？答案是"温度"。温度是怎样改变的？"冷却"自然就代表了温度降低，所以用属性的表达方式就是"减少温度"，写在第 4 列即可。

（4）结合第 3 列的内容查询功能库，结合第 4 列的内容查询属性库（具体内容请登录 www.cafetriz.com 查询），产生批量概念解决方案。

2. 事先干预

事先干预即引入效应在问题发生前，从根本上杜绝问题的发生，如改变系统中功能的工作原理。例如，热水壶现在的工作原理是"电阻丝通电发热"，能否改变其工作原理？既能够实现烧水的目标，又避免烫伤人、漏电等风险？具体实施步骤如下：

（1）仍然是确定要解决的问题（或负面功能），填写至图 7.2 的第 1 行的第 2 列，"热水壶外壳烫人"。

序号	负面功能	对应的正常功能	属性表达
1	"热水壶外壳烫人"	加热液体	增加温度
2			
3			
4			
5			
…			

图 7.2　例表 2

（2）问题背后对应的系统正常功能是什么。首先，确定所要实施的动作（用功能库规范动词表中提供的动词，见表 7.1）；其次，确定该动作作用对象的性状（从以下 5 类性状中选择：固体、液体、气体、粉末、场）；最后，将"动作＋性状"的表述方式填写在第 3 列。

例如，本例中问题是"热水壶外壳烫伤人"，其背后系统的正常功能是"烧水"（或加热水），因为加热水导致外壳热以至于最后会烫到人，因此确定要实施的动作是"加热"，该动作作用对象"水"的性状是"液体"，所以在第 3 列填写"加热液体"。

（3）继续分析在第 3 列的操作中，哪个参数被改变了(用属性库规范参数表中提供的参数，见表 7.3)，具体是如何改变的（从以下 5 个动词中选择：增加、减少、稳定、改变、测量）。于是就将第 3 列的内容转化为属性的表述方式（动词＋属性），填写在图 7.2 的第 4 列。

例如，在第 3 列中填写"加热液体"，在这个过程中哪个参数被改变？答案是"温度"。温度是怎样改变的？"加热"自然就代表了温度升高。所以用属性的表达方式就是"增加温度"，写在第 4 列即可。

（4）结合第 3 列的内容查询功能库，结合第 4 列的内容查询属性库（具体内容请登录 www.cafetriz.com 查询），产生批量概念解决方案。

感兴趣的读者可自行查阅作者的另一部拙作《工程师创新手册（进阶）——CAFETRIZ 方法与知识库应用》以获取更多关于功能库和属性库的详细信息。

下面对功能定义与科学效应的使用做一个小结。在第2章中，我们要求用SVOP的形式对系统进行功能定义，在系统不言自明的情况下，功能可以简写为VOP的形式。随后我们按照两个路径来进行抽象。

第1个路径是先去掉P，并对动作V进行抽象，将其抽象为37个动作；同时对对象O也进行抽象，将其抽象为物质的5种形态（固、液、气、粉末和场），于是就得到了功能效应库所对应的功能形式。

第2个路径是对动作V进行进一步抽象，将其抽象为5个动作M（变、增、减、稳、测），同时去掉宾语O，即具体的作用对象，并将参数P中的常用属性抽象出来，抽象为37个属性，从而得到了属性效应库所需的功能形式（实际上是用属性表达的功能形式）。

由此可知，事实上科学效应库与对应的功能定义（包括属性定义）是更抽象的功能定义，科学效应库所使用的是更抽象的功能形式。图7.3是对逐步抽象的功能定义的过程[①]。

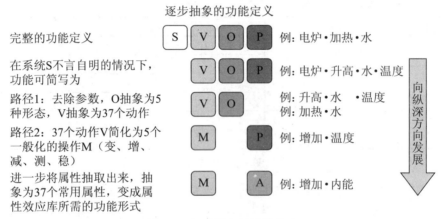

图 7.3　逐步抽象的功能定义

7.3　科学效应与知识库实战案例

绷缝机机体过热问题

1. 问题背景

绷缝机的工作原理是在驱动电机的驱动和控制系统的控制下，带动机械传动结构动作，最终将运动传递给执行机构（刺布机构与送布机构），在执行机构的协同运动作用下，完成缝纫动作功能，与此同时带动润滑油路对相关元件进行润滑。

绷缝机在高转速连续运转下，经过 3～4h 会造成机器表层温升 20℃ 左右，当夏季普遍室温在 30℃ 以上时，表层温度将会达到 50℃ 以上，给用户的使用造成诸多不便和潜在危害。

---

① 赵敏，张武城，王冠殊. TRIZ进阶及实战：大道至简的发明方法[M]. 北京：机械工业出版社，2016.

除刺布机构摩擦振动所引起的发热，机器驱动部分的两个电磁铁，在大电流状态下也会造成电磁铁发热严重。同时由于电磁铁的（电磁蜗流效应）力热特性，在温度上升到一定程度时，保持力将大幅下降，造成电磁铁驱动力不够的问题，这也是由发热所引起的负面危害。

目前处理绷缝机减小温升的主流思路是通过提高材料导热率，如机器的油盘采取铝制材料，加快散热；或者以全自动气液蒸汽相结合点对点散热方法，在绷缝机电磁铁发热源和绷缝机刺布机构发热源，以及绷缝机机身安装气液蒸汽相结合的点对点散热器；或对一些有相对滑动，容易卡死的元件进行供油润滑，润滑的同时也能起到一部分的降温作用。但是目前对于降低机身温升（保持机器温度不变）这一根本问题，依旧没有很好的解决方案。

对新系统的要求：新系统无论处于何种工况，机器的温度能够处于操作者体验舒适的人体适应温度范围内（35℃～45℃）。

2. 问题解决过程

本问题的分析过程略。确定系统中最主要的负面功能为"机身发热"，想要消除负面功能，需要实现的功能为"冷却固体"，查询科学效应功能库（网址 www.cafetriz.com，请注册登录后使用），结合相应原理可以构建的概念方案包括：

方案1：气射流冲击冷却。有大量专利运用于金属磨削以及电子器件发热冷却过程中。

方案2：毛细管多孔材料。对机身外壁以及发热元件加以改造，使用散热性好的多孔材料。

方案3：吸热反应。采用无机或有机化学热泵，提升余热品味。

方案4：热声效应。采用驻波型或者行波型热声热机，将热能转化为机械能（斯特林发动机）或者电能（温差发电机）。

方案5：帕尔贴效应。采用温差电致冷器。

方案6：热管传热。热管元件采用介质相变传热，具有低噪音、传热能力高于任何已知金属的优点。

方案7：压电风扇。通常被用来管理LED发热。

3. 查询过程示例

首先输入网站网址 www.cafetriz.com，进入软件首页如图7.4所示。单击"知识库"进入知识库界面，如图7.5所示，并选择功能库。再定义拟实现的功能，如图7.6所示，然后定义对象性状，如图7.7所示，获得查询结果，如图7.8所示。

接下来进一步查询属性库，寻求其他解决方案。已经确定系统中最主要的负面功能为"机身发热"，想要消除负面功能，需要实现的功能为"冷却固体"，对应的属性表法为"降低温度"，查询属性库，可以查询到若干知识并据此构建方案。

方案8：钟状冷却器（bong cooler），通过蒸发使水温低于室温。蒸发冷却器条目也可以构建类似的概念方案。

方案9：磁致冷，在低温领域大有用途。

方案10：脉冲管制冷机。

方案11：兰克-赫尔胥效应（涡流制冷）。

图 7.4　"创新咖啡厅"软件首页

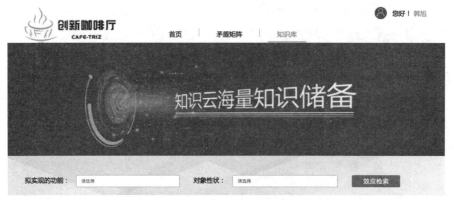

图 7.5　知识库查询界面

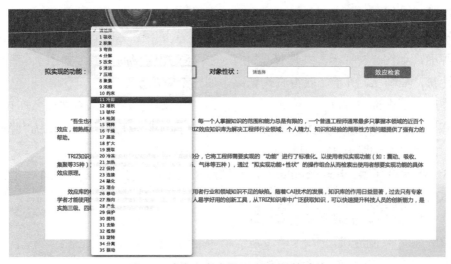

图7.6　功能库查询界面-拟实现的功能

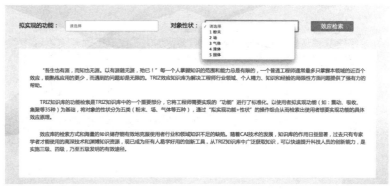

图7.7 功能库查询界面-操作对象的性状

图 7.8 功能库查询结果展示

部分方案与功能库已经取得的方案一致或类似,在此不再重复列举。

4. 查询过程示例

首先输入网站网址 www.cafetriz.com,进入软件首页如图 7.4 所示。单击"属性知识库"进入属性库界面,如图 7.9 所示,并选择属性库。再定义拟采取的操作,如图 7.10 所示,然后定义期望改变的属性,如图 7.11 所示,获得查询结果,如图 7.12 所示。

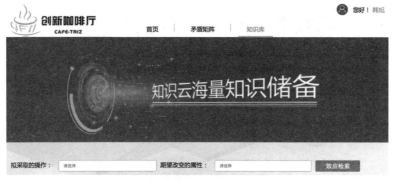

图 7.9 属性库查询界面

图 7.10 属性库查询-拟采取的操作

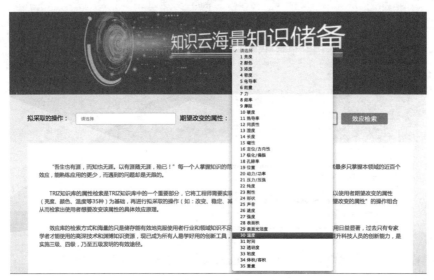

图 7.11 属性库查询-期望改变的属性

图 7.12 属性库查询结果展示

第8章 S曲线及技术系统进化法则

8.1 S曲线的定义及各阶段内涵

技术系统诞生初始存在不完善之处，随着相关发明专利的不断出现，技术系统的理想度得以提升。图 8.1 简要描绘了技术系统的进化过程，其中横轴表示时间，纵轴表示系统中某一个具体的重要性能参数。如图 8.1 所示，随着时间的推移，技术系统的性能逐步提升。然而，阿奇舒勒及其他 TRIZ 研究者通过分析总结大量的专利信息，发现性能的提升过程不是无限持续的，到后期呈现平台以及衰退的趋势，性能曲线形似字母"S"，因此这样的整体规律称为技术系统进化的 S 曲线。而图 8.2 所表示的分段 S 曲线，则进一步将技术系统的发展过程细化为婴儿期、成长期、成熟期和衰退期四个阶段。

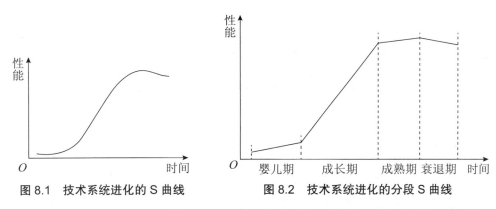

图 8.1 技术系统进化的 S 曲线　　图 8.2 技术系统进化的分段 S 曲线

根据 S 曲线每个阶段的不同特征，TRIZ 研究者选取了性能、发明数量、发明级别和经济收益四个指标进行分析。不同阶段各指标的变化情况，能够反映出技术系统随时间进化的内在规律，如图 8.3 所示。

8.1.1 婴儿期

为了回应人们对某种功能的需求，新的技术系统得以开发，这个过程也往往伴随着少部分高级别发明的出现。此时的技术系统本身结构还不尽成熟，为其提供支持的子系统和超系统也没有完善，因此经常表现出效率低、可靠性差等一系列问题，这在性能指标上有所体现。同时，为了解决新系统中存在的主要技术问题，需要消耗大量人力、物力、财力等资源，经济效应普遍为负值。

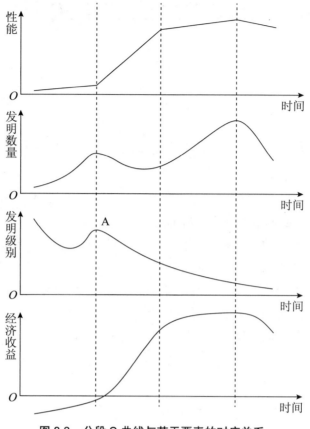

图 8.3　分段 S 曲线与若干要素的对应关系

8.1.2　成长期

在克服婴儿期的起步阻力之后，技术系统进入迅速发展的成长期。从婴儿期向成长期过渡的标志，是一个相对高级别发明的引入（如图 8.3 中 A 点所示），对系统的改进做出了明显的贡献，从而使系统的性能得以迅速提升，伴随着经济收益的大幅增加。对系统的改进转变为小修小补，发明级别逐步下降，发明数量也是稳中有降。

8.1.3　成熟期

成长期大量技术和资源的投入，使得系统日趋完善，步入成熟期，其性能基本达到了最高水平，可能已经建立了相应的技术标准体系，伴随而来的是可观的经济收益。然而，系统的发展潜力已经得到充分开发，本阶段则依靠大量低级别的发明对系统进行优化和改进，但是对性能的提升作用不明显。

8.1.4 衰退期

盛极而衰是自然界的基本规律，对于技术系统也是如此。从成熟期逐步迈入衰退期，系统所采用的技术已经发展到极限，对其进行的改进也基本停滞，表现为专利数量和级别的迅速下降，系统性能也逐步下滑。与此同时，该系统所提供的功能相对陈旧，面临着市场的淘汰或被新开发的技术系统所取代，因而经济效益产生滑坡。

8.1.5 S 曲线族及实例

以上的 4 个阶段，是某一技术系统在发展过程中所遵循的基本规律。然而，某一技术系统步入衰退期，不代表其提供的功能也随之消失。在继承核心功能的情况下，新的技术系统得以开发，相比原系统有了质的飞跃，开始新一轮的发展。因此，实现某主要功能的技术系统的这种持续不断的更新过程就表现为多条首尾相接的 S 曲线，可称之为技术系统的 S 曲线族，如图 8.4 所示。

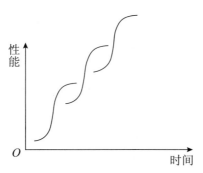

图 8.4　技术系统的 S 曲线族

例如在 20 世纪 80 年代末，传呼机的出现满足了人们对通信的需求。几年的时间过去了，随着技术的不断成熟和社会推广程度的加深，传呼机如雨后春笋般遍地开花（传呼机系统的成长期、成熟期），当时有通信需求的各类成功人士基本人手一部。从 1993 年开始，"大砖头"手机逐渐在市面出现，其重量较大，仅能实现通话功能，售价在当时非常昂贵，成为少数老板身份的象征，在普通民众中没有市场（手机系统的婴儿期）。然而，不到几年的时间，手机产品迅速步入成长期，传呼业务在手机的强大攻势下逐渐败下阵来，2000 年传呼用户开始出现下滑，在 2005 年左右，传呼机淡出中国市场（传呼机系统的衰退期）。以我国宁夏回族自治区为例[①]，1997 年建有 14 家寻呼台，300 个机站，35 万用户。但从 2000 年以后，寻呼业务总量以每年 30% 的速度萎缩。到 2003 年，当地寻呼业仅剩下 5000 用户，2 家寻呼台和 60 个机站。截至 2005 年，宁夏仅剩联通和铁通两家寻呼台，其中联通所剩的

---

① 新华网宁夏频道 "寻呼机只能放进抽屉里了吗？" http://news.xinhuanet.com/focus/2004-12/26/content_2384011.htm

机站只有 5 个，用户量 500 个，铁通则是 12 个机站，不足 1000 个用户，且已主要作为铁路内部通信系统使用。

然而，人们对即时通信的需求不可能消失，由手机替代传呼机来实现该功能。此时，手机行业正处于蒸蒸日上的成长期，摩托罗拉、诺基亚、爱立信等跨国公司势头强盛，如日中天。在国内，也有波导、夏新、大显、金立等品牌有效地参与各细分市场的竞争（传统手机系统的成熟期）。在传统手机逐步迈入衰退期之时，接管市场的是现今我们熟悉的智能手机。智能手机在保留手机即时通信的核心功能之外，在操控性和功能扩展等方面做了本质的改进，不但满足人们对通讯的需求，甚至深深地改变了一代人的生活习惯，改变了当今媒体的传播渠道，催生出大量新鲜的商业模式。从当年滴滴作响的摩托罗拉传呼机，到今日无所不能的智能手机，呈现在我们面前的正是技术系统不断进化的过程，也是解释 S 曲线族所代表内涵的最佳案例[1]。

8.2　S 曲线的应用方式及价值

S 曲线描述了技术系统的一般发展规律，揭示了任何系统都和生物有机体一样，有一个"诞生—成长—成熟—衰亡"的过程。S 曲线是产品生命周期理论的核心部分，在具体应用过程中可以分析判断产品处于生命周期的哪个阶段，推测系统今后的发展趋势，并可以根据不同阶段的特点和要求，为研发及商业决策提供参考作用。现实中产品系统所遵循的规律远比简单的 4 阶段模型复杂，有的在婴儿期过渡阶段就已经凋亡，有的成长期非常漫长，甚至出现倒退反复。因此，要求使用者熟练领会各阶段的核心特征并融会贯通，根据专利级别、数量以及产品性能、利润等数据统计，判别产品所处发展阶段并做出相应决策。有关此类内容，TRIZ 理论已经给出经典论述，如表 8.1 所示。

表 8.1　S 曲线各阶段的关键特征及对策[2]

时期	关键特征	对策
婴儿期	系统还未进入市场或只占很小份额，基本无利润； 研究人员努力地改进系统的各个方面； 系统努力地适应环境和超系统； 系统习惯于向当时的成熟系统或超前系统学习	识别阻止产品进一步进入市场的"瓶颈"，然后着力消除这些因素； 在发展的过程中明确市场定位，藉此确定系统改进方向； 充分利用当时已有的其他成熟系统的部件和资源； 考虑与当时比较先进的其他系统或部件相结合

---

[1] 姚威，朱凌，韩旭. 工程师创新手册 [M]. 杭州：浙江大学出版社，2015.
[2] 根里奇·阿奇舒勒，GenrichAltshuller，阿奇舒勒，等. 寻找创意：TRIZ 入门 [M]. 北京：科学出版社，2013.

续表

时期	关键特征	对策
成长期	发明级别逐渐降低； 系统带来的收益随着性能提升而增长； 系统开始具备一些与主功能相关的附加功能； 系统开始分化出不同的类型； 出现系统专用的资源； 超系统或环境的某些单元会为适应系统做出调整	运用折中法就能解决大部分问题，但是要牢记朝更理想的方向迈进； 利用超系统中合适的资源，或适度改造其他不适合的资源而后加以利用； 引入系统专用的资源
成熟期	产品普及，日趋标准化； 成本低，产量大，利润丰厚； 同质化竞争严重，专利较多但级别较低； 系统性能已接近极限状态	发展配套的服务子系统； 构建完善的供应链，零部件外包，降低成本，改善外观； 通过寻找基于新的工作原理的系统，或者对现有系统进行更新简化，避免衰败
衰退期	原有系统已不适应市场需求，销售量迅速下降； 满足同种功能的新系统已经基本发展到第二阶段，迫使现有系统退出	借助已有系统的某些基础，向新系统发展； 转型升级（诺基亚公司未能跟上智能手机的潮流就是最好的反面案例）

8.3 技术系统进化法则

本章前两节介绍的理想度以及理想化最终结果的概念告诉我们，所有技术系统都是通过人类的不断努力，经历着理想度不断提升的进化过程，最终目标是达成理想状态。而S曲线及S曲线族则告诉我们，某一技术系统会经历从萌芽到消亡的进化过程，在消亡之后会有更高级别的系统取代其满足人类的需求，让我们对"理想度提升"这一过程有了更深入的认识。然而，仅仅谈论"成长""成熟"的宏观概念是远远不够的，我们需要知晓，技术系统具体是如何成长的？有没有客观的规律可循？根据一个系统总结出的规律是否适用于另外的系统？

为了回答这些必须面对的问题，阿奇舒勒搜集整合了大量的发明专利，从中提炼出技术系统的一般发展轨迹（基于经验概括而不是逻辑推导），这也代表了技术系统的进化确实存在客观规律。进而，TRIZ研究者们提出了技术系统进化理论，以提升理想度的思想为基础，除了已经介绍过的S曲线之外，将进化过程的客观规律用技术系统进化法则的形式进行具体论述，并在法则的指导下构建出技术系统进化趋势，将进化趋势的每个步骤明确、细化，得到技术系统进化路线，如图8.5所示。将多条进化路线进行整合，形成纵横交织的节点网络，称为技术系统进化树，如图8.6所示。这些理论和工具能够实现科学有效的技术/专利预测、专利规避，对产品的创新方向具有明确的指导作用，根据预测结果展示产品未来可能的状态，避免了盲目试错、无功而返，降低了企业的研发成本，指导企业的产品研发战略，因而具有广阔的应用前景。

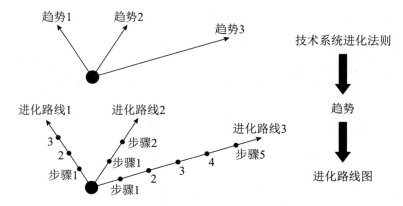

图 8.5 技术系统进化理论内部关系图

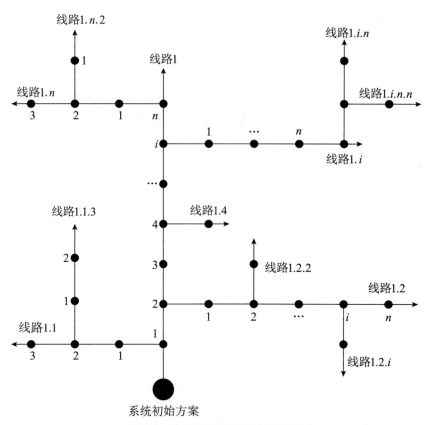

图 8.6 技术系统进化树示意图

技术系统进化理论同时指出,在一个工程领域中总结出来的进化模式及进化路线,可以在另一个工程领域得以实现——即技术进化法则与进化路线具有可传递性,这又极大地扩展了该理论的适用范围。本节内容首先论述经典的技术系统进化法则,其中共有 8 条法则(也有研究将 S 曲线也作为一条进化法则,则共有 9 条进化法则),可分为生存法则和发展法则两大类,具如表 8.2 所示。

表 8.2 技术系统进化法则

1	完备性法则	静态	生存法则
2	能量传递法则		
3	协调性法则		
4	提高理想度法则	动态	发展法则
5	子系统不均衡进化法则		
6	向超系统进化法则		
7	向微观级进化法则	动力态①	
8	提高动态性法则		

8.3.1 生存法则

一个新技术系统的诞生，是其各个部分（元素）按照一定规则有机组合的结果。那么，想要构建能够有效实现既定功能的技术系统，是否需要遵循某些基本原则？以一个简单的比喻为例，自然界创造生物并赋予其健康的生命，仅仅将蛋白质和核糖核酸简单堆砌是不可能的。首先，动物的机体需要有完善的循环系统、运动系统、内脏器官等基本元素（这是生物体内的各个子系统，与技术系统类似），即符合完备性法则；其次，各子系统之间要有流畅的能量流动（如人类的心脏供血、肺部供氧、糖类、ATP 等在体内循环提供生物能），即符合能量传递法则；最后，各子系统之间要在各个方面保持协调，才能从整体上实现生物系统的正常工作，即符合协调性法则。由人类创造的技术系统也遵循同样的原则，TRIZ 理论中技术系统进化法则的前三条称之为生存法则，是保证技术系统正常运作的充分条件。

8.3.1.1 完备性法则

完备性法则的基本内容为：要实现某项既定功能，一个完整的技术系统必须包含以下 4 个相互关联的基本子系统——动力子系统、传输子系统、执行子系统和控制子系统，如图 8.7 所示。

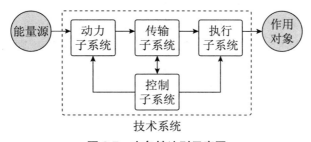

图 8.7 完备性法则示意图

---

① 与"动态"相比，"动力态"更微观，涉及更本质的变化。

虚线框内的 4 个子系统构成了一个最基本的技术系统，缺一不可。其中，动力子系统负责将能量源提供的能量转化为技术系统能够使用的能量形式；传输子系统负责将动力子系统输出的能量传递到系统的各个组成部分；执行子系统则对作用对象实施预定的作用，完成技术系统的功能；控制子系统负责对整个技术系统进行调控，以协调各部分工作。

例如汽车就是一个技术系统。能量源是油箱中的汽油，发动机做为动力子系统，能够将燃料油中储存的化学能释放为热能，并进一步通过活塞运动转化为汽车能够利用的机械能；该能量通过传输子系统（在汽车中称为传动系统，包括离合器、变速器等）传递给执行子系统（包括车架、车桥、悬架、车轮等）；在整个过程中，控制子系统（包括转向系统、制动系统等，以及驾驶室内的各操作单元，最主要的是人的参与）完成对整体技术系统的控制，实现汽车行驶的基本功能。

需要注意的是，很多技术系统都是从劳动工具演变而来。例如人用锄头犁地，其中锄头是劳动工具，这二者不构成技术系统。而人驱使牛犁地则构成技术系统——其中牛是能量源以及动力子系统（二者可以在一个部件内实现），牛身上的套索以及麻绳是传输子系统，犁是执行子系统，人操控着犁构成控制子系统，如图 8.8 所示。因此，完备性法则可以作为技术系统存在的判断依据，也是设计技术系统时必须遵守的原则。

图 8.8　牛犁地

正如以上牛犁地的案例所示，最初的技术系统往往是人工过程的一种替代。具体来讲，想要实现特定的功能，最开始由纯人力手工操作实现，逐步引入工具（执行子系统），加载传动装置（传输子系统）提供做功效率，进而可以引入其他能量（如风能，水能，牛、马、骡子等）解放人力，并添加控制子系统对整个技术系统进行管理和操控，最终达成对人工过程的替代。与此类似，收割小麦方式也从手挥镰刀，过渡到现今用联合收割机。因此，本法则所蕴含的一个的进化趋势是：引入传动子系统→引入动力子系统→引入控制子系统。

8.3.1.2　能量传递法则

能量传递法则的基本内容为：要实现某项既定功能，必须保证能量能够从能量源流向技术系统的所有需要能量的元件。其在完备性法则的基础上，对技术系统正常发挥功能提出了进一步的要求。与此同时该法则还指出，应该将系统内能量传递的效率提高，将能量损失（如能量转换过程中的损失、废物的产生以及产物带走的多余能量）降到最低。具体建议归纳为以下 4 点：

（1）力求各个子系统使用同一种形式的能量，减少不同形式能量转换带来的损耗。
（2）技术系统的进化过程应该沿着能量流动路径缩短的方向发展，减少能量的损失。
（3）提升对"免费"的外部能量以及系统内部多余能量的利用率。
（4）将可控性较差的能量形式替换为可控性较好的形式。

例如：火车车头最初采用蒸汽机、内燃机作为引擎，然而在将燃烧释放的热能转化为机械能的过程中有大量的能量损失，燃烧所产生的废气也会带走大量无法回收利用的热量。现今最新的高速电气化铁路则采用电能，一方面电能的输出可以通过控制面板方便地操作，增强了能量可控性；另一方面电机能量利用率远大于蒸汽机、内燃机，能量形式单一，损耗小。因此，本法则所蕴含的一个进化趋势是：势能→机械能→热能→化学能→电磁能。

8.3.1.3 协调性法则

协调性法则的基本内容为：技术系统各个组成部分之间的韵律（结构、性能和频率等属性）要协调。这也是技术系统正常发挥作用的另外一个必要条件。其中，协调性可以具体表现为以下 3 种方式：

（1）结构上的协调，如尺寸、质量、几何形状等。
（2）性能参数的协调，如材料性质、电压、功率、作用力等。
（3）工作节奏的协调，如转动速度、频率、数据和信息传输等。

协调性法则进一步指出，技术系统会沿着各个子系统之间更加协调、整体技术系统与超系统间更加协调的方向进化，具体可以分为三个层次。第一个层次，技术系统会沿着各子系统之间更协调的方向进化。例如早期的自行车前后轮大小不一致，骑车者上车下车比较困难，现今自行车已经过改进，前后轮大小一致，整体高度与人腿长接近，骑行十分方便舒适。

第二个层次，技术系统会沿着与其所处的超系统（环境）之间更协调的方向进化，即技术系统整体以及各子系统要与其所在的超系统的相关参数彼此协调，只有这样，技术系统才能在其所处的环境中更好地发挥作用。例如坦克逐步改进其迷彩外观，以适应森林、沙漠、平原等多种不同环境的作战隐蔽要求。

第三个层次，技术系统会沿着各个子系统间、子系统与系统间、系统与超系统间的参数动态协调与反协调的方向进化，其为协调性法则的高级表现形式，目的是保证技术系统的高度可控性，以及实现自动控制的可能性。具体来讲，蓄意反协调的意义通常是消除技术系统元素之间的有害相互作用——频率的反协调是消除系统中有害共振的有效方法。而材料和场参数的蓄意反协调则可能在技术系统中产生相应的物理和化学现象，取得额外的有益作用。

将以上三面方面进行提炼,则可以总结本法则所蕴含的一个进化趋势:系统内协调→与超系统协调→蓄意反协调与动态协调。

8.3.2 发展法则

与生存法则相对应的,是技术系统进化所遵循的发展法则。顾名思义,生存法则讲述的是技术系统正常发挥功能的必要条件,发展法则揭示了系统在人为作用下,不断完善自身性能,提高理想度时遵循的规律,回答了如何改善其可操作性、可靠性及效率等一系列问题。

技术系统必须同时满足所有的生存法则,却并不需要同时遵从所有的发展法则。不同的技术系统,在其发展的不同阶段,所遵循的发展法则可能是不同的。技术系统进化法则,共包含了五条发展法则,如下所述。

8.3.2.1 提高理想度法则

提高理想度法则的基本内容为:所有技术系统都是朝着理想度提高,最终趋近理想系统的方向进化的。本法则是技术系统进化理论的核心,是技术系统进化法则的总纲,其他的八条法则以及若干进化路线,都可以视为从不同的角度来提高技术系统的理想度。

欲达到提高理想度的目标,在不影响系统主要功能的前提下,可以简化某些子系统、组件或操作,充分利用环境中或其他系统的资源,以及将一部分功能转移到超系统中,具体参见本章其余内容。

8.3.2.2 子系统不均衡进化法则

子系统不均衡进化法则的基本内容有以下3个方面:
(1)技术系统中的每个子系统都有自己的S曲线,而不是同步、均衡进化的。
(2)整个技术系统的进化速度及水平,取决于最落后的子系统(短板效应)。
(3)某种情况导致系统内部产生矛盾,解决矛盾将使整个系统产生突破性的进化。

掌握子系统不均衡进化法则,可以明确提示并帮助技术人员及时发现并改进系统中最不理想的子系统,从而使整个技术系统的性能得到大幅提升。然而在实际工作中,人们往往忽视这个法则,花费较多精力改善那些非关键性的子系统。例如早期的飞机被糟糕的空气动力学特性限制了性能,然而很长一段时间内,工程师们却将注意力放在如何提高飞机发动机的动力上,导致飞机整体性能的提升一直比较缓慢,但在对机身及机翼做出空气动力学改进之后,飞机的整体性能得到了大幅度提升。

另一个案例是自行车的进化过程。早在 19 世纪中期，自行车还没有链条传动系统，脚蹬直接安装在前轮轴上，因此自行车的速度与前轮直径成正比。为了提高速度，人们采用了增加前轮直径的方法。但是一味地增加前轮直径，会使前后轮尺寸相差太大，导致自行车在前进中的稳定性变差，很容易摔倒。后来，人们开始研究自行车的传动系统（其进化落后于车轮子系统），为自行车装配链条和飞轮，用后轮的转动推动车子的前进，而且前后轮大小相同，以保持自行车的平稳和稳定。此后自行车的性能得到质的提高，逐步走进千家万户。自行车的进化过程如图 8.9 所示。

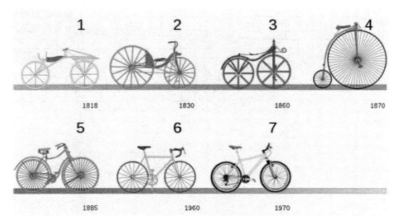

图 8.9　自行车各子系统不均衡进化

8.3.2.3　向超系统进化法则

向超系统进化法则的基本内容是：技术系统内部进化资源的有限性要求其进化应该沿着与超系统中的资源相结合的方向发展。可以将原有技术系统中的一个子系统及其功能分离出来并转移到超系统内，形成专用的技术系统，以更高的质量执行原先功能。此后，原来的技术系统将作为超系统的一个子系统，超系统将为其提供合适资源，原有技术系统也得到简化。

例如空中加油机的发明。长距离飞行时，飞机需要携带大量的燃油，最初是通过携带副油箱的方式得以实现的。此时，副油箱被看做是飞机的一个子系统。通过进化，将副油箱从飞机中分离出来，转移至超系统，以空中加油机的形式给飞机加油。此时，一方面，由于飞机不再需要携带副油箱，使得其重量减轻，系统得以简化；另一方面，加油机可以携带比副油箱多得多的燃油，大大提高了为飞机续航的能力。

技术系统向超系统进化，除了此种"将子系统剥离至超系统"方式之外，还有阿奇舒勒提出的经典的"单系统→双系统→多系统"进化路线，如图 8.10 所示[①]。

---

① 尼古拉·什帕科夫斯基. 进化树：技术信息分析及新方案的产生 [M]. 北京：中国科学技术出版社，2010.

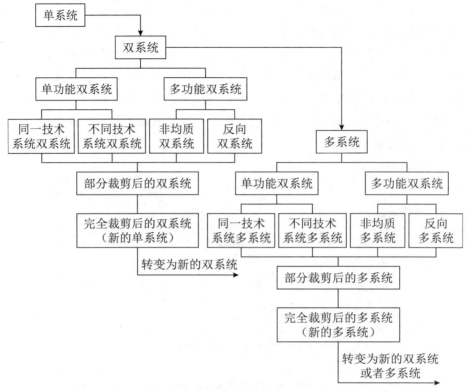

图 8.10 "单系统→双系统→多系统"进化路线

具体来讲，技术系统在其资源耗尽后，就会与其他系统结合，形成更加复杂的系统——双系统。多个初始系统也可能结合起来组成多系统。系统转变为双系统和多系统的主要条件，是需要改善初始系统运行指标，需要引入新的功能，而通过系统结合能满足这些需求。

双系统和多系统可以是单功能的或者是多功能的。单功能双系统（例如两头尺寸不同的扳手）和单功能多系统（例如执行同一任务的战斗机编队）由能够完成同样功能的相同技术系统或者不同技术系统组成。多功能技术系统包含行使不同功能的非均质技术系统（例如瑞士军刀，本质是一个非均质多系统），也可以包含行使相反功能的反向系统（例如带橡皮头的铅笔，本质是一个反向双系统）。通常一个系统和其他系统结合后，所得到的多系统中所有组件会结合成为更高层次的单系统（瑞士军刀、带橡皮头的铅笔都可以认为是裁剪之后的更高层次的单系统）。因而在这个概念上，原有的技术系统已经成为超系统的一部分，下一步的进化将继续发生在超系统级别上。

8.3.2.4 向微观级进化法则

向微观级进化法则的基本内容为：在能够更好地实现原有功能的条件下，技术系统的进化应该沿着减小其组成元素的尺寸，或整体系统向微观级的方向进化。向微观级进化的根本原因是，技术系统早期的发展方向主要是增加子系统的数量，以丰富和完善技术系统的功能，但也会导致在能耗、尺寸和重量等方面的超额增长，这与提高理想度的原则相矛盾，也与环境要求相违背。通过向微观级进化，能够将技术系统中各个组成部分的尺寸、能耗、成本等控制在合适范围内，并保持或改善性能，提升整体系统的理想度。

最典型的例子是计算机的进化过程。从最初电子管计算机 ENIAC（美国宾夕法尼亚大学研发，是占地 170m² 的庞然大物，如图 8.11 所示），到后来的晶体管计算机，以及集成电路、大规模集成电路的应用，计算机的尺寸逐步减小，与此同时功能却愈发完善和丰富（如图 8.12 所示）。与此例类似的是，在 DOS 盛行以及 Windows 刚刚兴起的年代，计算机的外储存介质主要是 5.25in 或 3.5in 的软盘，其面积与人类手掌大小差不多，存储空间最大只有 1.44MB。随后，储存系统应用的材料以及整体尺寸向微观级进化，发展出了光盘、硬盘等媒介，现今一些硬盘的储存空间高达几吉字节，而一些 U 盘的大小与人类的指甲接近，这不得不说是技术系统向微观级进化的典型案例。

图 8.11　电子管计算机 ENIAC

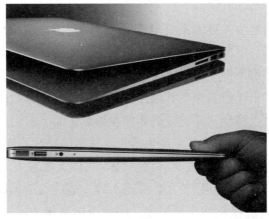

图 8.12　现今的超薄便携笔记本电脑

向微观级进化法则表明，技术系统中的元素，其尺度逐步向微观级进化，可以提升其相互作用的柔性和可控性。例如：想抬升一个重物，最简单的方法是用一根铁棍支撑（整体），也可以选用剪式千斤顶、螺纹式千斤顶（多个部分），液压式千斤顶（液体），此时技术系统的微观级程度得到增加，能够更加有效地实现功能（抬举重物），可控性和操作性也更加良好。而更高级别的分化会加入场的应用（如装备有电磁吸盘的起重机）。因此，可以发掘出本法则蕴含的一个进化趋势是：整体→多个部分→粉末→液体→气体→场→虚空，如图8.13所示。

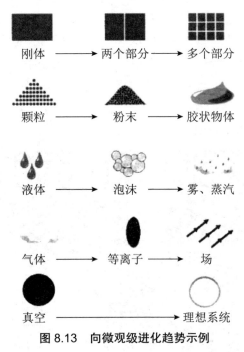

图 8.13　向微观级进化趋势示例

8.3.2.5　提高动态性法则

动态性法则的基本内容为：技术系统的进化应该沿着结构及相互作用柔性、可移动性和可控制性增加的方向发展，以适应环境状况或执行方式的变化。例如：常见的键盘是一个长方形的刚性整体，携带非常不便；而后逐渐出现了可折叠键盘以及用橡胶材料制成的可卷曲的柔性键盘；进而在许多电子设备中，其触控显示屏即可发挥键盘的功能；最近已经出现了一种虚拟激光键盘，它可以将全尺寸键盘的影像投影到平面上，用户可以像使用普通键盘一样直接输入文本，使用非常方便。许多系统也是沿着类似的路线不断进化——例如轴承系统，从单排球轴承，到多排球轴承、微球轴承，再到气体、液体支撑轴承，最后进化为磁悬浮轴承；再如切割技术，从原始的锯条，到砂轮片、高压水刀，最后到激光切割技术等，它们在本质上都是沿着与键盘相似的进化路线不断发展，因此可以概括出本法则所蕴含的一个进化趋势——柔性进化趋势，如图8.14所示。

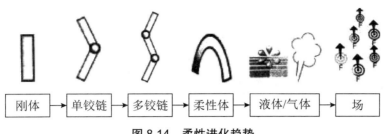

图 8.14　柔性进化趋势

图 8.15 展示的是常用锁具的进化过程,从最初的挂锁(刚体),到形状可以自由改变的折叠锁、链条锁(多铰链、柔性体),再到可以自主设定以及灵活识别的电子锁、指纹锁、虹膜检测锁等,都遵循着柔性进化的趋势。

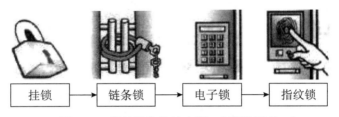

图 8.15　柔性进化趋势实例:门锁的进化

除此之外,动态性法则还包括了可移动性增加、可控性增加等方面,具体细化为以下进化趋势:

可移动性增加的进化趋势:不可动系统→部分可动系统→高度可动系统。

可控性增加的进化趋势:直接控制→间接控制→反馈控制→自动控制。

例如上面的案例,从锯条进化到激光切割,既符合柔性进化趋势,也符合可控性增加的趋势(激光切割可以精确控制,通过程序把对象切割成任意形状)。再如将普通的开关控制灯具改进为声控、光控灯具,现在已经发展出通过光感自动调节亮度的灯具,遵循可控性增加趋势。

最后需要指出的是,一些研究者还归纳了"增加物-场度"法则,通过TRIZ理论中物-场模型的构建,指出技术系统是沿着物-场度增加的方向进化的,具体表现为以下4个方面:

(1)从低级场向高级场进化(如从重力场、机械场转变为化学场、电磁场等)。

(2)组成系统的组件数量增加。

(3)物质的分散程度增加。

(4)元素之间联系的数量和灵敏性增加。

"增加物-场度"法则的核心思想可以表述为:将那些对系统完成(或提升)其有用功能阻碍最大的部分(或组件)复杂化,可以通过形成链式物-场或者双物-场结构等方式来实现。该法则在本节不做详细阐述,主要原因是该法则所阐述的道理在其他法则中已包含;另外对物-场模型在本书第7章已有介绍,请读者阅读后再参阅其他相关书籍。

8.3.3 技术系统进化法则实战案例 ①

要求：用 TRIZ 进化法则和路线预测下一代心脏起搏器的特征。

心脏起搏器临床上用于治疗缓慢性心律失常。形象地说，心脏起搏器就是一台高性能微型计算机，由高能电池提供能量，医学术语称为脉冲发生器，通过起搏电极导线连接于心腔。脉冲发生器可按照患者个体需求，事先编写输入的程序组发放电脉冲而带动心跳，临床上用于治疗缓慢性心律失常。脉冲发生器呈扁圆形，体积非常小，大约有 $40 \times 50 \times 6 mm^3$，重约 20～30g。起搏器通常埋植于上胸部的皮下组织内，它的电极导线通过头静脉或锁骨下静脉到达心脏，导线顶端的电极固定在心脏的心内膜面小梁内。脉冲发生器发出的电脉冲，经电极导线传到心内膜心肌，心肌感受到电脉冲刺激产生收缩。同时，起搏器电极也将心脏的电活动收集起来存入脉冲发生器的芯片内，以便随诊时提取分析。

人工心脏起搏器在临床上的广泛应用，使过去药物治疗无效的严重心律失常患者得到救治，大大降低了心血管疾病的死亡率，是近代生物医学工程对人类的一项重大贡献。

1932 年美国的胸外科医生 Hyman 发明了第一台由发条驱动的电脉冲发生器，借助两支导针穿刺心房可使停跳的心脏恢复跳动，他将该仪器命名为人工心脏起搏器，从而开创了用人工心脏起搏器治疗心律失常的伟大时代。

心脏起搏器真正用于临床是在 1952 年。美国医生 Zoll 用体外起搏器，经过胸腔刺激心脏进行人工起搏，抢救了两名濒临死亡的心脏传导阻滞病人，从而推动了心脏起搏器在临床上的应用和发展。1958 年瑞典人 Elmgrist、1960 年美国人 Greatbatch 分别发明和临床应用了植入式心脏起搏器。从此心脏起搏器进入了植入式人工心脏起搏器时代，朝着长寿命、高可靠性、轻量化、小型化和功能完善的方向发展。

早期的心脏起搏器是固有频率型（或非同步型），只能抢救和治疗永久性房室传导阻滞、病态窦房结综合征等病症，对间歇心动过缓不适用，不能与患者自身心律同步，会发生竞争心律而导致更严重的心律失常。为此，20 世纪 60 年代中期先后出现了同步型起搏器，其中房室同步触发型心脏起搏器专门用于房室传导阻滞，而心室按需型是目前国内外最常用的心脏起搏器。为了使心脏起搏器与心脏自身的起搏功能相接近，70 年代又相继出现了更符合房室顺序起搏的双腔起搏器，和能治疗各种心动过缓的全能型起搏器。至此，起搏器的基本治疗功能已开发完全。

到了 20 世纪 80 年代，起搏器除了轻量化、小型化的改进外，还出现了程控和遥测的功能，利用体外程控器可对植入体内的起搏器进行起搏模式、频率、幅度、脉宽、感知灵敏度、不应期、A-V 延迟等参数的程控调节；还可对起搏器的工作状态进行监测，将工作参数、电池消耗、心肌阻抗、病人资料乃至心腔内心电图，由起搏器发送至体外程控器中的遥测接收器进行显示。20 世纪 90 年代，心脏起搏器又在抗心动过速和发展更适应人体活动生理变化

---

① 创新方法研究会. 创新方法教程 [M]. 北京：高等教育出版社，2012.

方面取得了进展，出现了抗心动过速起搏和频率自适应起搏器，使人工心脏起搏器成为对付致命性心律失常的有效武器。随着科学技术的发展，目前已出现了性能更高的双心室/双心房同步三腔起搏器，以及具有除颤功能的起搏器。

在短短的 50 年里，心脏起搏器经历了四代变迁。第一代：固率型心脏起搏器（1958—1968 年）VOO；第二代：按需型起搏器（1968—1977 年）VVI；第三代：生理性心脏起搏器（1978—1996 年）DDD；第四代：自动型心脏起搏器（1996 年至今）。近来，又研制出了数码型的心脏起搏器，为心脏病情的监控提供更精确的资料，心脏起搏器在重量、体积、绝缘屏蔽防干扰、电能耐用性等方面也有了很大的改进，成了名副其实的微型智能化电脑治疗仪。

目前的问题是：心脏起搏器需要医疗机构为病人植入，并且启动使之工作，病人在佩带起搏器后并非一劳永逸了，还需要医护人员对其心脏状态进行长期的检测。更大的问题是，心脏起搏器作为一种机械电子装置必然有能耗的问题，如何最大幅度地降低能耗也是人们所关注的。

根据 S 曲线的分析，本系统处于成熟期。下一步的建议是：

（1）在国际上利用地区差异扩大市场。

（2）布局下一代产品的研发。

下面，我们将使用技术系统进化法则及进化线对下一代心脏起搏器进行预测。

法则 1：完备性法则

系统向人工更少介入的方向发展。

（1）减少人工动作：包含人工动作—保留人工动作的方法且用机器部分替代人工—机器动作。

本系统目前处于机器动作阶段。

（2）在同一水平上减少人工介入：包含人工—执行机构的替代—传输机构的替代—能量源的替代。

本系统的执行机构、传输机构、能量源都替代了人工。

（3）在不同水平上减少人工介入：包含人工—执行水平的替代—控制水平的替代—决策水平的替代。

本系统在执行水平和控制水平上，都替代了人工。

建议：对于一些事务性的决策，可以提炼出决策模型，由机器和程序替代，以便加速决策反馈；但是对于复杂状况的判断，仍然由人决策。

法则 2：能量传递法则

（1）向更高效的场转化：机械场—声场—化学场—热场—电场—电磁场。

目前的系统用的是电场，可以考虑：

①使用电磁场是否能达到刺激产生心跳作用？如光线，甚至是 X 射线、伽马射线等。

②生物场。利用人体特殊的信息或能量传递方式。

（2）增加场效率：直接场—反向场—与反向场合成—交替场/驻波/共振等—脉冲场—梯度场—不同场的组合。

目前的系统应用的是脉冲场，可以考虑：有梯度的场会不会更加有效。

法则3：协调性法则

技术系统的进化是沿着各个子系统相互之更加协调，以及系统与环境更加协调的方向发展。

对本系统最重要的协调性，是产生的电脉冲与患者心律的匹配，在患者心律正常时不干扰，在患者心律异常时能够产生相应的脉冲带动心跳。这就是系统与环境相协调的需求。

（1）元件匹配：元件不匹配—匹配—失谐—动态匹配。

本系统处于匹配状态。

（2）调节匹配：最小匹配—强制匹配—缓冲匹配—自匹配（或者不匹配）。

本系统处于自匹配。

（3）工具与工件匹配：点作用—线作用—面作用—体作用。

电极与心肌是点接触，可以考虑：多个电极，并排插入心肌；或者成面排列或者呈立体状环绕心肌接触。

（4）加工节奏匹配：输送与加工动作不协调—协调且速度匹配—协调且速度轮流匹配—独立开来。

本系统的核心是协调、速度匹配。

法则4：提高理想度法则

最理想的技术系统：并不存在物理实体，也消耗资源，但是却能够实现所有必要的功能。

系统可以向4个方向发展：

（1）增加系统的功能。

（2）传输尽可能多的功能到元件上。

（3）将一些系统功能转移到超系统或外部环境中。

（4）利用内部或外部已存在的可利用资源。

植入型仪器，可以充当人体的健康监测仪，因此可以加入很多体外检测仪器的功能，如血压检测、血糖检测、脂肪检测等。改进起搏器的能量消耗，可以利用外部的太阳能、人体做功的生物能，如重力等。

法则5：子系统不均衡进化法则

目前的系统，在控制部件上的发展比较充分，已经出现了用"场"遥测，用"数字网络"程控等。在动力部件上，也有几代进化，目前多用锂电池；而其他行业已经得到广泛应用的光能、太阳能、风能、生物能等，也都可以考虑作为能量来源，因此动力部件还有较大的发展空间。传输部件和工具，由起搏器的基本原理所决定，不能修改，如果今后可以采用非电类的心脏起搏原理，也可以有新的发展空间。

法则6：向超系统进化法则

（1）技术系统趋向于首先向集成度增加的方向，紧接着再进行简化。

- 增加功能如程控、遥测、除颤、健康监测等，导致规模/尺寸增加。
- 要求增加集成度，从而减小系统规模。
- 集成技术发展，实现这个需求，同时提高性能。

按照本法则，心脏起搏器在增加功能的时候，如程控、遥测、除颤、健康监测功能等，开始可能导致规模/尺寸的增加，于是提出了增加集成度，从而减小系统规模的需求。伴随着集成技术的进一步展，这个需求可以实现，同时提高性能。

（2）单系统—双系统—多系统。

单心房/单心室心脏起搏器—双心室/双心房同步三腔心脏起搏器。

（3）子系统分离到超系统。

目前尚未有需要分离的子系统。

由于心脏只有两个心室/心房，因此不需要发展多心室/心房的起搏器。

综合以上分析，建议的新产品方向为：

（1）功能增加，如健康监测。

（2）体积减小，如制作成条、杆状，或者采用柔性材料，同时提高集成度和性能水平。

（3）采用更加环保和廉价的能源，如光能、太阳能、生物能等。

（4）分割系统，如电极的排列成行、成面、成体等。

（5）建立细胞、分子、原子级的系统。

（6）考虑非电刺激的心脏起搏原理，并应用相应的场效应。

法则7：向微观级进化法则

技术系统向微观系统进化，使用不同的能量场来获得更佳的性能或可控性。

向微观转化的路径：宏观系统—平面/薄片/条/杆/球体等—粉末/颗粒/多分子系统—分子—原子—场。

目前的系统主体是扁平的面，建议：

- 开发条状、杆状的主体。
- 更加微观的系统如人体细胞级的仪器，也许可以沿着血管进入心脏，从内部刺激心跳，甚至修复心脏机能。

法则8：提高动态性法则

技术系统的进化应该沿着结构柔性、可移动性、可控性增加的方向发展，以适应环境状况或执行方式的变化，包括以下3个方面。

（1）提高柔性法则：刚体—单铰链—多铰链—柔性体—液/气体—场。

目前的系统除了导线是柔性体，其他部件都是刚体。考虑到人体内部各器官都是柔体（骨骼也是弧形外观），因此可以考虑提高系统的柔性，使之与人体更加适应。

建议：系统向提高整体柔性的方向进化，如柔性材料或可折叠材料等；也可以采用柔性外壳，内部采用液态甚至气态物质，如采用"纸电池"。

（2）提高可移动性法则：沿着系统整体可移动性增强的方向发展。

目前的系统体积小，可移动性比较高。

（3）提高可控性法则：直接控制—间接控制—引入反馈控制—自我控制。

第一代：固率型心脏起搏器。

第二代：按需型心脏起搏器。

第三代：生理性心脏起搏器。

第四代：自动型心脏起搏器。

第一代固率型心脏起搏器是直接控制；第二代按需型心脏起搏器是反馈控制；第三代生理性心脏起搏器和第四代自动型心脏起搏器，都是自我控制。目前的系统又可以实现程控和遥测，因此在可控性方面已经达到了相当高的水平，可以暂不考虑这方面的改进。

8.4 本章小结

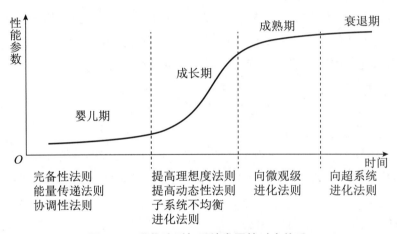

图 8.16 进化法则与系统发展的对应关系

本章介绍了理想度、S 曲线和进化法则等有关内容。在实际使用进化法则解题的过程中，会发现进化法则与 S 曲线存在一定的对应关系，如图 8.16 所示。即在婴儿期，系统的生存性法则如完备性、能量传递和协调性法则被应用较多；在成长期，提高理想度、提高动态性、子系统不均衡进化等子系统层面的进化法则应用较多。在成熟期和衰退期则分别较多应用向微观级进化和向超系统进化等系统层面的进化法则。要强调的是，这是经验对照，并不是严格的对应关系。也就是说在成熟期不是绝对不能运用动态性法则，婴儿期也不是绝对不能使用子系统不均衡进化法则，只是其他法则运用的概率可能更高一些。

第9章 最终理想解

技术系统是人类为了实现某种功能而设计、制造出来的一种人造系统。技术系统除了能够提供一个或多个有用功能，也会附带我们不希望出现的有害功能。同时，实现技术系统必须要付出一定的时间、空间、材料、能量等成本。由此带来一个问题，在技术系统使用和改进的过程中，如何对其进行评价和比较？

在 TRIZ 理论中，评价技术系统的优劣可以用系统实现的有用功能/（有害功能＋成本）的比值进行衡量，称为技术系统的理想度（Ideality），也就是技术达到理想化的程度。如下面公式所示，其中 I 代表理想度，B_i 代表系统中的第 i 个有用功能，C_j 代表系统中的第 j 项成本，H_k 代表系统中的第 k 个有害功能。则理想度 I 等于系统有用功能之和除以有害作用加成本之和。

$$I = \frac{\Sigma B_i}{(\Sigma C_j + \Sigma H_k)}$$

随着技术系统的不断进化，其理想度会不断提高，极限的情况是系统的有用功能趋向于无穷大，或有害功能和成本则趋近于零，二者的比值（即理想度）为无穷大。此时，技术系统能够实现所有既定的有用功能，但却不占据时间、空间（不存在物理实体），不消耗资源（能量），也不产生任何有害功能——这样的技术系统就是理想系统。这样一个理想化的状态，称为理想化最终结果（Ideal final result，IFR）。针对特定技术问题，尝试构建尽可能接近理想化最终结果的解决方案，这个寻求解决方案的过程称为最终理想解。

如前所述，理想化最终结果和理想系统在现实世界中永远也无法达到的终极状态。但是，理想化最终结果的意义在于能够保证在问题解决过程中沿着理想化的方向前进，从而避免了传统创新方法中缺乏目标引导，以及囿于客观条件限制而被迫做出折中妥协的弊端，避免了心理惯性，提高了创新设计的效率。

例如摩天大厦的外表面玻璃窗清洗比较困难，需要专业的设备和人员，成本高，危险系数大。为了解决这个问题，发明家们想出了种种解决方案，其中一种是将玻璃清洗工具分为两个部分，清洁人员在室内握持一部分，另外一部分则在室外起清洁作用，两部分之间隔着玻璃用强力磁铁彼此连接、带动。

这是一个简单有效的解决方案，既实现了既定的玻璃清洁功能，又消除了人员在建筑外高空操作的复杂性和危险性，然而，仍然需要大量的人力对玻璃进行擦拭。有没有理想度更高的解决方案？符合 IFR 的思维应该是突破性的——玻璃能够自主清洁表面，保持洁净，不再需要人为擦拭。

在定义理想化最终结果的过程中请遵守一个基本原则：不要预先断言 IFR 能否实现，也不用过度思考采用何种方式才能实现。乍一看上面的方案是不可能的，但是创新的、理想度更高的解决方案往往就存在于我们的现有认知范围之外。而且，往往是因为我们想不到用何种方式实现 IFR，所以就断言它不能实现，这是定义 IFR 的过程中非常有必要打破的传统思维框架。

事实上，在通过 IFR 明确了系统发展方向之后（对于本例来说是自清洁的玻璃），具体实现则由 TRIZ 其他工具负责解决。根据科学效应库的指导，自然界的荷叶表面具有超疏水性，能够实现良好的自清洁作用（出淤泥而不染）。基于此原理，设计人员已经开发出表面涂覆 TiO_2 薄膜的玻璃，能够基本实现自清洁，相比原来的解决方案更接近理想的结果。

9.1 寻求最终理想解的流程

当前大家多根据 Moehrle（2005）等人开发的最终理想解运用流程（如图 9.1 所示），来寻求最终理想解。但在培训过程中我们发现此流程仍有欠缺，经常出现问题 3 及问题 4 难以回答导致流程受阻的情况。因此设计新的解题流程非常必要。

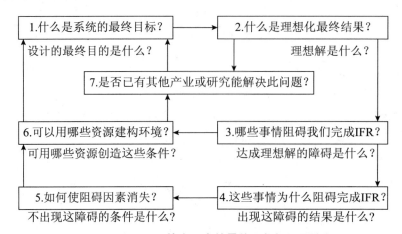

图 9.1 Moehrle 等人开发的最终理想解运用流程

面对存在问题的技术系统，寻求其理想化最终结果是有意识地打破传统思维，激化矛盾并予以根本性解决的过程，而在实际的解题和学习过程中，很多学员在利用最终理想解工具解题时遇到了困难。为了便于学员使用最终理想解工具解决问题，本书在理想度方程的基础上设计了一套使用流程和思考方式,通过对以下 5 个相关问题的思考来逼近最终理想化的状态。

流程 1：精确地描述系统中现存的问题和矛盾。

首先要明确系统到底要解决什么问题，即确定目标。之前的最终理想解解题流程直接从系统的最终目标入手，而不是从解决问题入手，因此会导致产生的概念解无法落地。

流程 2：明确系统所要实现的最根本功能。

仍然用 SVOP（系统＋动作＋对象＋参数）的形式定义系统功能。这个问题是用来明确系统的有用功能都有哪些，即明确理想度方程中的分子的情况。同时，无论系统如何改进，有用的功能，尤其是最基本的有用功能是只能加强不能被改变或者弱化的。

流程 3：在明确问题和功能的基础上，思考实现（以上）功能的理想情况。

从第 3 个问题开始，就要开始考虑理想的情况了。首先考虑第一类理想的情况，就是方程的 3 个自变量，有用功能 B、有害功能 H 和成本 C 全部都为零。也就是说完全不需要整个功能了。于是产生了第 1 个解题思路：

流程 3-1：需要/存在这种功能的终极目的是什么？是否可以通过其他方式达成同样目的，从而使得这种功能不再被需要（有害功能和成本降为零）。

接下来考虑第 2 类理想的情况，就是让分母为零，即有害功能和成本都为零，即不需要现有系统了，但有用功能还是会实现的。

流程 3-2：是否可以不需要系统。

不需要现有系统还可以细分为 3 种情况：

（1）对象是否可以自服务，即对象自己实现所需功能。

（2）所需功能是否可由超系统实现。

（3）所需功能是否可由更廉价的其他系统实现。

在这 3 种情况中，对象自服务是比较常用的，经常可以产生出很多有创意的方案来。

下面的内容可能不算狭义上的理想化最终结果了（就是分母不为零），但是可以产出更理想化的解决方案。

先考虑把有害作用 H 变为零，即去除有害功能。这里又有两个思路：

流程 3-3：是否可去除有害功能。

（1）是否可裁剪产生有害功能的组件或子系统。

（2）是否可将有害功能配置到超系统中去。

最后是把成本 C 将为零。

流程 3-4：是否可降低成本。

是否可利用系统内部的剩余资源或引入系统外部的"免费"资源，帮助消除有害功能或实现有用功能。

流程 4：看其他行业是否已解决本问题（对其他的产业或者产业内其他部门的经验进行考察，搜寻类似理想化结果的实施方案）。

流程 5：构建解决方案。

9.2 理想化最终结果应用实例

9.2.1 眼镜

仍然以眼镜腿和镜架压迫鼻子和耳朵的案例，来展示眼镜最终理想解的推导过程。

流程 1：精确地描述系统中现存的问题和矛盾。

眼镜腿和镜架时常压迫和磨损鼻子和耳朵。

流程 2：明确系统所要实现的功能（SVOP）。

SVOP 定义为眼镜＋改变＋光线＋方向。

流程 3：思考实现（这些）功能的理想情况。

流程 3-1：需要/存在这种功能的终极目的是什么？是否可以通过其他方式达成同样的目的而使得这种功能不再被需要（有害功能和成本降为零）。

需要眼镜改变光线方向的原因是什么？为看得更清楚。为什么要看的更清楚？为更好地接收外部信息。因此只要接收外部信息就好了，其实不一定非要眼镜改变光线，甚至都不一定需要"看"，于是产生方案 1。

方案 1：缸中之脑，外部信息通过传感器直接与大脑连接，不需要眼镜，甚至不需要眼睛（详细解释见 2.3.4 节）。

流程 3-2：是否可以不需要系统（有害功能和成本降为零）。

（1）是否可让对象自服务，自己实现所需功能。

如果让光线自服务意味着让光线自己改变方向。但光线确实难以自己改变方向，所以没有产生概念解。这个例子中如果把光线变为具体的对象，就可能会有解。例如把光线变为显示屏，那么产生的概念解是可根据读者视力情况自动调节焦点的显示屏（相当于显示屏成为一个可自动调节度数的眼镜）。

（2）所需功能是否可由超系统实现。

即改变光线的功能由超系统实现，产生概念解。

方案 2：用光学或遥感卫星，显微镜以及各种观测设备替代眼镜，可以让我们看到更多平时无法看到的东西。

（3）所需功能是否可由更廉价的其他系统实现。

不用眼镜，用更廉价的其他系统改变光线方向。

方案 3：用眼球自身调节改变光线方向，即做近视手术。可能有些学员会说近视手术不便宜啊。这里说的"廉价"系统是相对的，眼球本身就是系统内存在的组件，近视手术仅仅是对该组件的改进，而没有引入新的资源，从这一点来说眼球算是"廉价"系统。其次，随着科技的不断发展，近视手术也越来越普及，价格也在逐渐走低。

流程 3-3：是否可去除有害功能。

（1）是否可利用系统内部的剩余资源或引入系统外部的"免费"资源来帮助消除有害功能或实现有用功能。

考虑是否可利用剩余或免费资源来帮助消除有害功能。

方案 4：用手、鼻子扶眼镜。

（2）是否可裁剪产生有害功能的组件或子系统。

即把压迫和磨损鼻子的镜架和镜腿去掉。

方案 5：隐形眼镜。

（3）是否可将有害功能配置到其他系统中去。

考虑可将有害功能配置到子系统层面。

方案 6：加镜腿套，加镜托。

流程 3-4：是否可降低成本。

暂无新方案。

流程 4：看其他行业是否已有解决方案。

方案很多，此处不再赘述。

流程 5：构建解决方案。

通过上述分析，共产生了 6 个概念方案。不再重述。

9.2.2 飞碟射击

飞碟射击是奥运会比赛项目之一，运动员以飞碟作为目标进行射击。然而在比赛结束之后，被击中的飞碟碎片散落在场地（通常是草地）内，非常难以清理。如何清理这些飞碟碎片？

流程 1：精确地描述系统中现存的问题和矛盾。

飞碟碎片难以清理。

流程 2：明确系统所要实现的功能（SVOP）。

SVOP 可定义为子弹＋改变＋飞碟＋物理状态。不要忘记，在进行系统功能定义的时候应尽量采用抽象表达。

流程 3：思考实现（这些）功能的理想情况。

流程 3-1：需要/存在这种功能的终极目的是什么？是否可以通过其他方式达成同样的目的而使得这种功能不再被需要。

需要子弹改变飞碟状态，用通俗语言说就是需要子弹击碎飞碟的根本原因是什么？是为了告诉射手和观众"击中与否"的信息。因此只要让人们知道"中"或"不中"就好了，不一定要击碎飞碟。

方案 1：可以在飞碟内部放置传感器，感应到选手的射击后发光发声以显示被击中。飞碟本身选用耐用材料，可以轻松地回收并被重复使用。

流程 3-2：能否不需要系统（有害功能和成本降为零）。

（1）能否让对象自服务，自己实现所需功能。

如果让对象飞碟自服务意味着让飞碟自己改变物理状态。但让飞碟自己改变物理状态没有意义，因为如果不被击中自己就碎了就不能实现告知人们"击中与否"的目的了。所以这里没有产生概念解。

（2）所需功能是否可由超系统实现。

即改变飞碟物理状态的功能由超系统实现。这个也是没有意义的，因为根据比赛需要，子弹击中飞碟还是必要的，因此没有产生概念解。

（3）所需功能是否可由更廉价的其他系统实现。

即不用子弹，用更廉价的其他系统实现改变飞碟物理状态的功能。

方案 2：用激光替代传统子弹，用全息图替代飞碟，击中后消失。两者都是用场替代物质，肯定是更廉价的了。

当然会有学员反映，用激光子弹枪没有后坐力，会失去打枪的感觉，或者激光会受到折射等因素的影响。这些都是可以不断完善的，这里不再展开。

流程 3-3：是否可去除有害功能。

（1）是否可利用系统内部的剩余资源或引入系统外部的"免费"资源来帮助消除有害功能或实现有用功能。

考虑是否可利用剩余或免费资源来帮助消除有害功能，即帮助收集飞碟。

方案 3：将射击场置于斜坡的顶部，飞碟碎片会随重力（免费资源）自动滚落到斜坡底部便于搜集。

方案 4：用动物喜欢的食物（如糖）做成飞碟，这样小动物们会自动跑来吃掉碎片，就不用清理碎片了。

（2）是否可裁剪产生有害功能的组件或子系统。

即把产生有害的作用的组件飞碟去掉，这是不现实的，没有产生方案。

（3）是否可将有害功能配置到其他系统中去。

考虑到可将有害功能配置到超系统层面，即由超系统来清理飞碟碎片，于是产生方案。

方案 5：采用自然可降解的材料制作飞碟，碎片散落在场地里不需清理。或者可以采用现制的冰块型飞碟，需要的时候可以起到指示作用，不需要的时候可以迅速融化消失，不需清理。

流程 3-4：是否可降低成本。

暂无新方案。

流程 4：看其他行业是否已有解决方案。

激光对抗系统已经在军事演习以及部分真人 CS 游戏中使用了。

流程 5：构建解决方案。

通过上述分析，共产生了上述 5 个概念方案。

方案 1：飞碟内置传感器，被击中后发光或发声。

方案 2：用激光代替子弹，用全息图像替代飞碟。

方案 3：射击场置于斜坡顶部，利用重力收集碎片。

方案 4：用可食用材料做飞碟，让小动物们吃掉碎片。

方案 5：用可降解材料制作飞碟或冰飞碟。

方案 5 无疑是更可行的解决方案。熟悉这个经典案例的学员们应该知道，传统的理想化最终结果流程也只能得到这个解，而其他的解是很难通过传统流程想到的。

9.2.3 练习题

本节布置了 3 道练习题,学员可按照之前介绍的流程自行练习。

训练题 1:熨斗

洗涤衣服之后常常需要用熨斗烫平,熨斗的温度较高,需要使用者仔细操作。然而使用者在使用过程中很有可能被打扰(如电话响,门铃响,孩子哭闹),一不留神将熨斗放置在衣物上,不一会儿便会因高温损毁衣物,如何避免此种情况发生?

训练题 2:金属容器腐蚀

在某实验室中,研究人员需要研究酸液对多种金属的腐蚀作用。通常情况下他们将若干金属块放在容器底部,在容器内注入酸液。但实验结束后,发现容器也被酸液腐蚀了,这个问题如何解决?

训练题 3:花园除草

花园的草坪需要定期除草,但手动除草工作量太大,电动除草机器有噪音,燃烧柴油有异味,锋利的旋转刀片有潜在危险,并且人工操作除草机也需花费一定的时间和精力,如何解决上述问题?

第10章 创新思维方法

根据有关统计资料表明,从20世纪30年代奥斯本创立第一种创造技法——头脑风暴法以来,全世界已经涌现出的有案可查的创造技法有千余种,而常用的只有数十种。将这些创新技法进行合理分类,有助于人们更好地认识和掌握它们。根据不同创新技法之间的最本质区别,可以将其分为以逻辑思维为主和以非逻辑思维为主两类。其中,以逻辑思维为主的是收敛式创新技法,即创造者立足于创造对象,通过收敛思维达到创新的目的,具有代表性的有形态分析法、奥斯本核检表法、和田十二法、归纳法、类比法、KJ法等。

以非逻辑思维为主的是发散型创新技法,即创新者尽可能多地提出与创造对象有关的各种设想,从中寻求创新成果的方法,具有代表性的有头脑风暴法(又名智力激励法)、缺点列举法等。更加详细的常用创新技法分类如图10.1所示。

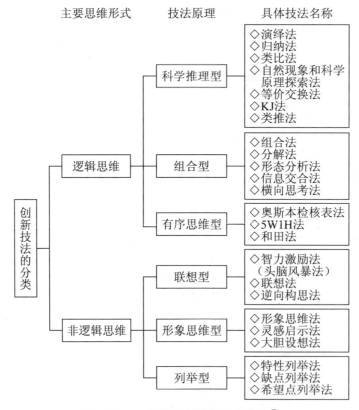

图 10.1 一些常用创新技法的分类[①]

---

① 张武城. 技术创新方法概论[M]. 北京:科学出版社,2009.

需要指出的是，在运用创新技法解决发明问题的过程中，创新者的思维形式往往是通过逻辑思维和非逻辑思维组合、互补的形式发挥作用的。然而，这些林林总总的传统创新方法均存在一定的不足，它们的程序、步骤、措施等大都是以人们克服发明创新的心理障碍和思维定势这一心理机制为基础而设计的。它们在主观或客观上综合了各领域的基础知识，在方法上高度概括与抽象，具有形式化的倾向，在实际运用过程中，会受到使用者的经验和知识积累水平较大的制约和限制。

与传统的创新方法相比，TRIZ 理论中的原理、法则、程序、步骤、措施等都是建立在科学和技术的方法基础之上的，来源于人们的长期探索和对改造自然的实践经验的总结（发明专利），整个方法学自成体系，具有严密的逻辑性，对学习、培训和应用比较方便。

传统创新方法对于解决相对简单的、发明级别比较低的发明问题是有效的，但是通常无法解决一些比较复杂的、发明级别比较高的发明问题。相比之下，TRIZ 理论最大的优势就是它可以从成千上万的解法中快速地找到解决复杂发明的方案。因此，在 TRIZ 理论的各种创新思维、方法和工具的支持下，运用 TRIZ 理论可以大大加快解决发明问题的进程，发明的级别和效率也得到了很大的提高。TRIZ 与传统创新方法的对比如表 10.1 所示。

表 10.1 TRIZ 与传统创新方法对比

TRIZ 理论	传统创新方法
来自人类长期工程实践经验，并有海量专利和知识库作支撑	高度概括、抽象、神秘化
系统的结题流程，解决问题效率较高	对经验和知识积累水平有较高要求
适用于第二～四级的发明	适用于第一、第二级的发明，解决更高级别发明的难度呈指数级增加
逻辑思维与非逻辑思维的有机结合	普遍采用逻辑思维或非逻辑思维
理想化指引了创新的方向	发散性技法在思考过程中缺乏方向

10.1 思维定势[①]

在长期的思维活动中，每个人都形成了自己惯用的思维模式，当面临某个事物或现实问题时，便会不假思索地把它们纳入已经习惯的思想框架进行思考和处理，这就是思维定势。思维定势有如下两个特点：一是形式化结构，思维定势不是具体的思维内容，而是许多具体的思维活动所具有的逐渐定型的一般路线、方式、程序和模式；二是强大的惯性或顽固性，成为处理问题时不自觉的反应，其结果是常常排斥其他的方法并低估问题及问题环境的变化。

思维定势有益于日常对普通问题的思考和处理，它使人们在遇到与以往问题相似的情况时，能迅速地做出反应，尤其在危险状态下，它对人的身体健康与生命安全起着非常重要

---

① 创新方法研究会. 创新方法教程 [M]. 北京：高等教育出版社，2012.

的保护作用。但是在创新的过程中，它却是一种非常常见的障碍，它阻碍新思想、新观点、新技术和新形象的产生，因此在创造性思维过程中需要突破思维定势。思维定势多种多样，不同的人有不同的思维定势，常见的思维定势有从众型思维定势、书本型思维定势、经验型思维定势与权威型思维定势等。

10.1.1 从众型思维定势

从众型思维定势是没有或不敢坚持自己的主见，总是顺从多数人的意志，是一种广泛存在的心理现象。例如"中国式过马路"，明明看到红灯亮了，但看到大家都在往前冲，自己也会随着人群往前冲。从众型思维定势对于一般的生活、工作是可以接受的，但对于创造性思维来说却必须警惕和破除。破除从众型思维定势，需要在思维过程中不盲目跟随，具备心理抗压能力；在科学研究和发明过程中，要有独立的思维意识。

10.1.2 书本型思维定势

书本型思维定势就是认为书本上的一切都是正确的，必须严格按照书本上说的去做，不能有任何怀疑和违反，是把书本知识夸大化、绝对化的片面有害观点。书本知识对人类所起的积极作用是显而易见的。现有的科学技术和文学艺术是人类两千多年来认识世界、改造世界的经验总结，大部分通过书本传承下来，因此书本知识是人类的宝贵财富，必须认真学习与继承。但对于书本知识的学习需要掌握其精神实质，活学活用，不能当作教条死记硬背，不能作为万事皆准的绝对真理。此外，随着经济、社会和技术的不断发展，书本知识不一定能得到及时和有效地更新，导致书本知识与客观事实之间有时会存在一定程度的距离，如果一味地认为书本知识都是正确的或严格按照书本知识指导实践，将严重束缚、禁锢创造性思维的发挥。

为了破除思维定势，我们需要在思维过程中认识到现有知识不是绝对真理，认识到任何一般原理都必须与具体实践相结合，认识到对任何问题都应该了解相关的各种观点，以便通过比较进行鉴别。

10.1.3 经验型思维定势

经验是人类在实践中获得的主观体验和感受，通过感官对个别事物的表面现象、外部联系的认识，属于感性认识，是理性认识的基础，在人类的认识与实践中发挥着重要作用，是人类宝贵的精神财富。但经验并未充分反映出事物发展的本质和规律，在思维过程中，人们经常习惯性地根据已有经验去思考问题，制约了创造性思维的发挥。经验型思维定势是指人们处理问题时按照以往的经验去办的一种思维习惯，实际上是照搬经验，忽略了经验的相对性和片面性。

经验型思维有助于人们在处理常规事物时少走弯路，提高办事效率，但在创造性思维运用过程中阻碍了创新。我们要采用一些措施破除经验型思维定势，要把经验与经验型思维定势区分开来，提高思维灵活变通的能力。

10.1.4　权威型思维定势

在思维领域，不少人习惯引证权威的观点，甚至以权威作为判定事物是非的唯一标准，一旦发现与权威相违背的观点，就唯权威是瞻，这种思维习惯或程式就是权威型思维定势。权威型思维定势是思维惰性的表现，是对权威的迷信、盲目崇拜与夸大，属于权威的泛化。权威型思维定势的形成来源于多个方面：一方面是由于不当的教育方式造成的，在婴儿、青少年教育时期，家长和老师把固化的知识、泛化的权威观念采用灌输式教育方式传授下来，缺少对教育对象的有效启发，使教育对象形成了盲目接受知识、盲目崇拜权威的习惯；另一方面在社会中广泛存在个人崇拜现象，一些人采用各种手段建立或强化自己的权威，不断加强权威定势。

在科学研究中，需要及时破除权威型思维定势，要区分权威与权威定势，明确任何权威只是相对的，坚持"实践是检验真理的唯一标准"。

法国心理学家贝尔纳说："妨碍人们学习的最大障碍，并不是未知的东西，而是已知的东西，这种已知的东西构成思维定势，往往成为人们认识、判断事物的思维障碍。"思维惯性在人们的日常生活与工作中，起着非常重要的作用。因此灵活利用创新思维方法，能够有效破除思维定势，形成创新性的解决方案。TRIZ 理论中常用的创新思维方法包括 STC、金鱼法以及小人法等。

10.2　STC 算子

10.2.1　STC 算子的基本内涵

STC 算子是一种非常简单的工具，它是对系统或组件的尺寸、时间和成本三个维度进行一系列极限变化的思维试验。其三个字母的含义分别为：S（size），代表尺度；T（time），代表时间；C（cost），代表成本。

STC 算子通过分析这三个因素的极限变化来找出相应的问题解决办法。例如把系统想象为很小（甚至不存在），思考会对解决问题有什么益处，然后在相反的极限上想象系统，即想象系统无限大，并思考会对解决问题有什么益处。同样，可以针对时间（瞬间发生，或者要花费无限长的时间）和成本（系统免费，或者要花费无限多的资金）来执行此类想象。尽管此工具很简单，但它却可排除所有虚假的约束条件，以便真实地看待系统，迅速发现对研究对象最初认识的不准确和误差以及找出想从系统中得到的东西。

10.2.2　STC算子的实施步骤

应用STC算子进行问题分析和解决问题主要有以下4个步骤。

（1）明确研究对象，明确研究对象现在的尺寸、时间和成本。注意，研究对象可以是整个技术系统，也可以是技术系统的子系统或组件。

（2）想象对象的尺寸先变无穷大，想象对在这个过程中会产生哪些变化，问题会呈现哪些变化，有哪些新的可用资源对解决问题有帮助，尝试构建概念方案。随后再想象对象的尺寸变无穷小时的情况。

（3）同上，分别想象过程的时间无穷大及无穷小时的情况。

（4）同上，分别想象成本（允许的支出）无穷大及无穷小时的情况。

当使用STC算子时，要注意以下5个问题：

（1）请勿改变初始研究对象。研究对象一经确定在后续分析中就不要随意修改，千万不要在尺寸维度研究组件A，到时间维度又去讨论组件B，这样是无法得到问题解决答案的。

（2）应用STC算子的目的是揭示对象的新特性、能力或属性。因此每个想象试验要分步递增、递减，直到对象有新的特性的出现。

（3）不可以还没有完成所有想象试验，就因担心系统变得复杂而提前中止，也不要在试验的过程中尝试猜测问题最终的答案。

（4）尺度、时间及成本以外的特性，如温度、强度或光反射率，可通过类似的方式来进行改变，即先增加到∞，然后减少到0。

（5）使用成效取决于主观想象力、问题特点等情况。尽管STC算子有时不一定会直接揭示出所探讨问题的解决方案，可是它却可让使用者产生某些独到的想法，并将使用者的思路引向解决问题的方案。

10.2.3　STC算子的应用案例——提高和膏机和膏均匀性

问题描述：在铅膏量低于其和膏能力的1/2时，铅膏会粘在搅拌桨上随搅拌桨一起转动，摩擦、挤压和分割的功能减弱甚至消失，铅膏均匀性无法得到保障。

尺寸→∞的情况分析：和膏机无限大，铅膏会全部被搅拌桨推动滑行，无法混合均匀。

尺寸→0的情况分析：和膏机无限小，搅拌桨会形成一个面或消失，无法将铅膏混合均匀，但是可以用其他物质或者场替代搅拌桨。

方案1：利用电磁原理，使铅膏中各组分带电，利用磁场使其在空中混合均匀。

时间→∞的情况分析：和膏机转动周期无限大，搅拌桨会停止转动，无法搅拌。

时间→0的情况分析：和膏机转动周期无限小，搅拌桨会转动无限快，铅膏将在离心力的作用下被甩掉。

方案 2：搅拌桨转动速度采用周期性的"快速—正常"反复切换；快速转动时，能将粘在搅拌桨上的铅膏甩掉，正常转动时，混合铅膏。

成本→∞的情况分析：在成本投入无限大的情况下，可以产生方案。

方案 3：在和膏机上安装无数个搅拌桨，并在搅拌桨上安装无数个由电机驱动的小搅拌桨，对铅膏进行全方位的立体混合。

成本→0的情况分析：当搅拌桨必须使用现系统资源时，可以采用人工清除粘覆在搅拌桨上的铅膏。

方案 4：停机，人工清除粘覆在搅拌桨上的铅膏，再继续混合。

10.3　金鱼法

10.3.1　金鱼法的基本内涵

金鱼法源自俄罗斯普希金的童话故事：金鱼与渔夫，它是从幻想式解决构想中区分现实和幻想的部分，然后再从解决构想的幻想部分分出现实与幻想两部分。这样的划分不断地反复进行，直到确定问题的解决构想能够实现为止。采用金鱼法，有助于将幻想式的解决构想转变成切实可行的构想。

10.3.2　金鱼法的实施步骤

应用金鱼法的步骤如下：

（1）将不现实的想法分为两个部分：现实部分与非现实部分。精确界定什么样的想法是现实的，什么样的想法看起来是不现实的。

（2）解释为什么非现实部分是不可行的。尽力对此进行严密而准确的解释，否则最后可能还是得到一个不可行的想法。

（3）找出在哪些条件下想法的非现实部分可变为现实的。

（4）检查系统、超系统或子系统中的资源能否提供此类条件。

（5）如果能，则可定义相关想法，即应怎样对情境加以改变，才能实现想法的看似不可行的部分。将这一新想法与初始想法的可行部分组合为可行的解决方案构想。

（6）如果我们无法通过可行途径，即利用现有资源为看起来不现实的部分提供实现条件，则可将这一"看起来不现实的部分"再次分解为现实与非现实部分。然后，重复步骤（1）～（5），直到得出可行的解决方案构想。

10.3.3 金鱼法的应用案例1——如何用空气赚钱

问题描述：利用空气赚钱。

（1）将问题分解为现实部分和不现实部分。

现实：空气、钱、赚钱的想法。

不现实：买卖空气。

（2）回答为什么买卖空气是不现实的。

因为空气存在于整个地球，处处都有，人们不用花钱去买空气。

（3）回答在什么条件下人们要买卖空气。

当空气不足时，如在煤矿、潜水艇、深水、高山等情况下，或当空气中存在有益成分，可特别收集，如芳香空气、富含负离子的空气等。

（4）确定系统、超系统和子系统的可用资源。

超系统：地球表面、太空、地球磁场、太阳辐射等。

系统：空气体积。

子系统：空气的各种成分（氮、氧）和空气中的杂质（微小灰尘及生物颗粒）。

（5）可能的解决方案构想。

向空气稀少的场所出售空气；出售空气中的氧气给需要吸氧的病人，或者高山运动员；出售空气净化装置。

本案例解题具体流程如图10.2所示。

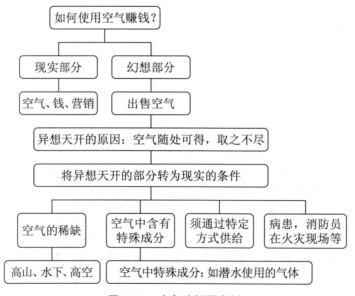

图10.2 金鱼法解题案例

10.3.4　金鱼法的应用案例2——长距离游泳池

问题描述：要使训练有效，需要一个大型的游泳池，使运动员可以进行长距离游泳训练，但同时，游泳池的占地面积和造价就会相应地增加。用小型和造价低廉的游泳池怎样满足相同的要求？

（1）将问题分为现实和幻想两部分。

现实部分：小型、造假低廉的游泳池。

幻想部分：在小型游泳池内实现单方向、长距离游泳训练。

（2）幻想部分为什么不现实？

运动员在小型游泳池内能很快游到对面，需要改变方向。

（3）在什么情况下，幻想部分可以变成现实？

运动员体型极小；运动员游速极慢；运动员游动时停留在同一位置，止步不前。

（4）列出所有可利用资源。

超系统——天花板；墙壁；空气；游泳池的供水系统；游泳池的排水系统。

系统——泳池的面积、泳池的体积、泳池的形状。

子系统——泳池壁、泳池底、水。

（5）利用已有资源，基于之前的构想（第3步）考虑可能的方案：

方案1：将运动员固定在游泳池的一侧或池底。

方案2：水的摩擦阻力极大，如在游泳池内灌注黏性液体，从而降低游泳者的游动速度，增加负荷使其不能向前游动。

方案3：游泳者逆流游动，如借助供水系统的水泵，在泳池内形成反向流动的水流。

方案4：游泳池为闭路式（即环形泳道）。

其中，方案3可行度较高。

10.4　小人法

10.4.1　小人法的基本内涵

当系统内的某些组件不能完成其必要的功能，并表现出相互矛盾的作用时，尝试用一组小人来代表这些不能完成特定功能的组件；通过能动的小人，实现预期的功能；然后，根据小人模型对结构进行重新设计。

10.4.2 小人法的实施步骤

小人法的实施步骤如下：

（1）建立问题模型：把对象中各个部分想象成一群一群的小人，这群小人如何完成功能，并在完成功能的时候出现了什么问题（描述当前状态）。

（2）建立方案模型：研究问题模型，想象这群小人如何行动，以解决问题，并用图显示（该怎样打乱重组）。

（3）将方案模型过渡到实际的技术解决方案（变成怎样）。

10.4.3 小人法的应用案例——水计量计 [①]

问题描述：水计量计的原理是，当水量到达计量值时，由于重力作用，左端下沉，排出计量水量，其工作原理图如图 10.3 所示。但是现存问题——水计量计中的水没有办法完全排除，导致计量不准确。

图 10.3　水计量计工作原理

系统的组成部分有水和计量水槽。用小人表示各组成部分：浅色小人表示"水"（图 10.4 左侧），黑色小人表示"水槽重心"（图 10.4 右侧），建模结果如图 10.4 所示。

图 10.4　用小人法建模的结果

（1）用小人表述当前状态，描述结果如图 10.5 所示。

---

① 改编自网络。

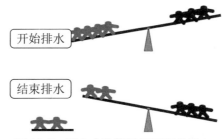

图 10.5　用小人法描述问题当前状态

（2）用小人表述理想状态（问题已经被解决），如图 10.6 所示。

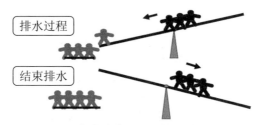

图 10.6　用小人法表示问题解决的理想状态

（3）根据小人法图示，考虑实际的技术方案——可变重心的计量水槽。在水计量计的空腔内放置有小球，小球可以调整整个水计量计的重心，避免初始问题的出现。最终方案的示意图如图 10.7 所示。

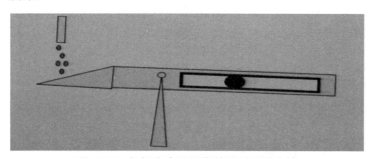

图 10.7　根据小人法开发的新型计量水槽

10.5　本章小结

传统的创新思维方法主要从心理学角度破除思维惯性，TRIZ 更多地考虑了在工程技术领域应用的特点。具体来讲：IFR 方法体现其强调理想结果（创新的导航仪）；九屏幕法强调系统思考和资源分析（资源搜索仪）；小人法强调微观级别的思考（微观探测仪）；金鱼法强调将幻想方案逐步落实（幻想分析仪）；STC 方法通过特征的极限变化来重新认识系统（特征分析仪）。这些在 TRIZ 的解决问题流程中都有明确的用处，是创新的有力工具。综合来看，运用创新思维解决工程问题可以参考图 10.8 所示的步骤。

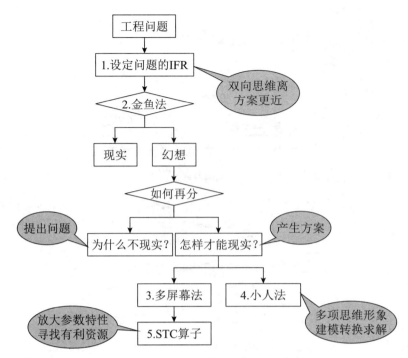

图 10.8 用创新思维求解工程问题的步骤

第 3 篇

实战案例篇

第11章 TRIZ解题流程

11.1 TRIZ解题流程概览

根据浙江省创新方法推广和应用的实践，姚威、韩旭、储昭卫于2017年提出了涵盖了国家创新工程师认证所需掌握的全部TRIZ工具的标准化创新方法解题流程，如图11.1所示。该流程经过实践检验，有效提高了学员的解题和学习效率，对提高国家创新工程师二级认证的通过率也有较大帮助。

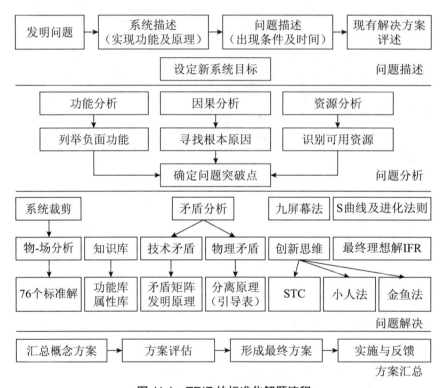

图 11.1 TRIZ 的标准化解题流程

该流程经过实践检验，具有清晰的逻辑性和良好的可操作性，共分为4个步骤，分别是问题描述、问题分析、问题解决和方案汇总。4个步骤前后承接，相辅相成，以问题分析和问题解决为核心。

11.1.1 问题描述

在问题描述阶段，首先要明确工程系统的主要功能（要求用 SVOP 的格式，也即"系统＋动作＋对象＋参数"的结构），然后用文字以及图示化的语言详细描述目标系统的工作原理，问题出现的具体时间和条件，以及对新系统的定量化要求。规范化的问题描述是有效分析问题的前提条件。

11.1.2 问题分析

在问题分析阶段需有序应用 TRIZ 提供的功能分析、因果分析、资源分析三大分析工具，确定问题突破点。其中功能分析的主要目的是在系统、子系统以及超系统层面，明确系统中包含的组件以及作用对象等内容，构建彼此的功能和结构关系，画出功能模型图，找到系统中需要重点解决的负面功能；而因果分析通过原因轴和结果轴的构建，明确系统中问题产生的前因后果的逻辑关系，寻求问题产生的根本原因；资源分析则通过对系统中已有以及潜在资源的充分挖掘，引入资源，解决问题，提高系统的理想度。三大分析密切承接，分析结束后，综合确定问题的突破点 2～5 个。

11.1.3 问题解决

在问题解决阶段围绕选定的问题突破点，运用多种 TRIZ 工具产生批量创新性解决方案。首先，运用最左面的工具集在功能模型的基础上实施系统裁剪，然后将问题突破点转化为物-场模型，运用标准解求解，之后通过功能及属性分析查询知识库；其次，用中间的工具集将问题突破点转化为技术矛盾或者物理矛盾，然后查询矛盾矩阵（发明原理）或者运用分离原理产生概念解决方案。最后，运用最右侧的工具集包括 S 曲线及若干进化法则、理想化最终结果以及创新思维，能够打破工程师的思维定势，使得系统的理想度不断提升，期望产生具有突破性的解决方案。

11.1.4 方案汇总

在方案汇总阶段需清晰地梳理在问题解决过程中产生的多种方案，从成本高低、可靠性高低及实现的难易程度三个维度进行评估，优中选优，最终形成综合解决方案。在实施过程中应不断收集反馈信息，形成持续改进的良好循环。

根据图 11.1，我们设计了一个标准解题流程的 PPT 模板（参见附录 A），本章接下来的部分都是围绕着该 PPT 模板来解释其具体应用方法。

11.2 工程问题描述

问题描述部分对应 PPT 模板的第 4～9 页。

流程的第一部分是问题的描述，需要用简明扼要的语言来对工程难题进行命名。这里首先要明确：到底什么是工程问题？它与非工程问题的区别是什么？

Sell 和 Schimweg（2002）对于问题和解决问题的经典定义认为：问题是指初始状况和期望状况之间存在差距（gap）。解决问题被看作是缩小"什么"和"应该是什么"之间差距的过程。因此，解决问题所需要完成的工作和任务的目的在于实现从初始状况到期望状况的转换。我们认为以上论述非常适合对于工程问题的定义。

在深入探索工程问题定义之前，先有必要了解一下科学、技术和工程三个易混淆概念的区别。从目的上来说，"科学"活动的主要目的是发现客观已经存在的自然规律，例如：力与加速度间存在"$F=ma$"的关系是客观存在的，牛顿只是发现了而已，重点在于"发现"；"技术"则是为实现某种目的而应用科学知识的活动，重点在于"实现"；而"工程"活动则是通过集成多种技术，从而尽可能经济、可靠和容易实现某个目的，重点在于"集成"以及"经济、可靠和容易实现"。

如图 11.2（a）所示，法拉第"发现"了电磁感应定律，这是科学活动；之后人们在实验室中通过线圈切割磁力线产生了电流，这是技术活动，"实现"了发电的目的，如图 11.2（b）所示；但如果想实现"经济、可靠和容易发电"的目的，就要制造出发电机，如图 11.2（c）所示，那么要考虑的问题就多了，例如大功率发电线圈发热的问题（图 11.2（b）

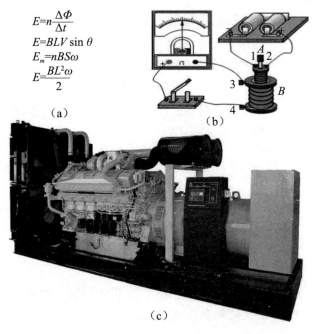

图 11.2　电磁感应定律与发电机

所示的简陋发电装置就不用考虑以上问题)、输配电的问题、开关控制的问题等,所以必须要用到多种技术。这些要解决的问题都是工程问题。

好像看起来这些问题都不是很"高大上",但其中任何一个没解决好,整个系统就不能够"经济、可靠和容易的发电"。比如不理会线圈发热的问题,那么发电机就经常停转,可靠性就不能满足要求。举个不恰当的比喻:"工程问题"就好像牙疼,"牙疼不是病,但疼起来真要命"。

从上述分析中可以进一步确定工程问题区别于非工程问题(尤其是科学问题)的若干特征。

(1) 工程问题的期望状况(即目标)必须明确。

例如:光到底是粒子还是波——科学问题,因为目标完全不明确,问题是开放的;如何将镜片的透光度提升 30%——这是工程问题。

(2) 工程问题为保证经济、可靠和简单地实现所需功能,宁愿集成已有技术,也不像科学问题那样强调发现新的规律或知识。

(3) 工程问题是因为要"保证经济、可靠和简单地实现所需功能"而产生的;科学问题是已有的知识不能解释现象时才产生的。

例如:因为粒子说不能解释光的干涉现象才推动了光的波粒二象性理论的出现;镜片本身是透光的,即科学理论以及技术实现方面都是没问题的,但是非要把成本降一半的现实需求,导致了工程问题的产生。

在了解了工程问题的定义之后,开始按照图 11.1 的标准化解题流程进行解题。

11.2.1 课题名称

围绕工程问题的特征,我们对课题命名确定的基本规则是:常用动词 V(如提高、降低、改善、消除等)+(问题所在的)技术系统 S + 参数 P(属性/性能),简称 VSP 法则。这样命名的好处是明确了期望状况,便于理解,一目了然,如"提升豆浆机刀片的使用寿命""消除机身噪声"等。此外课题命名也不是唯一的,例如想解决机箱发热的问题,动词选用"降低"(温度)或"控制"(温度)都可以。

命名的关键,也是学员经常犯错的地方在于参数 P 的明确,这将直接影响后续的分析和解决方案的提出。常见错误主要表现为以下两种:

(1) 用某问题来替代参数表达。例如:"改善摄像机视角被遮挡问题",可按 VSP 规则改为"减少摄像机视角遮挡范围"。

(2) 完全忽略参数。例如:"改进砂轮切割机",这样的命名让人完全不知道课题要干什么,因此要把"参数"补全,如"改善砂轮切割机的工作效率""提高砂轮切割机的使用寿命"等。

11.2.2 摘要要求

课题命名结束后，需要撰写一个摘要。我们提供了一个项目摘要的模板（如下），学员在使用的时候可以直接把空白补全，也可根据项目需要进行适当修改。

本项目致力于解决"_____（课题名称）"问题，运用 TRIZ 工具后产生了 ___ 个概念方案，最终采用了 _____ 方案，即 _____（请对最终方案进行描述）。

该方案 _____（请对该方案的优点进行描述，尤其着重描述新方案是如何克服原有难题的），_____（简述新方案带来的经济效益或社会效益）。

摘要页通常都在项目完成后再补写，范例如下（有删减）。

本项目致力于解决"减小摄像机视角遮挡范围"问题，运用 TRIZ 工具后产生了 25 个概念方案，综合考虑成本、难易、可靠性以及不良影响等多个维度，最终采用了 5、12、19 的组合方案，即增加滤光片、遮阳盖上翻等。

该方案是采用自适应原理，并配合滤光功能，有效解决了有强光和遮挡视场角的问题。使用本方案，摄像机的监控功能更加完整、图像清晰，防止因监控不到位造成犯罪场景或需要回放画面丢失的问题。使用本方案会大大提高产品的竞争力，预计销量可以增加 600 万台/年以上，带来经济效益在 1000 万元以上。

11.2.3 SVOP 描述系统功能

从本小节起，正式进入问题描述部分的第一个步骤，采用 SVOP 法则对问题所在技术系统实现的功能进行规范化表述。其中 S 表示技术系统名称；V 表示施加动作；O 表示作用对象；P 表示作用对象被改变的参数。

因此，本技术系统的功能可以表达为"_____ 系统（S）+施加动作（V）+作用对象（O）+作用对象的参数（P）"

在选择施加动作 V 的时候，建议参考第 2 章功能定义的有关原则，要尽量选用通用动词，同时尽量对功能进行抽象定义，而不要形象定义。

对系统功能进行规范化表述的意义在于：

（1）明确问题所在技术系统的功能，即该系统被人为设计出来的目的和意义是什么。应用创新方法解题必须坚持理想化的方向，因此一定要在不影响甚至提升或增加系统有用功能的前提下解决问题，同时尽量不引入新的负面功能。

（2）明确系统的边界，即围绕系统所要实现的主要功能，确定系统的边界，在此基础上明确系统的组件及与系统相关的超系统组件，从而界定问题分析的范围。此处常见的错误是，学员的视角不断在多个系统间切换，从而造成分析上的混乱。

例如：案例"提高锅炉振打除灰装置的可靠性"。锅炉使用时间长了内部会产生炉灰，会影响锅炉的使用效率，增加能耗，因此使用击打装置击打锅炉除灰，但机械击打装置会经常损坏，所以需要解决的问题是如何改进击打装置使其更可靠。

对于这个问题，首先进行系统的 SVOP 规范化表述。振打装置用于减少炉灰的数量，由此明确了系统的功能，振打装置是除炉灰用的，不管最后提出什么解决方案，除灰的功能必须首先满足。其次，需要明确的是，既然确认了振打装置是我们要研究的问题系统，那么系统的边界就确定了，解决问题构建方案都要围绕着振打系统，看如何改进其结构或引入新资源。此时就有学员开始思考如何改进锅炉的结构，使其不容易产生和积累炉灰了，这就犯了上文中第二个典型错误——视角在多个系统间切换。请牢记，在这个问题中，应围绕振打装置来解决问题，而不要打锅炉的主意。而在实际解题过程中，改进振打装置肯定也比改进锅炉要容易，成本也要低得多。

在使用 SVOP 原则描述系统功能过程中常见如下错误：

1. 将系统中存在的问题与系统功能相混淆

例如：一个漏电的门铃可能会将人电击致死，如采用 SVOP 原则描述"门铃"系统的功能。很多学员会将功能定义为门铃（S）+改变（V）+人（O）的+生命状态（P），或者简单说就是门铃的功能是来"电死人"的，这显然是荒谬的，这是因为将"门铃"系统中存在的问题与"门铃"要实现的功能混淆所致。推荐的功能描述应该是：门铃（S）+（为人）提供（V）+信息（O）+便捷程度（P），用通顺一点的语言来说门铃系统的功能就是"为人便捷地提供信息"。这里之所以不简单地说门铃的功能就是"通知主人（门外有人）"的原因是遵循了第 2 章的建议，即：尽可能用抽象定义来定义功能。

最后再次强调的是，在此处不要把系统功能的规范表述与系统存在的问题搞混，要记住"门铃"系统之所以被设计出来其功能应该是"通知主人"，而绝不要闹出门铃的功能是"电死客人"的笑话来。

2. 用参数取代系统作用对象

出现这个问题的主要原因在于部分学员觉得系统作用对象显而易见，所以习惯性地忽略。例如：规范描述网络摄影机（IPC）的功能，有学员将其表述成"IPC+增加+传输距离"，缺少了作用对象"视频"或"信息"，建议改为"IPC+增加+信息的+传输距离"。但同样是 IPC，如果问题情境中更关注其"及时感知"而不是"远距传输"的动作，那么 IPC 的功能还可以表述为"IPC+提高+人+感知效率"，此时系统作用对象从"信息"变成了"人"，整个分析的焦点就完全发生变化了。

3. 用系统作用对象取代参数

仍以规范描述网络摄影机（IPC）的功能为例，有学员将其表述成"IPC+传输+视频"，缺了参数，因为学员反映很难找到一个合适的参数来描述。回到问题的情境，本课题是想解决网络摄影机在连续工作（存储设备频繁读写）的情况下机身过热的问题，所以关注的是 IPC 的存储问题，因此建议将功能规范表述为"IPC+改变+视频+存储状态"或"IPC+改变+视频+存储位置"。

4. 用具体动词或专业动词取代常用动词

有学员将 IPC 的功能描述为 "IPC 远距离传输码流"，这里的问题是 "传输" 和 "码流" 都是专业名词，既不方便沟通，也容易限制思路，因此建议改为 "IPC 提高信息的传输距离"。

5. 将系统的理想化状态与系统功能相混淆

仍以解决 IPC 机身发热的问题为例，有学员将 IPC 功能描述为 "IPC ＋保持＋机身＋温度"，能维持自身温度不变描述的是 IPC 的理想化状态，与系统功能完全是两回事。

综上，需要再次着重说明的是：此处不是在描述系统的理想化状态，更不是描述系统中存在的问题，而只是客观地规范化描述系统本身要实现的基本功能。

11.2.4 系统工作原理

描述现有技术系统的工作原理。此处要求利用文字描述及示意图，阐述系统的组成部件和基本工作原理等内容。

11.2.5 系统存在的问题

此处用于描述当前技术系统存在的问题，需详述问题出现时呈现的现象，问题造成的危害及可能带来的隐患等内容。

如对于 "提高烘箱干燥药材的效果" 的问题，将问题描述为：

（1）药材受热不均匀，物料堆积高度为 $4cm$ 左右，人工翻动效果不好。

（2）装置为敞口式，热能利用不充分，损失较大，干燥时间长。

这样的表述很不清楚，提供了太多无用的信息，且逻辑性不够，例如 "受热不均匀" 与 "物料堆积高度为 $4cm$" 有什么关系，"人工翻动" 是现有的尝试改变 "受热不均" 问题的解决方案，"效果不好" 是因为物料多，和 "受热不均" 没有直接关系；"热能利用不充分" 和 "干燥时间长" 是两个问题，尽管有关联。因此建议直接描述现象，将其修改为：

（1）药材受热不均匀。

（2）干燥时间过长（或干燥效率过低）。

更详细的信息可在后面 "问题出现的条件和时间" 中补充。

11.2.6 问题出现的条件和时间

此处依据上节当前系统存在的问题，阐述以下内容：

（1）问题是否在某一特定的时间内发生？

（2）问题是否在某一特殊的条件下发生？

（3）如果该问题不论在什么时间、什么条件下都出现，则如实说明。

继续"提高烘箱干燥药材的效果"这个案例，有学员将其简单地表述为"通热气流干燥药材"，完全没有交代问题发生的时间和条件，这是非常不恰当的。结合上一页 PPT 建议改为"问题（即干燥效率低的问题）只要在干燥的情况下就会出现，当物料堆积高度达到 Acm 以上时表现得尤为明显"。

这里不建议提上一页中提到的"装置为敞口式"的相关问题，这个不是条件。敞口式装置热能有损失是必然的，敞口式装置干燥其他东西也会比封闭装置要损失更多的热量，所以不是造成干燥药材效率低的特殊条件，可以不提。

11.2.7　已有解决方案评析

此处用于描述问题或类似问题的现有解决方案及其缺陷，即针对当前系统存在的问题，是否已经尝试了一些方法来解决问题？这些方法有什么缺点？建议从以下几个方面进行考虑。

（1）专利中是否有类似问题的解决方法？
（2）类似问题在领先企业或其他是如何解决的？

仍以"提高烘箱干燥药材的效果"为例，已有解决方案如下：

方案一：加装搅拌装置，使物料受热更均匀，造成成本上升，搅拌过程物料有损耗。

方案二：增加人工翻动次数，浪费人力。

方案三：让热气流与药材接触更充分，顶部加装带孔隔板或留口的盖子，提高热能利用率，操作不便利，加热时间长，成本增加。

方案四：在冲孔板下设置一些热气流的隔板，形成回路，让气流与药材接触更充分，但药材的碎屑难清理。

方案五：使装置上部与出风口形成密闭，但操作便利性下降，成本增加。

11.2.8　新系统要求

此处要求利用文字描述及示意图，描述对新系统的要求（即对现有系统的改进效果）。建议以性能参数等定量化指标描述。此处的目的是为问题的解决设置清晰的目标。

仍然以"提高烘箱干燥药材的效果"为例，学员将新系统要求表述为"干燥均一、快速"。虽然从表面上看这确实描述了对新系统的两个要求，一是干燥的质量要均一，这体现了医药行业的特点；二是对干燥的速度提出"快速"的要求。但对这两个要求缺乏更清晰的定量化指标，这样就使得我们解题缺少了明确的方向，以及最后对方案的评估缺乏了依据。

建议将其改为"处理 Akg 药材时，要求干燥时间缩短为现所需时间的 60%，含水量 $\leq B$%，且药材干燥均一。"此处 A 和 B 均为定量数值，为保护案例商业机密，故以字母代替，以下案例如无特殊说明，均以此方式处理。

11.3 问题分析

问题分析部分对应 PPT 模板的第 10 ～ 16 页。

11.3.1 解题流程简介

从此步骤起，正式进入解题流程，首先是问题分析部分，其次是问题解决部分。本流程提供了 TRIZ 理论中的三大分析工具：系统功能分析、因果分析和资源分析。

11.3.2 系统功能分析

系统功能分析部分对应 PPT 模板的第 10 ～ 12 页。

1. 系统组件列表

根据第 2 章系统功能分析的步骤，第一步是列出系统组件列表。在列表之前，再次将以 SVOP 形式表述的系统功能以及本系统的作用对象（即 SVOP 中的 O）填入 PPT 指定位置，如图 11.3 所示。

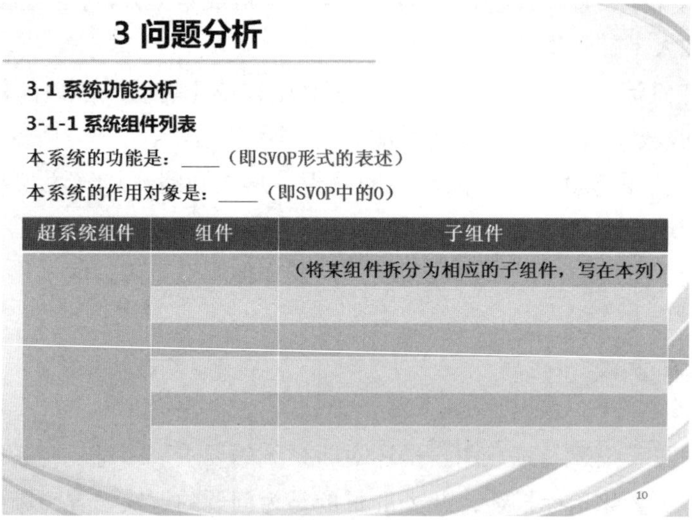

图 11.3 系统组件列表展示页

随后将系统中的超系统组件放入表格左边第一列中，将系统组件放入表格中间列中。如果觉得组件还可以进一步拆分，则把子组件分别列入右边第一列。

此处常见的错误有两处：

（1）在填写了系统作用对象后，忘记把对象再重复列入超系统组件中，从而造成后续绘制系统功能模型图时忘记画对象。需要强调的是，对象属于超系统，且对象直接影响系统主要功能的确定，因此明确系统作用对象非常重要，绝对不能搞错。

(2)将未与系统发生关系的环境组件列入超系统组件。例如：关于钢铁防锈问题的分析，如果钢材是置于室外场地的，雨水明显会对钢材产生腐蚀作用，因此是非常重要的超系统组件，必须纳入考虑。而如果钢材是置于厂房室内的，雨水几乎不会与钢材发生作用，因此不需要将雨水纳入超系统考虑。需要强调的是，只有与系统及组件发生作用的环节组件才可作为超系统组件纳入考虑。

2. 系统功能模型图

列出系统组件列表之后，下一步就是依照图例（如图 11.4 所示）绘制系统的功能模型图，具体要求见第 2 章。需要强调 3 点：

（1）牢记功能模型图的绘制遵循"此情此景，全息透视"原则。系统功能模型不考虑时间带来的影响，这是与因果分析完全不同的。因此系统功能模型只描绘系统问题出现的那一瞬间的情景，不是正常工作的状态，也不是系统彻底出问题停机了之后的状态。所谓"此情此景，全息透视"，就是想象这样一个场景。在系统问题发生时，你拍摄了一张神奇的照片，这张照片刚好拍下了问题出现的那一瞬间，而且这张照片可以无限的全方位进行透视，即可以看到构成系统的最微小的组件，也可以把焦距拉远看到系统周围产生作用的所有超系统。

（2）功能模型图中对象指的是整个系统的作用对象，需要以蓝色的框单独标出。

（3）在功能模型图中，如果把组件分解成若干子组件，则组件本身就不在功能模型图中出现。例如：将汽车分解为发动机、轮胎等子组件，则汽车本身就不出现在功能模型图中了。

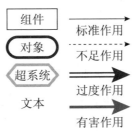

图 11.4　功能模型图图例

3. 系统功能分析结论

本页是通过构建系统功能模型图并进行分析，描述了系统组件及组件之间的相互关系，列举出系统中存在的所有负面功能，从而确定导致问题存在的所有功能因素。例如：

负面功能 1：（如瓶盖和瓶口之间的密封不足——不足作用）；

负面功能 2：（如试剂瓶内的硫酸对橡胶瓶塞的腐蚀——有害作用）；

……

负面功能 n：（如螺丝上的螺帽拧得过紧——过度作用）。

需要着重强调的是这里要求列举出系统中存在的"所有"负面功能，即功能模型图中所有的红粗线（有害作用）、虚线（不足作用）及蓝双画线（过度作用），不要有遗漏。

关于负面功能的确定，有以下五条经验：

（1）"两件一线"原则。绘制功能模型图的过程中，尤其对于初学者，原则上建议先将系统组件间所有的作用都尽可能在功能作用矩阵（详见第2章）中详细列出，不要遗漏。但在实际解题过程中，为了分析方便，一般只分析两个组件间的主要作用，所以两个组件间通常只保留一个作用即一条线，其他作用，尤其是不影响分析的标准作用可忽略。

以上仅是为简化图形和分析过程的经验举措，非硬性要求，工作中要根据实际情况灵活应对。会有例外情况存在，例如传送带对零件，客观上确实存在两个作用，一是支撑，二是运输。这个时候传送带和零件间建议保留两个作用（两条线），"两件一线"原则就不成立。

（2）避"常"就"害"原则。一般情况下，如果同时存在有害作用和标准作用，建议凸显有害或不足等负面功能，根据实际情况忽略标准作用。

（3）"宁缺毋滥"原则。对于不稳定存在的标准作用，统一算作不足作用。例如机械臂对工件的复位操作，大部分时候是正常的，有的时候复位就不到位。这时候为了分析需要，建议将机械臂对工件的推动（复位）作用确定为"不足作用"，而非一个"标准"的推动作用加一个"不足"的推动作用。

（4）"过犹不及"原则。功能模型分析中的一个难点即是对"过度"作用和"有害"作用的区分。其中区分的关键是该作用是否对系统作用对象及重要的超系统组件造成直接危害（如环保问题是对环境产生危害，安全问题是对操作者产生危害）。

仍以机械臂对工件的复位操作为例，如果机械臂在复位过程中把工件给损坏了（例如机械臂在夹持玻璃制工件复位时会在表面造成划痕甚至夹碎工件），机械臂对系统作用对象产生了直接的危害，这就是"有害"作用了。

但如果机械臂仅仅把工件推到待复位位置之外，即推"过头"了，工件没损坏，对超系统也没影响，只是在后续操作中影响了生产效率，所以这仍然是负面功能，但应看作是"过度"作用。也有学员反映，如果将机械臂的功能定义为"精确的复位"，那么"推过头"的行为也可以理解为定位的精准度不足，因此是"不足"作用，这也并无不可，总之终归是负面功能。

从以上例子中也可以看出，其实大部分有害功能都是因为"过度"的作用对系统对象及超系统造成了直接危害，还有一部分"过度"作用可被看作"不足作用"，因此建议在定义"过度"作用时需慎重，严格意义上的"过度"作用其实还是比较少见的。

（5）"以我为主"原则。关于超系统组件的确定，务必牢记一个原则，即超系统组件必须与系统发生作用，如果不发生作用，那么坚决不能作为超系统组件进行分析。人、空气、阳光等是常被作为超系统组件进行分析的，但也不是绝对的。例如：要解决缝纫机机身会将人烫伤的问题，这时候人是作为操作者存在的，人必然要和缝纫机（系统）发生作用，所以此时人是应被看作"超系统组件"的；但在另一种情况下，人操作脚踏缝纫机时，人与缝纫机系统的作用变成了去调整布料行进的方向和速度，这时候人实际上成为了一个送布机构，协助缝纫机共同完成主要功能即对系统作用对象"布料"的操作，此时人就应作为组件而不是超系统，即缝纫机系统的一部分。

"以我为主"原则强调仅关注超系统对系统及其组件的作用，由此引申而来的一个经验就是：功能模型在分析过程中通常不用去考虑超系统组件间的作用。这个经验在实施裁剪时非常有用，因为超系统组件是不能被裁剪和重新设计的。因此一旦超系统组件间发生不能被忽视的作用，我们就要考虑是不是要将其纳入系统中进行分析了，而一旦纳入系统考虑，那么上述组件就可以被重新设计甚至被裁剪掉了。例如：在某化妆品加工过程中需要用到紫外光源（汞弧灯），在优化制造工艺的过程中一般都把光源及其他环境要素如空气、人（操作者）等作为超系统组件，其隐含的意思是不能重新设计和裁剪汞弧灯，而实际上汞对环境和人都有有害作用，当这个有害作用不能被忽视时，我们就要把其纳入系统作为组件来考虑，这个时候就可以考虑裁剪或者替换它了。

下面以解决某型缝纫机机身发热为例，解释一下功能分析的整个过程。

问题背景分析： 某类型工业用缝纫机在高转速连续运转下，经过 3～4 个小时的时间，会造成机器表层温升 20℃左右，在大部分地区普遍室温在 30℃以上的情况下，表层温度将会达到 50℃以上，造成用户使用的不适性。

现有技术系统的工具原理： 其工作原理是在驱动电机的驱动下，在控制系统的控制下，带动机械传动结构动作，最终将运动传递给执行机构（刺布机构与送布机构），在执行机构的协同运动作用下，完成缝纫动作功能，与此同时带动润滑油路对相关元件进行润滑。

当前系统存在的问题： 系统因刺布机构高速磨擦引起发热，同时机器驱动部分在大电流状态下的状态保持造成电磁铁发热严重，造成电磁铁吸力不够的问题，这也是由于发热所引起的负面危害。

系统出现问题的时间和条件： 在高转速连续运转下，经过 3～4 个小时的时间，会造成机器表层温升 20℃左右，在大部分地区普遍室温 30℃以上的情况下，表层温度将会达到 50℃以上，造成用户使用的不适性。

对新系统的要求： 机器无论处于何种工况，机器的温度能够处于操作者体验舒适的人体适应性温度范围内 (35℃～45℃)。

针对上述问题，进行系统功能分析，首先列出组件列表，如图 11.5 所示。

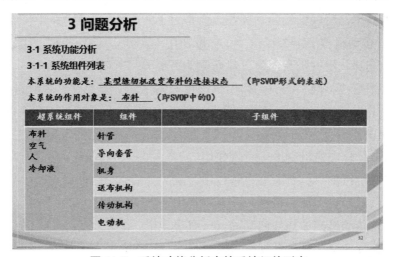

图 11.5 系统功能分析中的系统组件列表

随后根据组件间的关系绘制系统功能模型图，如图 11.6 所示。

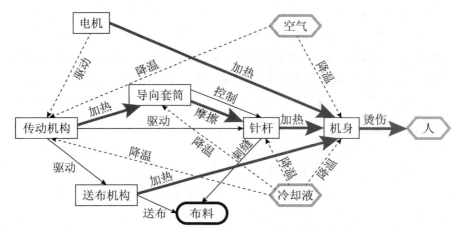

图 11.6 某工业缝纫机工作的功能模型图

这里有几个问题要注意：

（1）因为问题描述中提到机身会把人烫伤，于是很多学员把"人"作为对象，这是绝对错误的。整个缝纫机系统作用的对象一定是"布料"，缝纫机是在连续工作的过程中产生热量烫伤了人，但制造缝纫机的初衷绝对不是为了烫伤人的。所以千万不要搞错，对象是"布料"，而不是"人"。

（2）因为"空气"和"冷却液"都分别和多个组件作用，产生"降温"的功能，所以才作为超系统组件来纳入考虑。有学员表示"空气"的冷却作用其实可以忽略不计，那么也可将"空气"去掉，以简化分析，这个是没有问题的。而环境中的阳光、水等组件因为和系统组件没发生作用，依据"以我为主"原则，不去考虑。

（3）按"两线一件"原则我们一般都需考虑两个组件间的主要作用，但从图 11.6 中可以看到，"导向套筒"和"针杆"间存在两个作用，分别是"摩擦"和"控制"，因为这两个是完全不同的作用，所以虽然同时存在，但是为了实现不同的目的，因此特地分开考虑。

（4）电机对传动机构一定会存在一个标准作用（驱动），但功能模型绘制的"此情此景"即问题发生的一刹那，电机是会因为过热而驱动不足的，所以为分析方便，这里写"不足"的驱动作用，而不写"标准"的驱动作用。这也是避"常"就"害"原则的一个体现吧。

接下来是根据功能模型图，列举出系统中存在的所有负面功能，从而确定导致问题存在的所有功能因素。

负面功能 1：针杆加热机身——有害作用。

负面功能 2：电机加热机身——有害作用。

负面功能 3：送布机构加热机身——有害作用。

负面功能 4：传动机构加热导向套筒——有害作用。

负面功能 5：导向套筒摩擦针杆——有害作用。

负面功能 6：机身烫伤人——有害作用。

负面功能 7：电机驱动传动机构——不足作用。
负面功能 8：空气降温传动机构——不足作用。
负面功能 9：空气降温机身——不足作用。
负面功能 10：冷却液降温机身——不足作用。
负面功能 11：冷却液降温针杆——不足作用。
负面功能 12：冷却液降温导向套筒——不足作用。
负面功能 13：冷却液降传动机构——不足作用。

这里需要注意的是，列出所有负面功能的过程中，有害、不足和过度作用都统一算作负面功能。

11.3.3 系统因果分析

系统功能分析后，我们进入第二种分析方法，系统因果分析，对应 PPT 模板的第 13、14 页。关于系统因果分析的详细介绍请见第 3 章。

1. 系统因果分析图

依照本页 PPT 所提供的图例（"结果"用蓝色圆角框表示，"原因"用黑色框表示，"根本原因"用红色带阴影框表示），画出系统的因果分析图。为了方便分析与沟通，我们统一要求：

（1）画图的方向从上往下进行（即最上层为"结果"），所有箭头均要求从"原因"指向"结果"。

（2）充分考虑内因和条件（外因），尽量画成"树状图"而不是"链状图"。

（3）因果分析的终止条件为（满足其一即可停止）：当不能继续找到下一层原因时；当达到自然现象时；当达到制度/法规/权利/成本/人工的极限时。

这里有三点需要注意的问题：

（1）建议学员在进行因果分析时注意区分下一层的内因和条件（外因），这样每一步分析都至少会分析出两个以上的内因和条件，最终形成一个倒金字塔型的树状结构。这样的分析有助于开拓思路，从而实现对问题全面深入细致的分析。

（2）一定要达到因果分析终止的三个条件之一时才能终止，只有保证达到分析终止的条件才能确保对问题的分析达到足够的深度和广度，因此切不可在中途随意终止分析。

（3）因果分析中对原因的描述尽量使用规范语言，详见第 3.2 节。

2. 系统因果分析结论

通过因果分析，确定本系统中导致问题产生的根本原因（可以写多个）。所谓根本原因是指从树状因果分析图的底部出发，逐层向上查找，尽可能地在底层中找到最容易施加影响、改变结果的原因。一般情况下，原因离底层越近问题越容易根治，但另一方面，实施起来可能也更难，成本可能也更高。

仍以某型缝纫机机身发热为例，绘制因果分析图如图 11.7 所示。

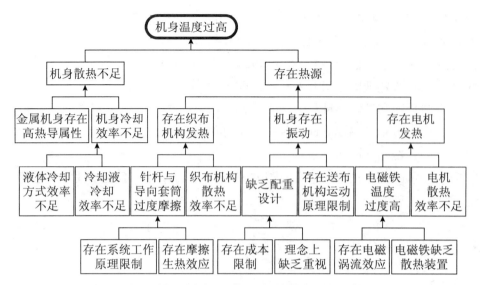

图 11.7 某型工业缝纫机机身发热的因果功能分析图

如前所述,我们建议在进行因果分析的过程中区分内因和条件(外因),如图 11.8 所示。这样绘制出来的因果分析图呈现树状而非链状结构,便于对系统进行更深入全面的分析,从而发现可能会被遗漏之处。

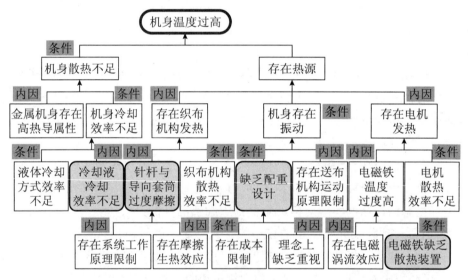

图 11.8 某型工业缝纫机机身发热因果分析中的条件与内因

通过因果分析,确定本系统中导致问题产生的根本原因为:冷却液冷却效率不足,针杆与导向管过度摩擦,缺乏配重设计,电磁铁缺乏散热装置。

有学员会问,既然已经有了功能模型分析,为何还要进行因果分析,二者的区别和联系是什么?正好可以借助这个案例来进行比较和解读。

对比功能模型图和因果分析图可以发现,因为功能模型图关注的是"此时此景",即系统出现问题一瞬间系统各组件间的关系。关注有害作用较为集中的"机身"组件，可以发现其体现了导致机身发热的几个热量来源（或者原因），分别是针杆加热、电机加热、送布机构加热以及散热不足等。而对照因果分析图，发现其热量来源多了一个"机身存在振动"，这是因为因果分析图着重从时间维度进行分析，侧重考虑系统长期运行过程中出现的所有问题，尤其是随机性的问题。在这个案例中，只有长时间的观察机器运行才会发现，机身会随机出现不规则的振动现象，这也是导致发热的一个重要原因。关于这一随机事件，侧重"此时此景"的功能分析就不一定能够及时捕捉到。因此两种分析分别是从组件（即空间维度）以及时间维度来对系统进行分析的，二者互相呼应，相互补充。兼顾和对照两种方法的结论，才能对机身发热问题进行全面深入的分析。

11.3.4 系统资源分析

TRIZ 提供的第三种分析方法是资源分析，对应 PPT 模板的第 15 页。所谓资源分析就是对系统现有可用资源的全面梳理，力求做到"隐性资源显性化、显性资源系统化"。根据第 4 章将资源分为物质资源、能量资源、空间资源、时间资源、信息资源和功能资源 6 大类。我们提供了一个表格，要求学员分别在子系统、系统和超系统层面寻找这 6 类可用的现有资源，如表 11.1 所示，为解决问题提供资源保障。

表 11.1 系统资源列表

资源类型	系统级别		
	子系统	系统	超系统
物质资源			
能量资源			
空间资源			
时间资源			
信息资源			
功能资源			

11.3.5 确定问题解决突破点

确定问题解决突破点部分对应 PPT 模板的第 16 页。

通过开展系统三大分析（功能分析、因果分析、资源分析），明确了系统中组件之间的相互关系及存在的负面功能，深入挖掘了问题出现的多层次原因，在综合考虑系统可用资源的基础上，确定问题解决的突破点如下：

问题解决突破点 1：_____。
问题解决突破点 2：_____。
……

其中所谓问题突破点是指对初始问题进行综合考虑后需要着手解决的焦点和方向，相较于问题的初始状态，问题突破点一般具有如下特点：

（1）更加明确、具体。问题突破点或者是某个负面功能，或是某个根本原因，都一定比初始问题更小，更聚焦。按照惯常经验，问题突破点以 2、3 个为宜，不需要太多。

（2）起到四两拨千斤的作用。这是因为问题突破点的选择是基于系统组件及功能关系梳理和因果关系分析的，因此相对较小的问题突破点一旦被解决，将会对大的初始问题产生较大的影响。

（3）问题突破点相对比较容易着手解决，因为是在明确了系统可用资源的基础上进行的选择。

问题突破点的选择非常重要，因为后续问题解决步骤及工具的应用（如矛盾矩阵、物-场模型、知识库等）都是围绕问题突破点展开的，可以说突破点的选择在很大程度上决定着解决方案的走势。

此外，需要格外注意的是问题突破点描述的仍然是问题，而不是解决方案，因此思路不要受局限。例如：应该写"反应釜加热不充分"，不应该写"提高反应釜的温度"，后者会暗示问题解决方案应围绕提高反应釜温度展开，而丧失了其他的可能性，如可改变反应釜的运动方式或加热方式等。因此，建议用尽量客观的文字进行刻画和描述问题突破点。

回到缝纫机机身发热这个案例，通过开展系统三大分析（功能分析、因果分析、资源分析），明确了系统中组件之间的相互关系及存在的负面功能，描述了系统运行过程中问题出现的多层次原因。在综合考虑系统可用资源的基础上，确定问题解决的突破点如下：

问题解决突破点 1：针杆与导向套筒过度摩擦。
问题解决突破点 2：冷却润滑液冷却效率不高。
问题解决突破点 3：缺乏配重设计。

这 3 个问题突破点在因果分析和功能分析结论中都可以找到，说明是重要的问题。此外，按照有害作用优先和根本原因层次深的原则，应将其确定为问题的突破点。需要注意的是，对于问题突破点的描述应该是客观的，故以下提法都是不准确的："相互接触导致摩擦""因为高速运动导致"等，这些提法都预示了下一步的解题思路（消除接触或减少相对运动等），对于创新性解决方案的提出是有限制性作用的。

11.4　问题解决

问题解决部分对应 PPT 模板的第 17 ~ 46 页。

11.4.1 系统裁剪

至此，开始综合运用多种创新方法工具为"问题突破点"提供解决方案。首先采用的方法是与系统组件分析紧密结合的系统裁剪法（对应PPT模板的第17～22页）。关于确定裁剪组件的原则及裁剪方法，详见第2章，这里不再赘述。如PPT所示，首先将原系统功能模型分析图粘贴在相应页，并复制上面的红叉，将其覆盖在待裁剪组件上，之后在下一页重新绘制裁剪后的系统功能分析图，之后描述形成的概念方案，通用模板如下：

方案n（解决方案的编号）：运用裁剪实施规则____（请填写对应的编号，如1），____（请描述概念方案的具体内容，例如具体裁剪掉了哪些组件，裁剪之后系统如何实现既定功能）。

如果产生了多种裁剪方案或连续裁剪，请将多种裁剪方案依次编号，用上述模板的语句进行描述。

下面通过两个案例介绍实施系统裁剪的有关经验和相关错误。

案例1：消除排线和磁环的相对位移问题。通常在排线上套磁环，以降低排线在数据传输过程中产生的电磁辐射。而在实际使用过程中，磁环位置会因种种原因（如振动）经常发生位移，致使抑制电磁辐射的功效大打折扣。当磁环出现较大位移时甚至可能会损坏线缆。

对新系统的期望是磁环在排线上被很好地固定（不会发生位移），且磁环便于装配。

对上述问题进行系统功能分析，首先按照流程列出组件列表，如图11.9所示。随后根据组件间相互作用关系绘制系统功能模型图，如图11.10所示。

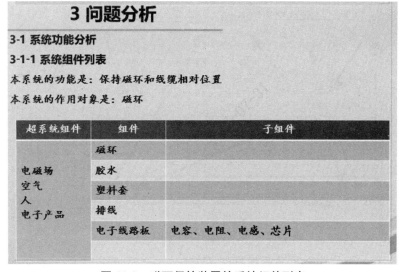

图11.9 磁环保持装置的系统组件列表

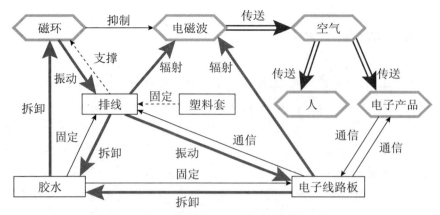

图 11.10　磁环保持装置的系统功能模型图

最后,通过构建系统功能模型图并进行分析,描述系统元件及其之间的相互关系,确定导致问题存在的功能因素。系统中存在的所有负面功能如下:

负面功能 1:磁环震动对排线有损害。

负面功能 2:排线震动对电子线路板有损害。

负面功能 3:胶水固定磁环不利于磁环和线缆分离。

负面功能 4:电子线路板向外辐射电磁场。

负面功能 5:排线向外辐射电磁场。

本系统功能分析案例在分析过程中出现了多个错误,现尝试围绕功能模型图逐一进行分析,如图 11.11 所示。

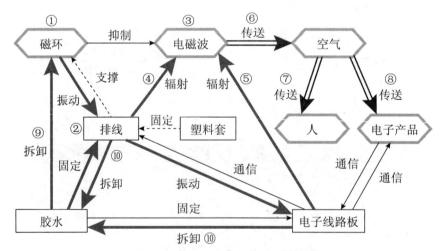

图 11.11　系统功能分析中的常见错误

错误①——磁环不是普通超系统组件。首先在列组件列表的时候,磁环被明确为"系统作用对象",因此按照图例磁环在功能模型图中应以蓝色椭圆形突出表示,且在组件列表中,磁环应被列入"超系统"中,而不是"组件"。

这里引申出一个经验，在阅读系统功能模型图的过程中，尤其是对于一个之前不熟悉的系统，首先要找到系统作用对象。因为系统直接施加在"对象"上的功能才是系统要实现的基本功能，其他功能都是辅助或次要功能。明确系统的基本功能，才能正确地理解其他组件与功能间的作用关系。

错误②——磁环和排线间的作用不应为"振动"。这是一个典型的因果思维影响功能模型的例子。实际工作中，使磁环产生位移的一个主要原因就是振动。但问题是产生振动的来源很复杂，而排线没有主动带动磁环一起振动，所以排线不应作为"振动"这个功能的发出者。因此建议删除这个功能。

错误③——电磁波不应是超系统。超系统是不能被裁剪和重新设计的，但是本系统的存在就是需要遏制甚至最好完全消除电磁波的，所以电磁波在本系统中是能够被控制或重新设计的。如果再继续综合分析电磁波的作用（结合错误④⑤⑥）会发现，将电磁波作为"组件"而不是"超系统"来分析更为合理一些。另外，电磁波作为一种场而不是实物，该不该作为组件来分析，有不同观点。但本系统中，电磁波作为磁环的作用对象，以及主要有害功能的产生源，为分析方便是应该作为组件存在的。

错误④和⑤——功能表达错误。对于本系统，应该是电磁波排线和电子产品发出或产生电磁波，"辐射"不准确。另外最重要的是，这两个功能虽然是我们不想要的，但其负面功能主要通过电磁波与电子产品间的"干扰"作用来体现，因此这两个作用可以作为标准功能而不是有害功能来考虑。

错误⑥⑦⑧涉及到超系统间的相互作用，这是一个常见的错误。按照之前一再强调的超系统的定义，只有和系统及系统组件发生作用的环境要素才需纳入超系统考虑，而错误⑥⑦的两个功能，都是发生在超系统组件间的，即电磁波通过空气传输再传输给人。先不论画得对与不对，就这两个功能的有无对系统来说根本无足轻重，因此完全可以删除。而剩下的错误⑧，空气"传输"电子产品，完全就是错误的表达，也是一个根本不存在的功能，也建议删除。这三个功能都删除之后，会发现空气这个超系统组件与系统完全没有关系了，因此可以干脆删掉。

错误⑨——功能表达错误。胶水不发出"拆卸"的功能，而是因为胶水过度"黏连"导致磁环容易损坏，建议将功能修改为"黏连"。

错误⑩——作用方向反了。这也是绘制功能模型时的一个常见错误，作用（功能）的发出者与对象经常搞反。再次明确：作用（功能）一定是从发出者指向对象。所以应该改为胶水分别"黏连"排线和电子产品。

经过上述修改，组件列表应做如图 11.12 所示修改。

3 问题分析

3-1 系统功能分析

3-1-1 系统组件列表

本系统的功能是：保持磁环和线缆相对位置

本系统的作用对象是：磁环

超系统组件	组件	子组件
电磁场 ~~空气~~ ~~人~~ 电子产品	磁环	
	胶水	
	塑料套	
	排线	
	电子线路板	电容、电阻、电感、芯片

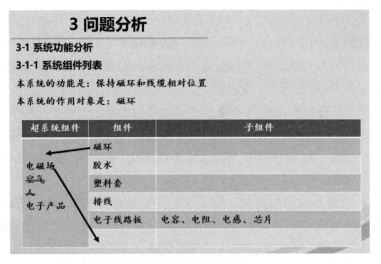

图 11.12　磁环保持装置系统组件列表的修改示意图

正确的系统组件列表和系统功能模型图分别如图 11.13 和图 11.14 所示。

3 问题分析

3-1 系统功能分析

3-1-1 系统组件列表

本系统的功能是：保持磁环和线缆相对位置

本系统的作用对象是：磁环

超系统组件	组件	子组件
电子产品 磁环	电子线路板	电容、电阻、电感、芯片
	胶水	
	塑料套	
	排线	
	电磁场	

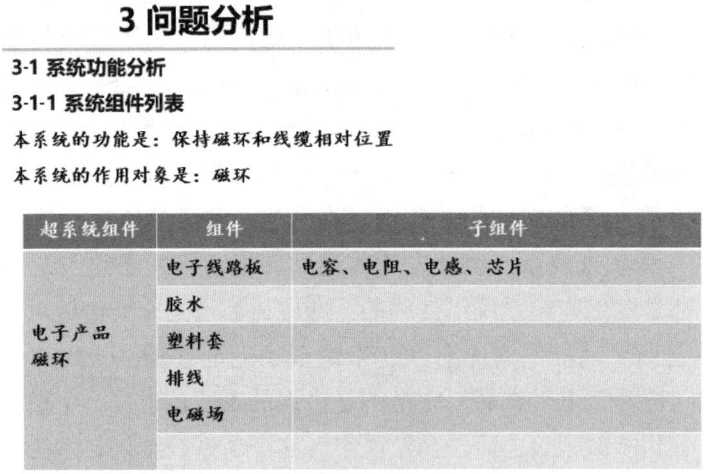

图 11.13　磁环保持装置的正确系统组件列表

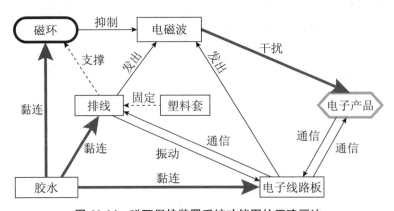

图 11.14　磁环保持装置系统功能图的正确画法

最后，根据系统功能模型图列出系统中存在的所有负面功能，如表 11.2 所示。图 11.14 中有害作用和不足作用一共有 6 条线，因此一共有 6 个负面功能，一定要全部列出。

表 11.2 系统负面功能修订前后对比

修订后的负面功能汇总	修订前的负面功能汇总
负面功能 1：排线对磁环的支撑作用不足	负面功能 1：磁环振动对排线有损害
负面功能 2：塑料套对排线的固定作用不足	负面功能 2：排线振动对电子线路板有损害
负面功能 3：电磁波对电子产品产生干扰	负面功能 3：胶水固定磁环不利于磁环和线缆分离
负面功能 4：胶水黏连磁环	负面功能 4：电子线路板向外辐射电磁场
负面功能 5：胶水黏连排线	负面功能 5：排线向外辐射电磁场
负面功能 6：胶水黏连电子线路板	另有 6 个负面动能未列出

经对比可以发现，修订后的负面功能更少但更清晰从 11 个减为 6 个，表述更准确。

关于裁剪组件的选择，还可见另一个比较极端的案例。

案例 2：提高自动包装机包装合格率。

案例描述如下：某自动包装机包装完成后，因为进入包装轨道的产品有可能移动，因此在产品分割时，有可能会导致切到产品，使包装不合格，如图 11.15 所示。

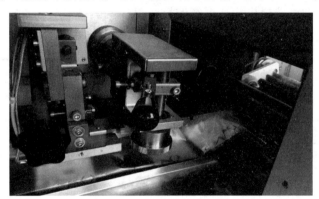

图 11.15 自动包装机工作实况图

绘制系统功能模型图如图 11.16 所示。

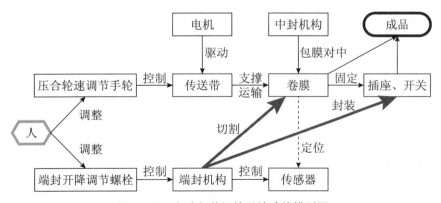

图 11.16 自动包装机的系统功能模型图

实施裁剪过程中分别考虑过对中封机构、传感器、压合轮速调节手轮等组件实施了裁剪，如图 11.17 所示。

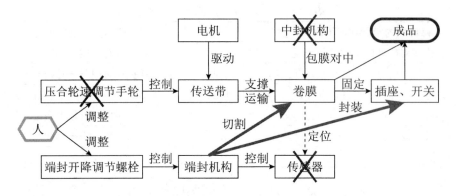

图 11.17　自动包装机系统功能模型的裁剪示意图

连续实施裁剪后最终的系统功能模型图如图 11.18 所示。可以看到，虽然裁掉了三个组件，也产生了一些使系统更加精简的概念方案，但系统最初的有害作用，也是我们迫切要解决的问题——端装机构切割卷膜以及封装插座开关，仍然存在。那么这样裁剪的意义就大打折扣了。仅从图中考虑，端封机构是系统的核心组件，如果完全裁剪掉，那么系统可能就不满足完备性进化法则，不能用了。

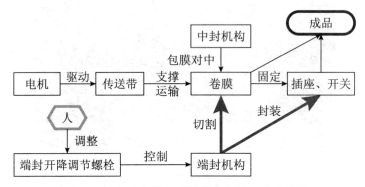

图 11.18　自动包装机系统裁剪后的系统功能图

这也是个裁剪过程中的常见错误，部分学员对问题系统了解有限，不敢将核心组件贸然拆解（为子组件），从而使功能分析和裁剪造成影响。基于对以上问题研究，故应该将产生有害作用的端装机构进一步拆解为若干子组件，深入分析其端装机理，从而有针对性地产生的新裁剪方案。

1. 确定裁剪元件的原则

（1）基于项目目标选择裁剪对象。

降低成本：优选功能价值低、成本高的组件。

专利规避：优选专利权利声明的相关组件。

改善系统：优选有主要缺点的组件。

降低系统复杂度：优选高复杂度的组件。

（2）选择"具有有害功能的组件"。

（3）选择"低价值的组件"。

（4）选择"提供辅助功能的组件"。

2. 系统裁剪的实施规则

实施规则 1：如图 11.19 所示，若裁剪组件 B，随即也就不需要组件 A 的作用，则功能载体 A 可被裁剪。

图 11.19　系统裁剪实施规则 1 示意图

实施规则 2：如图 11.20 所示，若组件 B 能完成组件 A 的功能，那么组件 A 可以被裁剪，其功能由组件 B 完成。

图 11.20　系统裁剪实施规则 2 示意图

实施规则 3：如图 11.21 所示，技术系统或超系统中其他的组件 C 可以完成组件 A 的功能，那么组件 A 可以被裁剪，其功能由组件 C 完成。组件 C 可以是系统中已有的，也可以是新增加的。

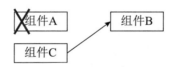

图 11.21　系统裁剪实施规则 3 示意图

正确绘制系统功能模型图之后，开始实施裁剪。有学员先提出了两个裁剪方案，分别试图对电磁波和电子产品进行裁剪，如图 11.22 所示。

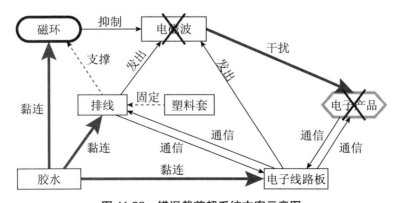

图 11.22　错误裁剪超系统方案示意图

上述裁剪方案犯了一个常见的错误，试图裁剪电子产品。从系统分析和裁剪的规则上，超系统组件是不能被裁剪和重新设计的。就这个案例而言，试想一下，整个系统都为了保障电子产品不被电磁波干扰而生，如果电子产品都能被裁掉，那么系统包括磁环在内都没有存在和分析的必要了。

根据裁剪的原则，我们建议优先裁剪"存在有害作用"的组件，尤其是有害作用较多的组件。本案例中，发出三个负面功能的"胶水"无疑是应该优先被裁掉的，其次考虑裁剪排线和塑料套。本课题最终运用裁剪方案3，用排线取代"胶水"和"塑料套"的功能，即裁剪"胶水"和"塑料套"，如图11.23所示。

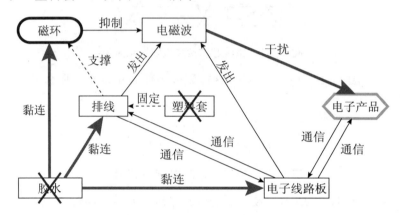

图 11.23　从负面功能出发的裁剪方案示意图

裁剪掉"胶水"和"塑料套"两个组件后，设计出一种新的排线结构[①]，该排线结构能够更好地固定磁环的位置，从而保证磁环有效抑制电磁波对电子产品的干扰。因此上述裁剪方案成功解决了该技术难题。裁剪后的功能模型图如图11.24所示。

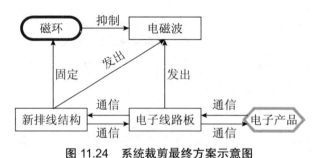

图 11.24　系统裁剪最终方案示意图

11.4.2　物-场模型及标准解

系统裁剪结束后，将使用第二个TRIZ解题工具物-场模型和标准解来构建解决方案（对应PPT模板的第22~24页）。

---

① 此处涉及案例企业的技术机密，不便展开，请读者见谅。

1. 物-场模型的构建

首先要针对问题突破点构建物-场模型图，图例如图11.25所示。

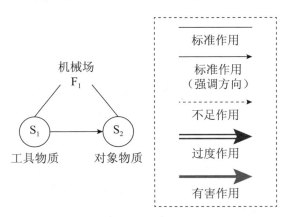

图11.25　物-场模型及其作图图例

随后根据启发性原则，寻找合适的标准解。

2. 描述形成的概念方案

方案n：运用标准解____（请填写对应的标准解编号，如1.1.2），____（请描述概念方案的具体内容），新的物-场模型如下所示：

下面用一个案例来描述物-场模型应用中常见的错误。

关于"降低网络摄影机工作温度"的案例。某型网络摄像机在工作超过30min后，主控周边部分及WiFi周边部分温度超标。要求在保持设备的外观、尺寸、传输码流及通信距离在现有基础不变的情况下，工作30min后主控及WiFi周边部分温度低于80℃。

综合系统功能分析、因果分析和资源分析，总结该技术难题的突破点为"主控与WiFi部分发热"以及"散热片散热效率太低"。围绕上述两个突破点构建物-场模型如图11.26所示。

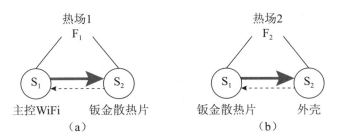

图11.26　网络摄像机散热问题的两个物-场模型

图11.26（a）所示物-场模型是同时存在有害和不足作用的物-场模型，按照图6.11提示可以先查找标准解S1.1.6～S1.1.8、S1.2.1～S1.2.5以及第二级标准解。图11.26（b）所示物-场模型是存在不足作用的物-场模型，建议先查找第二级标准解。

接下来运用标准解构建解决方案，如对于图11.26（a）所示物-场模型，运用标准解

S1.2.3，引入物质S_3，引入导热硅脂或导热胶，填充电路板与钣金、钣金与外壳之间的空隙，提高整体导热率。新的物-场模型如图11.27所示。

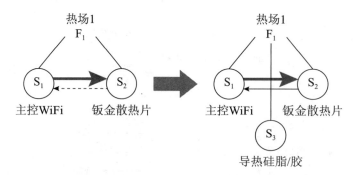

图11.27　运用标准解构建的新物-场模型

这里犯了物-场模型应用中的一个常见错误，即当使用标准解构建解决方案之后，如果问题已经解决，那么有害作用应该就不存在了。因此正确的画法如图11.28所示。

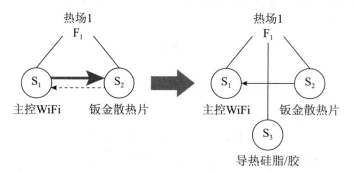

图11.28　运用标准解构建的正确的物-场模型

11.4.3　运用科学效应及知识库

物-场模型后是第三个解题工具——知识效应库（对应PPT模板的第25～30页）。因案例形成时cafetriz网站还没有上传，因此目前本案例中所使用的知识效应库仍然用阿奇舒勒与他的学生等TRIZ专家分别于1987年提出的物理效应库、1988年提出的化学效应库以及1989年提出的几何效应库等经典的科学效应库，简称学科效应库。

1. 提炼欲改变的系统功能

效应库的应用步骤非常简单，首先围绕问题突破点构建相对应的功能，综合查询各类科学效应库，得到可利用的效应列表，获得相应提示，从而构建概念方案。其标准表述如下所示：

方案 n：运用科学效应"＿＿＿＿（请填写所运用的科学效应的完整名称）"，该效应的基本原理是＿＿＿＿（请简介该效应）。

运用上述效应，形成新的概念方案，即＿＿＿＿（请描述概念方案的具体内容）。

2. 效应库应用中的常见错误

下面应用"提高汽车蓄电池固定装置稳定强度"的案例来分析效应库工具应用中的常见错误——功能表述不规范。

汽车行驶过程中因为振动或是车辆碰撞使得蓄电池与拉杆和压板之间存在碰撞，长时间的碰撞导致整个固定装置变形，固定装置中各部件的连接处发生松动。要求新系统对汽车蓄电池的固定牢固可靠，且不易变形，便于使用和安装，通用性好。

综合系统功能分析、因果分析和资源分析，总结该技术难题的突破点为"消除振动影响，蓄电池难以固定，固定装置结构复杂"等，围绕上述突破点提炼欲改变的系统功能如表 11.3 第一列所示。建议功能的描述统一表述为"动词＋名词"的形式，这样便于查找有关效应，如表格第 2 列所示。

表 11.3　系统功能的统一描述

修改前	修改后
减震	减小震动
加强限位	限制位置
加强稳定性	增加稳定性
控制位移	控制位移
稳定结构	稳定结构
稳定物体位置	固定位置

11.4.4　技术矛盾

技术矛盾及矛盾矩阵部分对应 PPT 模板中的第 31、32 页。如无特殊说明，本书提到的矩阵均指 Mann 于 2003 年提出的 2003 矛盾矩阵。

首先规范化表述系统中存在的技术矛盾，学员们需结合自身的课题，按以下规范标准表述本系统中存在的技术矛盾。

为了提高（改善、增强等）系统的 ＿＿＿＿＿＿（"某个性能指标"，即改进目标），可能会导致系统的 ＿＿＿＿＿＿（"另一个性能指标"）恶化（但不一定会恶化，却是想尽力避免的，显示了你的偏好）。

之后选择合适的工程参数描述技术矛盾并查询 2003 矛盾矩阵，将选择的参数及查询到的原理填入如表 11.4 所示的矛盾矩阵与发明原理查询表中。

表 11.4　矛盾矩阵与发明原理查询表

改善的参数	恶化的参数	对应的发明原理编号

在 PPT 模板中,我们建议每次只分析一个矛盾(即一对参数),并查询矛盾矩阵及相应发明原理,构建方案。如有多个矛盾请复制本页及下一页。

随后用标准语言描述形成的概念方案如下:

方案 n:运用发明原理 No.____(请填写对应的发明原理编号及名称,如 No.34 自弃与修复原理),产生新的概念方案,即____(请描述概念方案的具体内容,建议有图示)。

建议:①运用不同的发明原理可能产生不同的概念方案,复制本页,将不同的概念方案列举清楚;②选用不同的工程参数或考虑不同的矛盾,会产生不同的方案,请复制以上两页,重复技术矛盾解决流程。

应用技术矛盾和发明原理解题,常见的错误有三个。下面尝试用案例"改善铅酸蓄电池极板固化均匀性"来说明这三种错误及调整思路。

极板固化过程中,因空间限制致使极板摆放过密,导致局部(如极板间的间隙处,如图 11.29 所示)过热,产生副作用最终使极板间的结构不均匀,进而影响电池性能。新系统需要达到的要求是:在极板数量很多的情况下,固化的均匀程度也比较好。

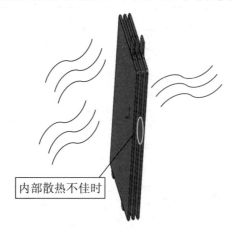

图 11.29 极板固化过程的空间结构与散热过程示意图

(1)常见错误 1:选择的矛盾和问题不匹配。

本系统中存在的技术矛盾可表述为:

为了提高(改善、增强等)<u>极板间的间距</u>("某个性能指标",即改进目标),可能会导致<u>极板数量的减少</u>("另一个性能指标")恶化(但不一定会恶化,却是想尽力避免的,显示了偏好)。最终选择的技术矛盾参数组合如表 11.5 所示。

表 11.5 矛盾选择与问题不匹配的示意表

改善的参数	恶化的参数	对应的发明原理编号
4 静止物体的尺寸	10 物质的数量	4,3,31,25,17,14

极板间距扩大必然导致同等大小空间极板数量的减少,这个矛盾乍看起来没有问题,但实际上犯了技术矛盾应用中的第一个常见错误——矛盾与问题不匹配。系统更关心的是极

板结构是否均一，而不是如何摆放。

（2）常见错误2：望文生义。

以上构建矛盾犯了望文生义的错误（即第二个常见错误），即以为可以用物质的数量来描述极板数量可能减少的情况。实际上，按照定义，物质的数量指的是系统中能够被改变的原材料或子系统数量的多少，即系统内构成部分的数量。极板是整个固化系统的作用对象，是不能用参数"物质的数量"来描述的。

（3）常见错误3：矛盾描述反了。

本系统中存在的技术矛盾可表述为：为了提高（改善、增强等）极板的数量（"某个性能指标"，即改进目标），可能会导致极板间距的（"另一个性能指标"）恶化（但不一定会恶化，却是想尽力避免的，显示了你的偏好）。选择的技术矛盾参数组合如表11.6所示。

表 11.6　错误的技术矛盾选择

改善的参数	恶化的参数	对应的发明原理编号
10　物质的数量	4　静止物体的尺寸	35，31，3，17，14，2，40

这个矛盾刚好把问题给说反了，改善的参数是试图要改进的目标，改进的目标绝对不是在固化室中多塞入几块极板。恶化的参数是试图避免的情况，极板间距肯定是不能太小的，这是对的，但也没涉及到问题的本质，不让极板间距太小是因为会导致局部过热。所以这个矛盾也不合适。

综合上述三个矛盾，本书比较推荐按如下方式构建技术矛盾：

为了提高（改善、增强等）极板的结构均一性（"某个性能指标"，即改进目标），可能会导致系统的生产效率的（"另一个性能指标"）恶化（但不一定会恶化，却是想尽力避免的，显示了你的偏好）。最终选择的技术矛盾参数组合如表11.7所示。

表 11.7　改善极板固化问题的技术矛盾方案构建

改善的参数	恶化的参数	对应的发明原理编号
21　结构的稳定性	44　生产率	5，24，40，3，35，12，13

如前所述，本问题中最应该被关注和最应该被改善的参数无疑是极板结构的均一性。而无论是增加间距导致固化室内同时可放置的极板减少，还是放置更长时间使局部热量完全散去，其造成的不好的结果都是导致生产率的降低。

当然矛盾构建并没有标准答案，但确实有些矛盾相对其他矛盾能够更精准刻画问题并找到适用的发明原理。读者也可以自己尝试构建其他技术矛盾。

最终运用发明原理13、35和40构建了解决方案如下：

方案1：运用"13　反向作用原理"。

让原来不动的部分动起来，即将极板固定在可循环移动的传送装置上，不断更换空间位置，可解决温度与湿度不均匀的缺陷。具体方案如图11.30所示。

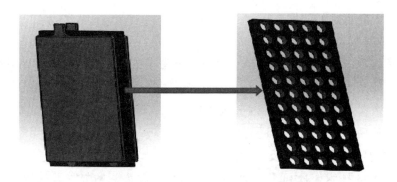

图 11.30　固定在可循环移动装置上的极板

方案 2：运用"35　状态和参数变化原理"。

极板固化不均匀也可能是由于极板过厚引起的，通过改变极板的厚度可使极板各部位固化后的温度均匀。极板的厚度比板栅厚 0.2～0.4mm，减小板栅的厚度使极板变薄可以加快固化。目前拉网技术的极板为 Amm，但冲网技术的极板厚度可以减到 Bmm。薄板在固化时会更均匀。图 11.31 是板栅的示意图。

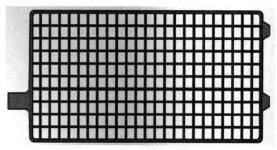

图 11.31　板栅示意图

方案 3：运用"40　复合材料原理"。

极板固化之后，其主要成分为 3BS 与 4BS，所以可以在极板制作过程中添加两种复合材料，以减少铅粉的使用，这样可以减少固化工序，也可以减少固化时间，更能达到使结构均匀的效果。

此外，从另一个角度，本系统中存在的技术矛盾可表述为：

为了提高（改善、增强等）极板（化学）结构的稳定（"某个性能指标"，即改进目标），可能会导致系统的极板间的间距（"另一个性能指标"）恶化（但不一定会恶化，却是想尽力避免的，显示了你的偏好）。

选择技术矛盾参数组合如表 11.8 所示，用工程参数描述技术矛盾并查询 2003 矛盾矩阵。

表 11.8　改善极板固化问题中的技术矛盾

改善的参数	恶化的参数	对应的发明原理编号
21　结构的稳定性	4　静止物体的尺寸	17，4，35，37，13，1，40

这样选出的方案就既是使极板结构均一，又使极板间间距不会太小的方案。虽然没有

直接关切系统急需改善的是局部过热引发的系列问题，但也算是从另一个角度提出了解题的思路。

如表11.9所示，我们把几对矛盾对应的发明原理做个比较，最终选用的发明原理用粗斜体标出。

表 11.9 不同矛盾组对应的发明原理比较表

改善的参数	恶化的参数	对应的发明原理编号
4　静止物体的尺寸	10　物质的数量	4，3，31，25，17，14
10　物质的数量	4　静止物体的尺寸	35，31，3，17，14，2，40
21　结构的稳定性	44　生产率	5，24，40，3，35，12，13
21　结构的稳定性	4　静止物体的尺寸	17，4，35，37，13，1，40

由此可见，前两对矛盾能找到的适用发明原理相对有限。最后一个矛盾中，最终应用到的发明原理基本都涵盖了，从而从另一个侧面说明，矛盾的构建并没有标准答案。如果对问题把握不是很确定，不妨多找几对矛盾，不确定性将可能因为在矩阵中所建议的发明原理重复出现而得以厘清。

（4）常见错误4。原理的应用错误。

对于我们推荐的矛盾"21　结构的稳定性"与"44　生产率"，也有学员试图使用其他4个没有用到的发明原理解题，如有学员运用"3　局部特性原理"，可以得到如下概念方案：

由于生产过程中，固化室中极板的数量过多，导致在固化过程中循环风的作用被相对密集位置阻碍，这样影响固化过程中温度均匀性的要求。所以需要减少循环不到位置的极板数量，来改善整个固化空间极板结构的均匀性。

这就体现了利用技术矛盾解题时常出现的第四个错误，即没有充分领会原理的内涵，错误地使用了发明原理。如发明原理3的三个子原理分别是：将均匀结构变成均匀；使系统不同部分具有不同的功能；以及使系统不同部分都处于最佳的运行状态。该方案说白了就是把极板数量减少，把极板间距拉大，和局部特性原理完全不沾边。

11.4.5　物理矛盾与分离原理

对问题突破点构建技术矛盾并查询原理后，尝试运用第五种解题工具——物理矛盾来构建解决方案，对应PPT模板的第33、34页。首先规范化表述系统中存在的物理矛盾如下：

为了____（请填写系统想要达到的效果A），要求____（请填写对某性能指标的要求）；与此同时，为了____（请填写系统想要达到的效果B），要求____（请填写对某性能指标的互斥要求）。因此，本系统中存在对同一个参数"____（请填写相对应的工程参数）"的互斥要求，即存在物理矛盾。后续尝试使用四大分离原理（空间分离、时间分离、系统分离、条件分离）解决系统中存在的物理矛盾。

之后规范描述形成的概念方案如下：

方案 n：运用 ____ （请填写使用的分离原理，如空间分离原理）产生新的概念方案，即 ____ （请描述概念方案的具体内容，建议有图示）。

如果运用不同的分离原理产生了不同的概念方案，可复制上面这段话，将不同的概念方案列举清楚。

使用物理矛盾解题常见的错误有以下三种：

1. 第一常见错误是选择的参数不是同一个

继续讨论"改善电池极板固化均匀性"案例，在极板固化过程中会因摆放过密而导致局部过热从而产生不利于电池结构的副作用。

针对上述问题，围绕突破点构建物理矛盾如下：

为了<u>产生足够的温度、湿度调节固化空间</u>（请填写系统想要达到的效果 A），要求<u>固化室空间要足够大，</u>（请填写对某性能指标的要求）；与此同时，为了<u>温度能均匀地分散在固化空间中</u>（请填写系统想要达到的效果 B），要求<u>极板要足够小</u>（请填写对某性能指标的互斥要求）。因此，本系统中存在对同一个参数"<u>静止物体的体积（即极板的固化空间）</u>（请填写相对应的工程参数）"的互斥要求，即存在物理矛盾。后续尝试使用四大分离原理（空间分离、时间分离、系统分离、条件分离）解决系统中存在的物理矛盾。

以上表述中，非常明显，要求足够大的是"固化室的空间"，要求足够小的是"极板的体积"，最后选择产生互斥需求的同一个参数又变成"极板的固化空间"。一共出现了三个参数，完全不是物理矛盾。

仔细分析上述文字，发现效果 A 和 B 都和温度有关，一个是产生足够的"温度"，一个是使"温度"均匀分布。因此我们可以设想，是不是可以把"温度"作为产生互斥需求的同一个参数来考虑呢？

进一步分析得知，在极板固化过程中是需要在一定的温度条件下以保证特定产物的形成的，但局部温度过高又会导致该产物大量分解。因此构建物理矛盾如下：

为了<u>在极板固化过程中形成特定产物</u>（请填写系统想要达到的效果 A），要求<u>温度要高</u>（请填写对某性能指标的要求）；与此同时，为了<u>避免导致该产物含量急剧变化（分解）</u>（请填写系统想要达到的效果 B），要求<u>温度不能太高</u>（请填写对某性能指标的互斥要求）。因此，本系统中存在对同一个参数"<u>温度</u>（请填写相对应的工程参数）"的互斥要求，即存在物理矛盾。后续尝试使用四大分离原理（空间分离、时间分离、系统分离、条件分离）解决系统中存在的物理矛盾。

此处要注意，在满足效果 B 时，这里填写的是要求"温度不能太高"，而不是要求"温度要低"。这就涉及到对"互斥"的理解。如果对参数的需求一方面是 X，另一方面是 -X 才叫互斥，而 -X 不一定意味着反义词。在本案例中，一方面为形成特定产物，要求温度要高到一定程度，但另一方面，要求温度不能过高，而不是低，温度低干脆就得不到特定产物了。这个"互斥"一定要格外的注意。

最终运用时间分离原理，将极板固定在可循环移动的传送装置上，定时更换空间位置，可解决温度与湿度不均匀的缺陷。

此处回忆一下上一节应用技术矛盾解题的过程中，选择的技术矛盾是（改善）"10 结构的稳定性"与（恶化）"44 生产率"。而事实上，"10 结构的稳定性"和温度有关，温度过高，特定产物分解，极板结构（主要是化学构成）就不稳定了，两个参数是反向变化的。而另一方面，"生产率"也与温度有关，温度低，特定产物不产生，极板固化所需的时间就长，生产率就低，二者是同向变化的。所以上节中的技术矛盾是可以转化为以温度为统一参数的物理矛盾的。

2. 第二个经典错误是用术语代替参数

如之前提到过的案例"提升辅助触头系统动作精确性"，当手柄合闸后，经常发生辅助触头系统常闭动、静触头并未挤压接触，两者存在一定的缝隙，从而导致线路未有效接通的问题。

针对上述问题，有学员尝试用本专业术语来定义物理矛盾如下：

为了<u>使动静触头挤压接触</u>（请填写系统想要达到的效果 A），要求<u>超程要大</u>（请填写对某性能指标的要求）；与此同时，为了<u>动静触头分离</u>（请填写系统想要达到的效果 B），要求<u>开距也要大</u>（请填写对某性能指标的互斥要求）。因此，本系统中存在对同一个参数"<u>超程与开距</u>（请填写相对应的工程参数）"的互斥要求，即存在物理矛盾。后续尝试使用四大分离原理（空间分离、时间分离、系统分离、条件分离）解决系统中存在的物理矛盾。

在电工领域，触头开距是指触头处于完全断开位置时，动、静触头间的最短距离，其作用是保证触头断开之后有必要的安全绝缘间隔。超程是指接触器触头完全闭合后，假设将静触头移开时动触头能继续移动的距离。其作用是保证触头磨损后仍能可靠地接触，即保证触头压力的最小值。

物理矛盾的定义是要找出对同一个参数的互斥要求。但无论如何，超程和开距这两个物理量（或叫专业术语）都不是同一个工程参数，这个物理矛盾找得是有问题的。此外，系统所要达到的效果如果仅限于使动静触头挤压接触或分离，虽没有错误，但未免太局限，目的性也不够强。

仔细思考一下，两个变量其实都和动静触头间的距离有关，因此对上述物理矛盾表述修改如下：

为了<u>当手柄闭合时，使动静触头闭合，接通电路</u>（请填写系统想要达到的效果 A），要求<u>动静触头间距离要尽量小，小到挤压接触</u>（请填写对某性能指标的要求）；与此同时，为了<u>当手柄断开时，使动静触头分离，切断电路</u>（请填写系统想要达到的效果 B），要求<u>动静触头间距离要尽量大</u>（请填写对某性能指标的互斥要求）。因此，本系统中存在对同一个参数"<u>静止物体的尺寸</u>（请填写相对应的工程参数）"的互斥要求，即存在物理矛盾。后续尝试使用四大分离原理（空间分离、时间分离、系统分离、条件分离）解决系统中存在的物理矛盾。

最终利用空间分离原理构建了解决方案，即尽量增大滑块行程，采用直上直下的铜片运行轨迹，确保手柄断开和闭合时满足相应的触点断开和闭合要求。

这里再次提一下，本案例中为达到效果 A 接通电路，要求两触头间距要小；为达到效果 B，要求两触头间距要大，而非不小。因为这里分别用"大"和"小"是合适的。回顾上一个案例，温度只能写"高"和"不那么高"，而不能写"低"，到底什么时候可以写反义词呢。

这里有个简单的技巧，那就是问题情境能不能接纳极端情况，能，就可以用反义词，不能，就尽量用 -X 的形式，而不要直接写反义词。对于本案例，"小"到极致就是两触点间距为零，这没有错，电路接通时希望看到这样的情况；"大"到极致就是两触点间距为无限大，也没有错，电路切断时希望二者完全没有接触，离得越远越好。所以本案例用反义词"大"和"小"表述互斥的需求没问题。但前一个案例，温度低到绝对零度可以吗？不可以，那样就不反应不能生成特定产物了。温度高到上千摄氏度甚至更高可以吗？当然也不可以，那样产物都分解掉了。所以对上个案例，不能用反义词，只能用"高"和"不那么高"来描述互斥的需求。对互斥需求的描述直接影响最后解决方案的产出和遴选，因此请学员不要掉以轻心。

3. 第三个常见错误是以组件来代替参数

如案例"提高镙杆输料筒运行稳定性"，输料筒在排出混凝土物料过程中，经常会遇出现混凝土中的硬颗粒物卡在阀片与阀体之间的问题，使电机不能转动，导致无法正常排料。

对于上述问题，有学员尝试构建物理矛盾如下：

为了<u>达到系统气密性良好</u>，要求<u>采用刚性阀片</u>；与此同时，为了<u>不使小石块卡阻阀片</u>，要求<u>采用柔性阀片</u>。因此，本系统中存在对同一个参数"<u>运动阀片材质</u>"的互斥要求，即存在物理矛盾。

运动阀片的材质不是工程参数，这样构建的物理矛盾是有问题的。建议将其修改为"运动阀片的适应性"比较合适。

11.4.6 九屏幕法

下面进入第六个解题工具——改进的"九屏幕法"的讲解，对应 PPT 模板的第 35～37 页。传统九屏幕法在实际解题过程中往往会出现难以产出解决方案，思维过于发散难以聚焦等问题，为此我们从解决问题的需要推出了改进的"九屏幕法"。

在改进型的"九屏幕法"中，首先要填写"扩展型资源列表"，如表 11.10 所示（PPT 模板中的第 35 页）。要注意，"扩展型资源列表"与前面"问题分析"部分的"资源列表"是有很大区别的。

在"资源列表"中，我们要求学员分别从子系统、系统和超系统层面全面挖掘"现在"可用的资源，即侧重从系统层面挖掘现有资源。而"扩展型资源列表"强调从时间的维度来探索资源，即分别从过去、现在和未来获取所需的资源。

其中"过去"指的是问题发生之前，能否搜寻某些资源预防问题的发生或者提前做好应对措施，目的是预防问题的发生，类似于"未雨绸缪"的操作和所表达的内涵；"现在"指的是问题发生时，能否搜寻某些资源阻止问题的发展和进一步恶化，目的是救急，类似于"悬崖勒马"的操作和所表达的内涵；"未来"指的是问题发生后，能否搜寻某些资源进行补救从而尽量减少问题带来的损失以及问题产生的负面（长期）影响，目的是减少损失，类似于"亡羊补牢"的操作和所表达的内涵。

为帮助学员更细致全面地寻找资源，我们把资源分为六类，如表 11.10 表示，鼓励学员把所有表格都尽量填满。

表 11.10 扩展型资源列表

时间维度	过去	现在	未来
物质资源			
能量资源			
空间资源			
时间资源			
信息资源			
功能资源			

随后要求学员综合资源列表和扩展型资源列表，选取可用资源，将可能产生方案的资源名称填入九屏幕表格中，如表 11.11 所示（详见 PPT 模板第 36 页）。

表 11.11 九屏幕法资源方案表

时间维度	过去	现在	未来
子系统			
系统			
超系统			

最后，根据可用资源构建并描述所形成的概念方案，标准语言如下（见 PPT 模板第 37 页）。

方案 n：运用 ____（请填写运用的资源名称）产生新的概念方案，即 ____（请描述概念方案的具体内容）。

如在九屏幕法中，运用不同的资源产生了不同的概念方案，那么复制上面这段话，将不同的概念方案列举清楚。

11.4.7 S 曲线及进化法则

九屏幕法后进入第七种解题工具——S 曲线和进化法则。细心的读者可能会发现从第六个解题工具开始，后面连续几个解题工具（S 曲线和进化法则、STC 算子和 IFR）都是关于创新思维方面的。本节对应 PPT 模板的第 38～40 页。

首先从以下四个维度对系统所处 S 曲线阶段进行判断，见 PPT 模板第 38 页。

- 性能描述；
- 发明级别描述；
- 发明数量描述；
- 经济收益描述。

综合考虑以上四方面指标，判断本系统处于_____（请描述系统所处阶段，如成熟期、成长期向成熟期过渡等）。

系统所处 S 曲线阶段的定性判断可参照图 11.32。这里需要强调的一点是，学员只需要判断系统所处阶段，而不是系统中的某个组件所处的阶段。

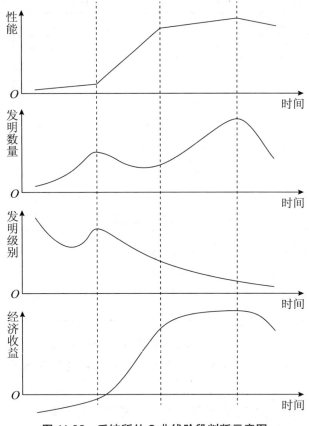

图 11.32　系统所处 S 曲线阶段判断示意图

为何需要先确认系统在 S 曲线中所处的阶段呢？这主要是为提高进化曲线的应用效率。系统 S 曲线所处阶段与进化法则之间的对应关系有一条经验曲线，如图 11.33 所示（见 PPT 模板第 39 页）。在特定的阶段均有若干常用的进化法则，可优先考虑。但我们认为，这仅仅是为提高进化曲线使用效率的经验总结，在解题过程中不必完全拘泥于此曲线。换句话说，如果学员觉得有必要，对于处于成熟期的系统，也不是完全不能使用动态性进化法则来解题。

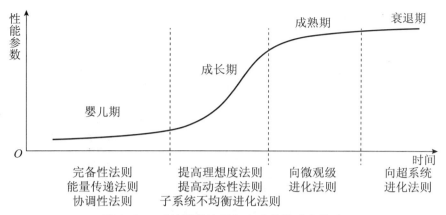

图 11.33 系统进化法则与 S 曲线的对应关系

随后规范描述所形成的概念方案如下（见 PPT 模板第 40 页）：

方案 n：运用 ____（请填写使用的进化法则，如向超系统进化法则）产生新的概念方案，即 ____（请描述概念方案的具体内容）。

如果运用不同的进化法则产生不同的概念方案，请复制上面这段话，将不同的概念方案列举清楚。

11.4.8 创新思维之 STC 算子

进化法则之后，采用 STC 算子作为解题工具构建解决方案。关于 STC 算子的介绍详见第 10 章，这里不再赘述。只需将系统或其某一组件在尺寸、空间和成本三个维度的极限变化情况填入如表 11.12 所示的表格，即可构建解决方案。本节对应 PPT 模板中的第 41、42 页。

表 11.12 STC 算子中三种极限情况描述的示意表

项目	改变方向	
	趋近于零 / →0	趋近于无穷 / →∞
尺寸（size）		
时间（time）		
成本（cost）		

描述形成的概念方案的模板如下：

方案 n：在 ____（请填写使用的 STC 算子，如尺寸趋近于零）的条件下，产生新的概念方案，即 ____（请描述概念方案的具体内容）。

如果针对不同的组件使用 STC 算子会产生不同的概念方案，复制上面这段话，将不同的概念方案分别列举清楚。

应用 STC 算子易发生的典型错误是不针对同一对象进行极限分析，如下面的案例所示。

案例：提升辅助触头系统导通精确性

电路中辅助触头系统的作用是当主断路器的手柄合上时，带动辅助触头系统手柄合上，进而带动传动机构抬升滑块,滑块抬高铜片,使得动、静触点挤压接触,实现该线路接通,如图 11.34 所示。

图 11.34 辅助触头系统工作原理图

但实际中当手柄合闸后,经常发生常闭动、静触头并未挤压接触,两者存在一定的缝隙,从而导致线路未有效接通的情况,因此要求(新系统)手柄合闸时,常闭触头的动、静触头有效闭合,线路正常接通的概率不低于 99%。

针对上述问题运用 STC 算子构建解决方案,首先填入如表 11.13 所示的表格。

表 11.13 运用 STC 算子构建解决方案引导表

项目	改善方向	
	趋近于零 / →0	趋近于无穷 / →∞
尺寸(size)	**动、静触点间距离**无穷小,只要能让它们产生微小位移就能有效接通	当手柄闭合时,触点尺寸无穷大,就不存在动、静触点闭合时有间隙的问题
时间(time)	**辅助触头系统装配、测试时间**无穷小,则可能会出现很多不合格品	**辅助触头系统装配、调试时间**无穷大,则能筛选出所有合格的产品
成本(cost)	将不合格品的动触头上的铜片进行一定弯曲,增加动触头一定的超程,来满足有效接通	所有零部件**模具**采用高精度要求制作,**材料**都不顾成本选择最优异的,这样机构动作就会很接近原设计模拟的结果

如表 11.13 所示,在对尺寸维度进行极限分析的时候,趋近于零选择的分析对象是"动、静触点间距离",趋近于无穷选择的分析对象是"触点"(尺寸),两个对象不统一。类似的,在成本维度,成本趋近于无穷选择的是系统制造的成本,如模具精度和材料选择都选最好的;但在成本趋近于零根本没选择分析对象,只是客观描述现有的解决方案,可能想表达的意思是不改变现有做法,所以成本为零。但这样不算进行极限思考,用现有做法还是有成本,没真正做到"成本趋于零"的极限思考,失去了运用 STC 算子的意义。相对来说,在时间维度,趋近于零和趋近于无穷都选择了相同的对象"系统装配、测试时间",做得相对较好。

修改后的表格如表 11.14 所示。修改后的表格中各维度所选择的对象都统一了,如尺寸维度都选择的是"触点"(尺寸)、时间维度还是"系统装配、测试时间",成本维度选择系统制造的成本(含模具精度和原材料成本),但遗憾的是只在成本趋近于无穷这里产生了一个概念解。究其原因是,个别维度的极限思考还不够深入,改善空间还很大。如成本趋近于零的情况，应该在最经济零部件的基础上再考虑成本更低甚至为零的情况。这其实也是使用 STC 算子常见的另一个错误，就是没有考虑到极限情况就匆促的停止思考。

表 11.14 运用 STC 算子产生概念方案示意表

项目	改善方向	
	趋近于零 / →0	趋近于无穷 / →∞
尺寸（size）	当手柄闭合时，触点无穷小，动、静触头就无法接触了	当手柄闭合时，触点无穷大，不存在动、静触点闭合时有间隙的问题
时间（time）	辅助触头系统装配、测试时间无穷小，则可能会出现很多不合格品	辅助触头系统装配、调试时间无穷大，则能筛选出所有合格的产品
成本（cost）	零部件按最经济的方案制作，节约成本，系统运作发生错误的概率高	零部件模具采用高精度要求制作，原材料选择最优异

11.4.9 最终理想解（IFR）

解题部分的最后一个工具是改进的最终理想解，对应 PPT 模板的第 43～46 页。与九屏幕法类似，我们发现当前大家多根据 Moehrle（2005）的流程（如图 11.35 所示）来应用最终理想解。但这个流程不太符合中国人的思维习惯，在实际解题过程中往往会出现因为回答不出问题而"卡壳"导致难以产出及解决方案的问题。为此我们针对解决问题的需要推出了改进的"最终理想解"，即新流程。

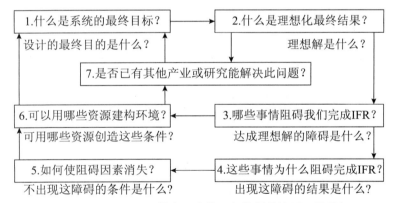

图 11.35 Moehrle 等人开发的理想化最终结果运用流程

新的流程主要包含五个问题，详细介绍见第 9 章。

流程 1：精确地描述系统中现存的问题和矛盾。
流程 2：明确系统所要实现的功能（SVOP）。
流程 3：思考实现（这些）功能的理想情况。
流程 3-1：需要/存在这种功能的终极目的到底是什么？是否可以通过其他方式达成同样目的而使得这种功能不再被需要（有害功能和成本降为零）。
流程 3-2：是否可不需要系统（有害功能和成本降为零）。
（a）是否可让对象自服务，自己实现所需功能。

（b）是否所需功能可由超系统实现。

（c）所需功能由更廉价的其他系统实现。

流程 3-3：去除有害功能。

是否可利用系统内部的剩余资源或引入系统外部的"免费"资源来帮助消除有害功能或实现有用功能。

流程 3-4：降低成本。

是否可利用系统内部的剩余资源或引入系统外部的免费资源来实现有用功能。

流程 4：看其他行业是否已有解决方案。

流程 5：构建解决方案。

这里需要强调的是，不要只在最后写解决方案，其实对每个问题的答案都可以考虑设计出一个解题概念方案来。

11.5 方案汇总

11.5.1 方案汇总

下面介绍方案的汇总与评价部分，对应 PPT 模板第 47～50 页。

首先将所有产生的概念方案汇总到表 11.16 中（见 PPT 模板 P47-48）。

表 11.15 工程问题解决概念方案汇总表

序号	方案名称	所用 TRIZ 工具	方案简要描述
1			
2			
3			
4			
5			
…			

这里要将前面问题解决过程中产生的所有方案汇总。使用不同的 TRIZ 工具，可能会产生相同的解决方案，但此处不用管重复与否的问题，只管把按顺序产生的解决方案都按要求填入到表格中即可。

关于方案的命名，建议使用名词短语或动宾短语，以简洁清楚为原则，要求能够体现出解决方案的主要思路和创新之处。

11.5.2 产生的概念方案评价

在 PPT 模板的第 49 页，开始对方案进行评价。在这一页，需要对重复的解决方案进行去重，即重复的方案只评价一次。另外本页的序号仅做计数用，当提及解决方案时，仍然可以用最初按顺序产生的序号。例如方案3和方案7是重复的，这时只需评价一个就可以，后面再提到就可以只说方案3，方案7就不再提了。

根据工程问题的定义，即"经济、可靠和容易实现"，我们分别对解决方案从成本、可行和可靠三个维度进行评价，如表11.16所示。为简化起见，对每个维度划分为高、中、低三档进行定性评价。如果该问题涉及其他重要维度，例如环保、美观等，可以再根据需要自行增加评价维度。

表 11.16　工程问题概念解决方案综合评价表

序号	方案名称	成本	可行	可靠	综合评价
1					
2					
3					
4					
5					
…					

最后对最终实施方案进行规范描述如下（见PPT模板的第50页）：

综合考虑成本、难易、可靠以及____（如果有，请添加补充维度）等多个维度，最终采纳由"____（填写若干优选的方案名称）"所组成的综合方案，即_____（请对最终的综合方案进行描述），如图所示。（强烈建议添加图示，如位置不够则复制本页即可）

缝纫机机身发热烫人的问题，产生了如下7个概念解。根据上述概念解列表，学员将概念解列表如表11.17所示。

表 11.17　改善某型工业缝纫机机身发热问题的概念解列表

序号	解决方案	创新方法	解评价
1	在套环内壁添加滚珠，撞杆上预留导槽，这样变滑动摩擦为滚动摩擦，从而减少摩擦，进而降温	原理15（动态性原理）	可能会导致产品体积增大
2	气管里加喷雾装置，通过润滑冷却液的喷雾实现散热	原理35（状态和参数变化原理）	确保液体不会对设备造成生锈磨蚀，且去污防滑，还可降噪，这样可能系统地解决所有问题
3	利用超导液降温	原理36（相变原理）	效率高，无腐蚀；但需关注渗漏隐患
4	换润滑冷却液	标准解 S 2.2.6 构造物质	简单
5	在套环内壁加摩擦系数较小的垫子实现降温，如聚四氯乙烯	标准解S2.1.1 引入物质向串联式复合物-场模型转换	易实施，但需考虑使用寿命、耐磨性，及可能会熔化等问题

续表

序号	解决方案	创新方法	解评价
6	在外壁上喷陶瓷，应用粉末铸造技术	标准解 S2.2.2 加大对工具物质的分割程度向微观控制转换	可能从根本上解决这个问题，但对技术和工艺要求较高，需要一定投入
7	创造一个磁悬浮状态，让撞杆和套环内壁不产生接触	标准解 S2.4.1 引入固体铁磁物质，建立原铁磁场模型	理想状态

综合考虑成本、可行、可靠等多个维度，最终采纳由"2，6（填写若干优选的方案名称）"所组成的综合方案，即<u>使用冷却喷雾及粉末铸造技术</u>，首先将冷却液状态转换为喷雾，应用粉末铸造技术在导向管外壁上喷铸陶瓷，从而从根本上解决机身发热的问题。

第六部分是根据国家创新工程师答辩的需要，对最终实施方案的经济及社会效益进行分析，规范表述如下（见PPT模板第51页）：

该方案_____（请对该方案的优点进行描述，尤其着重描述新方案是如何克服原有难题的），_____（简述新方案带来的经济效益或社会效益），已申请专利或发表文章_____（如果有请填写，如果没有请删除）。

第七部分是罗列用创新方法解决过的问题（见PPT模板的第52页），不再赘述。

需要指出的是，对经济和社会效应的评价要遵循两个原则，一是要客观，不要夸大其词；二是要全面，不仅要考虑方案带来的直接收益，如销售的增长、成本的降低，还应考虑一些间接的社会效益，例如实现了进口替代、提升了品牌声誉等，进而综合计算新方案带来的效益。

后文将通过若干个学员的真实案例及点评进一步加深读者对创新方法各工具及整个综合解题流程的掌握。

第12章　应用TRIZ解题流程综合案例

↑12.1　降低智能锁电容式触摸按键故障率[①]

12.1.1　工程问题解答摘要与总体描述

1 项目摘要

本项目致力于解决"降低电容式触摸按键故障率"问题，运用 TRIZ 工具后产生了 23 个概念方案，最终采用了 3、7、8 方案，即带感应 PAD 的绝缘面板、提高材料的强度、支持智能手机操作的按键，来实现"降低电容式触摸按键故障率"的目的。

该方案通过组件化设计，消除了感应 PAD 位移和氧化问题，极大地改善了由于感应 PAD 出现位移造成按键故障的问题，同时辅以智能手机 App 功能，进一步降低了因按键故障造成用户体验不佳等不良影响。目前智能锁市场的需求量较大，销量增长较快，而按键功能属于智能锁的标配功能。

该方案可有效降低产品售后维修保障成本，同时可提高用户对公司品牌的认可度，进而提高产品销量，预计每年可产生 1000 万元左右的经济效益。

点评：摘要言简意赅，尤其在综合解决方案的介绍方面值得借鉴。同时，"开关失效"也确是工程领域一个常见的棘手问题。

2 问题背景及描述
2-1 问题背景描述
2-1-1 规范化表述技术系统实现的功能
- 技术系统（S）：智能门锁按键系统；
- 施加动作（V）：改变/保持；
- 作用对象（O）：离合器；
- 作用对象的参数（P）：位移变化。

因此，本技术系统的功能可以表达为"智能门锁按键系统改变/保持离合器位移变化"。

点评：系统的 SVOP 功能定义非常准确，动词改变/保持其实可以只保留"改变"即可。

---

① 在本章的大案例介绍中，正文为学员阅读的初始内容，评论部分用楷体。本章带有下画线的编号（如 4-3-2）为学员使用 PPT 模板解题时的章节号，这样便于读者对照 PPT 模板进行学习，以免与书中正式的章节号混淆。

2-1-2 现有技术系统的工作原理

如图 12.1 所示，在智能门锁应用中，当用户通过触摸按键系统输入正确的密码后，控制系统会控制电子离合器，使锁芯和门锁的把手连接在一起，此时用户可通过转动门锁把手打开门。相反，若输入的密码不正确，如图 12.2 所示，则控制系统不会操作离合器，此时锁芯和门锁把手处于分离状态，转动把手无法打开门。

图 12.1 智能门锁

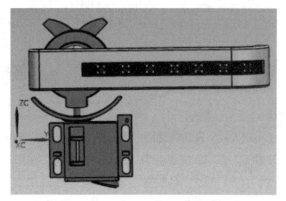

图 12.2 智能门锁工作原理图

任何两个导电的物体之间都存在着感应电容，一个按键即一个焊盘与大地也可构成一个感应电容。在周围环境不变的情况下，该感应电容值是固定不变的微小值。当有人体手指靠近触摸按键时，人体手指与大地构成的感应电容并联焊盘与大地构成的感应电容，会使总感应电容值增加。

如图 12.3 所示，其中电容式触摸按键原理是通过专用芯片检测感应 PAD 电容值变化，来判断用户的操作。

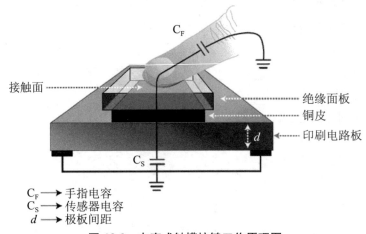

$C_F \rightarrow$ 手指电容
$C_S \rightarrow$ 传感器电容
$d \rightarrow$ 极板间距

图 12.3 电容式触摸按键工作原理图

2-2 问题现状描述

2-2-1 当前技术系统存在的问题

如图 12.4 所示，当导电橡胶垫与触摸 PAD 和绝缘面板的连接出现间隙时，触摸按键就会出现故障。

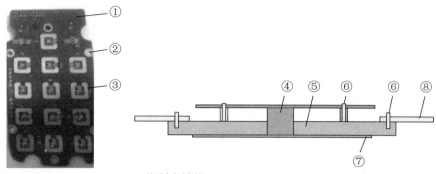

1. PCB
2. 固定螺丝孔
3. 触摸PAD（铜皮）
4. 导电橡胶垫
5. 塑料支撑垫
6. 螺丝
7. 绝缘面体（手指接触面）
8. 锁体金属外壳

图 12.4　智能门锁的内部结构图

<u>2-2-2 问题出现的条件和时间</u>

设备均为正常使用一段时间后，出现故障，出现故障的时间有长有短。此外，维修更换过触摸按键板的设备，更容易出现故障。

<u>2-2-3 问题或类似问题的现有解决方案及其缺陷</u>

（1）生产时，严格控制螺丝力矩，降低损坏螺柱风险——增加管控成本，且无法有效解决故障隐患。

（2）维修返工，需要更换新的塑料支架——增加维修成本，且无法有效解决故障隐患。

<u>2-3 对新系统的要求</u>

不影响结构外观，在 2 年以上使用过程中，智能门锁的按键系统不出故障，且后续便于维修更换。

点评：整个问题描述部分图文并茂，非常清楚。对现有解决方案的几种不同思路也进行了介绍，最后定量描述了对新系统的要求。整个部分堪称经典。

12.1.2　三大问题分析工具——功能分析、因果分析、资源分析

<u>3 问题分析</u>
<u>3-1 系统功能分析</u>
<u>3-1-1 系统组件列表</u>

本系统的功能是：<u>智能门锁按键系统改变/保持离合器位移变化。</u>

本系统的作用对象是：<u>离合器。</u>

<u>填写本系统的组件列表如表 12.1 所示。</u>

表 12.1　智能门锁按键系统组件列表

超系统组件	组件	子组件
人、供电系统、空气、离合器、门	PCB	感应 PAD、检测 IC 电路、控制电路
	导电橡胶垫	
	塑料支撑垫	
	螺丝	
	绝缘面板	
	锁体金属外壳	

<u>3-1-2 系统功能模型图</u>

绘制智能门锁按键系统功能模型图如图 12.5 所示。

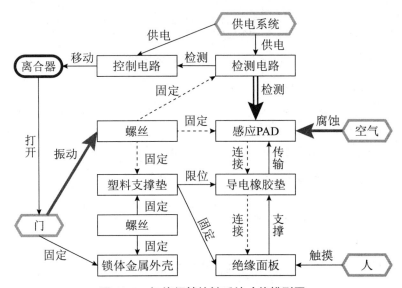

图 12.5　智能门锁按键系统功能模型图

<u>3-1-3 系统功能分析结论</u>

通过构建系统功能模型图并进行分析，描述了系统元件及其相互关系，确定导致问题存在的功能因素，列举出系统中存在的所有负面功能如下：

负面功能 1：空气对感应 PAD 存在腐蚀氧化作用——有害作用。

负面功能 2：门对固定螺丝产生振动——有害作用。

负面功能 3：螺丝对 PCB 和塑料支撑垫之间的固定不足——不足作用。

负面功能 4：检测电路对于感应 PAD 参数变化太敏感——过度作用。

负面功能 5：导电橡胶垫对于连接 PCB 和绝缘面板的连接不足——不足作用。

上述负面功能中，负面功能 3 分别对应系统功能模型图中螺丝对 3 个对象的固定不足的描述，负面功能 5 分别对应系统功能模型图中导电橡胶垫对 2 个对象的连接不足的描述。

点评：系统功能分析中的组件列表非常完整，功能模型图也画得十分准确和美观。唯一美中不足的地方是，功能模型中存在两个"螺丝"组件，一个是固定PCB的，一个是将塑料支撑垫固定在外壳上的。这是两个完全不同的组件，因此建议在名称上加以区分，如螺丝1、螺丝2等。此外在总结系统功能分析结论的时候，原图中其实共有8个负面功能，而原作者只列出了5个负面功能，但在最后进行了解释，即负面功能3和负面功能5都分别包含了多个负面功能。这样处理出于简化分析的考虑，是可以的，但为了表述清楚，还是建议把8个负面功能分别列出，而不要合并。

3-2 系统因果分析

3-2-1 系统因果分析图

绘制智能门锁系统因果分析图如图12.6所示。

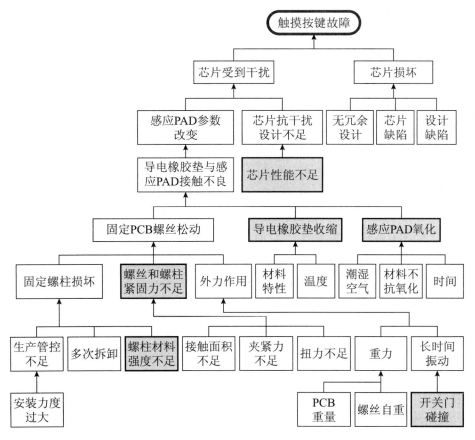

图12.6　智能门锁系统因果分析图

3-2-2 系统因果分析结论

通过因果分析，确定本系统中导致问题产生的根本原因为：增加螺柱材料强度、降低开关门振动影响、改善螺丝和螺柱紧固力不足、减缓感应PAD氧化、减小导电橡胶垫收缩、芯片性能不足。

3-2-3 系统因果分析产生的概念方案

方案1：根据原因感应PAD接触空气氧化，产生新的概念方案，即可用与空气不易发生化学反应的导电材料代替或覆盖在现有的感应PAD表面。

方案2：根据原因导电橡胶垫受热收缩，产生新的概念方案，即将导电橡胶垫更换为不受温度影响的导电材料，如金属弹簧。

方案3：根据原因螺柱材料强度不足，产生新的概念方案，即采用韧性、强度更好的塑料材质。

方案4：根据原因开关门碰撞，产生新的概念方案，即在门的转轴部位设计减震结构，降低开关门时门与门框的碰撞强度。

方案5：根据原因螺丝和螺柱的紧固力不足，产生新的概念方案，即增加螺柱数量，提高螺纹总体的接触面积，从而提高固定强度。

方案6：根据原因芯片性能不足，产生新的概念方案，即更换性能更好的芯片，能够过滤各种干扰。

点评：整个系统因果分析图总体呈树状结构，分析得很深入，甚至在因果分析结束后就产生了6个解决方案，这一点也不稀奇（但是在问题解决流程里，因果分析之后并不产生解决方案）。全面深入的因果分析的确能够有效帮助我们梳理产生问题各要素间的逻辑（因果）关系，从而产生解题思路。

但仔细看该因果分析的细节，还是存在一些小的缺陷：

首先，因果分析虽然强调要全面，但为提高效率也需要战略性地舍弃一些不是很有必要或者影响不是很大的"因果关系"。例如本案例中，从总体上看，"芯片产生干扰—芯片抗干扰设计不足—芯片设计不足"这条因果链其实不是特别有必要（最终产生的解决方案6即更换芯片，只是一个第一级的发明），"芯片存在干扰"固然对按键故障产生影响，但从之前的问题描述来看核心问题应该还是橡胶垫与PAD接触不良，因此可以不必绕圈子，直接将"触摸按键故障"与"橡胶垫与PAD接触不良"连接起来，其他可简化。

其次，在进行因果分析的过程中，没有严格遵照第3章标准动词选取的原则来描述因果关系，这样就导致有些关系不够准确。

由此带来的第三个问题是，在根本原因选择的过程中，所选择的个别"根本原因"没有做到客观描述，带有主观色彩，例如增加螺柱材料强度、降低开关门振动影响等，这些"因果关系"都暗示着特定的解题思路，从而限制了解题思路，降低了产生更多全新解题思路的可能。

最后，在因果分析中，还是没有一直坚持区分"内因"和"条件"的思路，所以导致个别因果链分析思路受到局限。改进的因果分析图如图12.7所示。

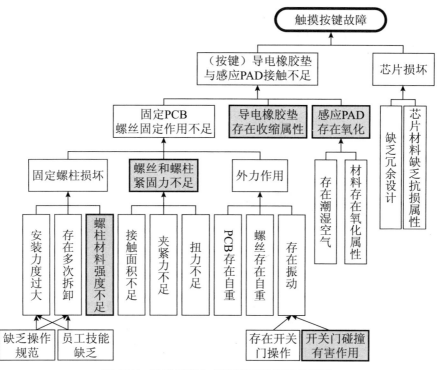

图 12.7 改进后的智能门锁系统因果分析图

3-3 系统资源分析

填写智能门锁的系统资源分析列表如表 12.2 所示。

表 12.2 智能门锁的系统资源分析列表

资源类型	系统级别		
	子系统	系统	超系统
物质资源	绝缘面板、PCB、螺丝、导电橡胶垫、塑料支撑垫、外壳、电路	智能门锁	人、门、空气
能量资源	电能、机械能、磁能	电能、机械能、磁能	机械能、化学能、热能
空间资源	电磁辐射的电磁场覆盖空间、触摸面板空间、绝缘面板和塑料支撑垫结合面空间、PCB 的正反面空间	智能门锁内部空间	门正面空间、人手操作的空间、人声音传播的空间
时间资源	离合器动作时间、PCB 安装前时间	门锁休眠时间、门锁转动时间	开关门过程时间、人准备开锁前的时间
信息资源	电容触摸按键原理、离合器工作原理、无线通信工作原理	智能门锁的工作方式	寄生电容效应、杠杆原理
功能资源			控制程序

点评：该资源分析总体上非常完整，虽还存在部分空格。但有两个资源找得不太准确，一是将信息资源直接写成效应的形式，这个恐怕有问题。效应是将信息开发利用成信息资源的有效途径，但信息资源应该写成"信息"的形式。二是功能资源应该表述为功能的形式，本案例中"控制程序"改为"控制功能"更为合理。

3-4 确定问题解决突破点

通过开展系统三大分析（功能分析、因果分析、资源分析），明确了系统中组件之间的相互关系及存在的负面功能，描述了系统运行过程中问题出现的多层次原因。在综合考虑系统可用资源的基础上，确定问题解决的突破点如下。

问题解决突破点 1：螺柱材料强度不足。

问题解决突破点 2：导电橡胶垫收缩。

问题解决突破点 3：开关门振动（有害）影响。

问题解决突破点 4：螺丝和螺柱的紧固力不足。

问题解决突破点 5：感应 PAD 氧化。

问题解决突破点 6：检测电路对 PAD 参数变化过于敏感（过度作用）。

点评：问题解决突破点的确定选择得非常好，表述也很客观。但问题解决突破点 2，建议更客观地表述为"导电橡胶垫与感应 PAD 接触不足"，而不是仅仅围绕橡胶垫的收缩问题做文章，这样可以有更多的可能性。此外得到的问题解决突破点有点多了，一般建议聚焦 3～5 个就够了。在后面会看到，所有的工具都是围绕问题解决突破点使用的。原作者在后续的解题过程中，只选择性地针对部分突破点使用创新方法工具，而没有对所有 6 个突破点进行分析，估计也是感到工作量太大的缘故吧。

12.1.3 问题解决——系统裁剪、物-场与知识库

4 问题转化与解决

4-1 系统裁剪

4-1-1 确定裁剪元件的原则

①基于项目目标选择裁剪对象。

降低成本：优选功能价值低、成本高的组件。

专利规避：优选专利权利声明的相关组件。

改善系统：优选有主要缺点的组件。

降低系统复杂度：优选高复杂度的组件。

②选择"具有有害功能的组件"。

③选择"低价值的组件"。

④选择"提供辅助功能的组件"。

4-1-2 系统裁剪实施规则

实施规则 1：若裁剪组件 B，随即也就不需要组件 A 的作用，则功能载体 A 可被裁剪。

实施规则 2：若组件 B 能完成组件 A 的功能，那么组件 A 可以被裁剪，其功能由组件 B 完成。

实施规则 3：技术系统或超系统中其他的组件 C 可以完成组件 A 的功能，那么组件 A 可以被裁剪，其功能由其他组件 C 完成。组件 C 可以是系统中已有的，也可以是新增加的。

三种裁剪规则的示意图如图 12.8 所示。

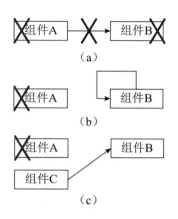

图 12.8　组件裁剪规则示意图

4-1-3 系统裁剪过程

系统裁剪方案一

（1）初始系统功能分析图

确定待裁剪元件，绘制系统的功能模型图裁剪方案，如图 12.9 所示。

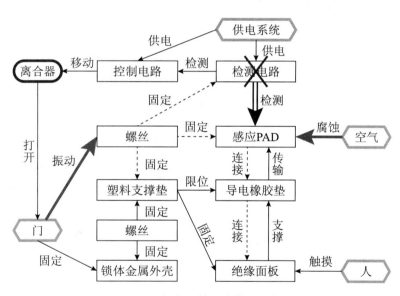

图 12.9　智能门锁系统裁剪示意图

（2）裁剪后系统功能分析图

裁剪后的智能门锁系统功能模型图如图 12.10 所示。

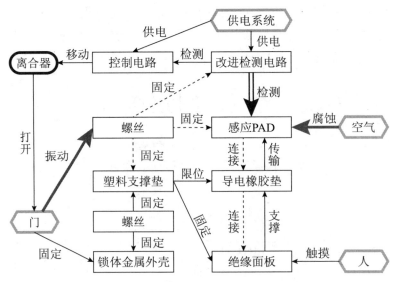

图 12.10　智能门锁系统裁剪后系统功能图

（3）描述形成的概念方案

方案 7：运用裁剪实施规则 3，裁剪原有的控制电路的芯片，采用更先进的芯片，过滤感应 PAD 上的各种干扰。

系统裁剪方案二

（1）初始系统功能分析图

形成的智能门锁系统裁剪方案如图 12.11 所示。

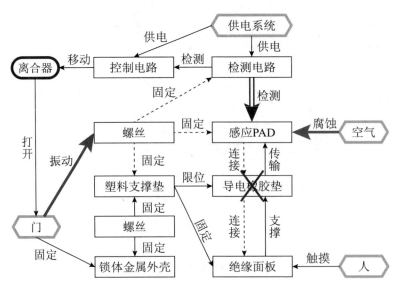

图 12.11　智能门锁系统裁剪方案示意图

（2）裁剪后系统功能分析图

裁剪后的系统功能模型图如图 12.12 所示。

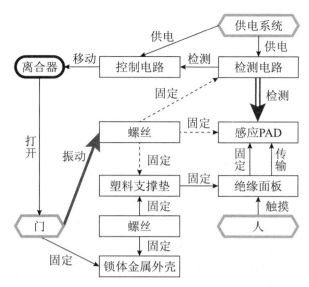

图 12.12　智能门锁系统裁剪后的系统功能图

（3）描述形成的概念方案

方案 8：运用裁剪实施规则 2，裁剪原有用于连接绝缘面板和感应 PAD 的导电橡胶垫，直接将感应 PAD 和绝缘面板使用胶水连接在一起。

系统裁剪方案三

（1）初始系统功能分析图

确定裁剪方案，绘制系统裁剪方案图如图 12.13 所示。

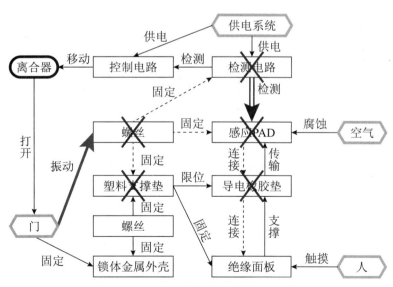

图 12.13　智能门锁系统裁剪方案示意图

（2）裁剪后系统功能分析图

实施裁剪后，最终的智能门锁系统功能模型图如图 12.14 所示。

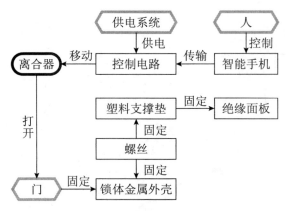

图 12.14　智能门锁系统裁剪后的系统功能图

（3）描述形成的概念方案

方案 9：运用裁剪实施规则 3，裁剪原有通过触摸感应 PAD 的方式来控制门锁离合器，通过引入智能手机，利用智能手机中的无线通信功能和控制电路中的无线通信功能建立连接后，进行数据交换，以实现原有触摸按键系统的功能。

点评：通过使用裁剪工具产生了三个解决方案，尤其是方案 9，针对有害作用最集中最突出的螺丝（固定 PCB 板的螺丝）进行裁剪，结果裁掉了整个 PCB 板，形成了一个全新的突破性解决方案，将触摸感应控制转变为智能手机无线通信控制。非常棒的思路。

4-2 物-场模型及标准解

4-2-1 物-场模型的构建

针对问题解决突破点，构建系统的初始物-场模型图，如图 12.15 所示。

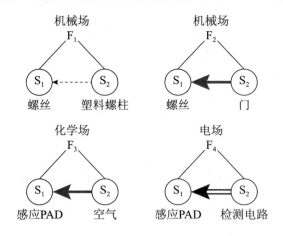

图 12.15　智能门锁问题的物-场模型图

4-2-2 根据启发性原则寻找合适的标准解
4-2-3 描述形成的概念方案

方案10：运用标准解S5.1.1.5（在特定区域引入小剂量活性附加物S_3），螺丝表面浸润少量的胶水，再拧入螺柱，从而增强螺丝和螺柱之间的机械场。新的物-场模型如图12.16所示。

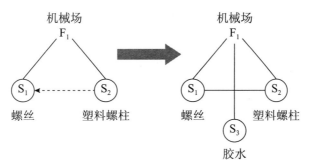

图12.16　引入活性附加物后的物-场模型

方案11：运用标准解S2.2.6（构造物质S_2），将塑料螺柱更换为内嵌金属螺柱的新螺柱，增加塑料螺柱的强度和螺丝之间机械场。新的物-场模型如图12.17所示。

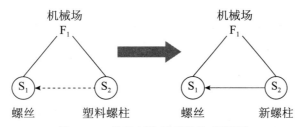

图12.17　构造新物质后的物-场模型

方案12：运用标准解S2.4.2（引入铁磁颗粒，建立铁磁场模型），将塑料螺柱内混入磁性材料，增加螺丝和螺柱之间的紧固力。新的物-场模型如图12.18所示。

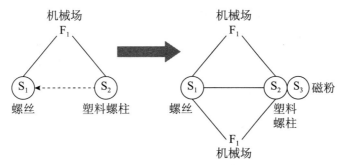

图12.18　引入新物质铁粉后构建的新物-场模型

方案13：运用标准解S1.2.3（引入第二物质S_2），在感应PAD表面覆盖一层导电且抗氧化涂层。新的物-场模型如图12.19所示。

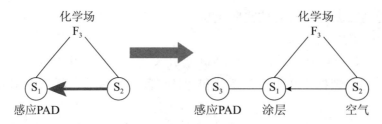

图12.19 引入第二物质后的物-场模型

方案14：运用标准解S1.2.4（引入场F_3），引入一个与螺丝松动相反的作用力，抵消门的有害振动，新的物-场模型如图12.20所示。

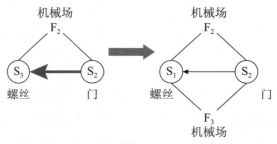

图12.20 引入一个新的场后的物-场模型

方案15：运用标准解S1.2.1（在系统的两个物质间引入外部现成的物质S_3），在门上安装一个减振装置，降低门碰撞产生的振动。新的物-场模型如图12.21所示。

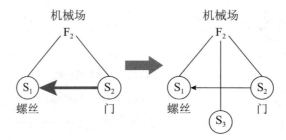

图12.21 引入新物质后的物-场模型

方案16：运用标准解S2.2.6（构造物质S_2），改进检测电路性能使其更大程度地过滤感应PAD周围因环境的变化而产生的干扰。新的物-场模型如图12.22所示。

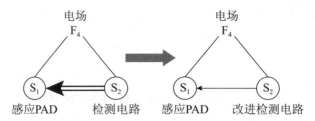

图12.22 构造新物质后的物-场模型

点评：针对问题分析部分总结的后4个问题解决突破点，将其转化为物-场模型，通过标准解得到了7个解决方案。整个过程非常完善准确，值得学习借鉴。略显遗憾的是没有对前两个问题解决突破点，螺柱材料强度不足以及导电橡胶垫收缩（后者建议修改为"橡胶垫与感应PAD存在间隙"）构建物-场模型。不过从原有的表述来看，前两个问题的表述如果不加转化，直接转化为物-场模型确实还是有难度的。

<u>4-3 运用科学效应及知识库</u>
<u>4-3-1 提炼欲改变的系统功能</u>
（1）减缓和阻止化学变化。
（2）控制对象的运动。
（3）稳定对象的位置。
<u>4-3-2 查询知识库并获得结果</u>
综合查询各类科学效应库，得到可利用的效应列表如下。
（1）减缓和阻止化学变化：
阻化剂；使用惰性气体；使用保护层物质；改变表面性质。
（2）控制对象的运动：
将对象连上有影响的铁或磁铁；引入磁场；运用另外的对象传递压力；机械振动；惯性力；热膨胀；浮力；压电效应；马格纳斯效应。
（3）稳定对象的位置：
电场和磁场；利用在电场和磁场的作用下固化定位液态的对象；吸湿效应；往复运动；相变（再造型）；熔炼；扩散熔炼。
<u>4-3-3 描述形成的概念方案</u>
方案17：运用科学效应"使用保护层物质"。该效应的基本原理是通过在被保护物质表面增加特殊涂层，以隔绝被保护物质发生不期望的物理或化学变化。

运用上述效应，形成新的概念方案，即在感应PAD表面涂覆导电涂层（如金、石墨）以消除空气腐蚀作用。

方案18：运用科学效应"使用惰性气体"。该效应的基本原理是使用惰性气体代替容易发生化学反应的气体。

运用上述效应，形成新的概念方案，即将感应PAD做在密封装置内，内部填充惰性气体（如氦气）以隔离空气，消除感应PAD被氧化的问题。

方案19：运用科学效应"热膨胀"。该效应的基本原理是物体温度变化引起其大小（长度、面积和体积）发生变化的现象。通常是指外压强不变的情况下，大多数物质在温度升高时体积增大，温度降低时体积缩小。

运用上述效应，形成新的概念方案，即螺丝在拧进螺柱内之前，先低温处理，拧入螺柱内后，恢复常温，螺丝体积变大，螺纹与螺柱的接触面积及压力增加，有利于增加螺丝和螺柱紧固力。

方案20：运用科学效应"电场和磁场"。该效应的基本原理是，磁场是电流、运动电荷、磁体或变化电场周围空间存在的一种特殊形态的物质，是磁体间相互作用的媒介；电场是电荷或变化磁场在其周围空间里激发的一种特殊形态的物质。

运用上述效应，形成新的概念方案，即将门的开关由手动变成电动，可以控制开关门速度，进而控制碰撞的力度。

方案21：运用科学效应"热膨胀"。该效应的基本原理是物体温度变化引起其大小（长度、面积和体积）发生变化的现象。通常是指外压强不变的情况下，大多数物质在温度升高时体积增大，温度降低时体积缩小。

运用上述效应，形成新的概念方案，即在导电橡胶材料内增加具有受热膨胀的材料，以抵消橡胶材料的热收缩特性。

点评：同样围绕后4个问题解决突破点，将其转化为所要实现的功能。例如问题解决突破点"螺丝和螺柱的紧固力不足"对应"稳定对象的位置"，问题解决突破点"开关门振动（有害）影响"对应"控制对象的运动"，问题解决突破点"感应PAD氧化"对应"减缓和阻止化学变化"，遗憾的是问题解决突破点"检测电路对PAD参数变化过于敏感（过度作用）"在传统的TRIZ学科效应库中难以找到对应的功能。与物-场模型一样，前两个问题没有被转化功能，没有查询知识库，比较遗憾。有兴趣的学员可以采用最新的牛津大学知识库重新定义功能和属性，查找更多的科学效应并产生相应的概念解。

12.1.4 问题解决——技术矛盾与物理矛盾

4-4 技术矛盾解决

技术矛盾一

（1）规范化表述系统中存在的技术矛盾

本系统中存在的技术矛盾可表述为：为了改善"螺柱材料强度不足"，导致系统的"可制造性"恶化。

（2）用工程参数描述技术矛盾并查询2003矛盾矩阵

选择技术矛盾参数组合以及查询所得发明原理如表12.3所示。

表12.3 技术矛盾查询与对应的发明原理

改善的参数	恶化的参数	对应的发明原理编号
强度	可制造性	35，10，3，40，14，4，37，24

注：35：状态和参数变化原理　　14：曲面化原理
　　10：预先作用原理　　　　　04：不对称原理
　　03：局部特性原理　　　　　37：热膨胀原理
　　40：复合材料原理　　　　　24：中介原理

（3）描述形成的概念方案

方案22：运用发明原理40（复合材料原理），产生新的概念方案，即将塑料支撑垫整体使用强度更大的复合材料。

方案23：运用发明原理4（不对称原理），产生新的概念方案，即将塑料螺柱内的开孔上部做成一个锥形的导轨槽，降低因螺丝自攻方向偏差造成的螺柱开裂风险。

方案24：运用发明原理3（局部特性原理），产生新的概念方案，即在塑料螺柱的外部套金属环，限制塑料柱变形的程度，降低塑料柱开裂风险。

技术矛盾二

（1）规范化表述系统中存在的技术矛盾

本系统中存在的技术矛盾可表述为：为了提高"螺丝和螺柱的紧固力"，导致系统的"易维护性"恶化。

（2）用工程参数描述技术矛盾并查询2003矛盾矩阵

选择技术矛盾参数组合以及查询所得发明原理列表如表12.4所示。

表12.4 技术矛盾查询与对应的发明原理

改善的参数	恶化的参数	对应的发明原理编号
可靠性	易维护性	1，11，15，27，25，7

注：11：预先防范原理　　25：自服务原理
　　15：动态性原理　　　7：嵌套原理
　　1：分割原理　　　　27：一次性用品替代原理

（3）描述形成的概念方案

方案25：运用发明原理25（自服务原理），产生新的概念方案，即增加一个装置，使螺丝具有自拧紧功能。

方案26：运用发明原理11（预先防范原理），产生新的概念方案，即设计一个与螺帽配套的限位扣，当螺丝拧紧后，套上限位扣进行限位，防止螺丝松动。

方案27：运用发明原理27（一次性用品替代原理），产生新的概念方案，即将方案24中的限位扣，做成一次性元件，维修时可直接破坏掉，降低设计难度和维护成本。

点评：整个技术矛盾分析流程和产生解的过程都无懈可击，可惜的是只对两个（即第一和第三个）问题解决突破点来构建技术矛盾了。但整个分析过程建议都围绕所选取的问题解决突破点来进行，因此应该对其他4个问题突破点再构建矛盾进行分析。

4-5 物理矛盾解决

物理矛盾一

（1）规范化表述系统中存在的物理矛盾

为了感应PAD不产生间隙，要求PCB板（含检测电路和感应PAD）与结构件做成一体；

与此同时，为了生产和维修方便，要求 PCB 板与结构件是可拆卸可更换的。因此，本系统中存在对同一个参数"易维护性"的相反要求，即存在物理矛盾。后续尝试使用四大分离原理（空间分离、时间分离、系统分离、条件分离）解决系统中存在的物理矛盾。

（2）描述形成的概念方案

方案 28：运用空间分离产生新的概念方案，即将不容易损坏的感应 PAD 从 PCB 板中分离出来，将感应 PAD 单独设计成一个 PCB 板，将该 PCB 板与结构件（绝缘面板和塑料支撑垫）固定在一起，做成不可拆卸方式，而将容易损坏的检测电路单独设计一个 PCB 板，通过可拆卸方式固定。

物理矛盾二

（1）规范化表述系统中存在的物理矛盾

为了降低开关门时对门锁的振动影响，要求开关门的速度不能快；与此同时，为了节省开关门时间，要求开关门的速度快。因此，本系统中存在对同一个参数"开关门速度"的相反要求，即存在物理矛盾。后续尝试使用四大分离原理（空间分离、时间分离、系统分离、条件分离）解决系统中存在的物理矛盾。

（2）描述形成的概念方案

方案 29：运用时间分离产生新的概念方案，即将门增加一个阻尼控制装置，在开关门初期，阻尼很小，开关门很方便。当门开关至一定角度后，阻尼增大，降低门体和门框（或其他物体）碰撞的强度，从而达到降低锁体振动的目的。

点评：物理矛盾的整个构建和分析过程非常经典。但与技术矛盾类似，物理矛盾的构建应该是围绕问题解决突破点进行，所以除了这两个突破点（第二和第三个），还有其他 4 个问题解决突破点也要考虑是否能够构建物理矛盾从而产生解决方案。

12.1.5　问题解决——系统进化与创新思维方法

4-6 九屏幕法

4-6-1 扩展型资源列表

填写扩展性资源列表如表 12.5 所示。

表 12.5　智能门锁系统扩展型资源列表

时间维度	过去	现在	未来
物质资源	金属锁、门闩	机械锁、智能门锁、人工智能门锁、机械离合器、电子离合器、胶水、复合材料、锁芯、控制电路、按键电路、生物识别电路、RFID 识别电路、供电电路	虹膜识别、智能设备、人工智能设备
能量资源	机械能	电能、机械能、磁能	机械能、化学能、磁能、热能
空间资源	锁的内部空间、周围的空间、屋内空间	门锁前后壳侧面、门锁把手空间、门转动空间、锁芯的内部空间、RFID 辐射的电磁场覆盖空间、触摸面板空间、离合器位移空间、门正面空间、人手操作的空间、人声音传播的空间	虚拟门

续表

时间维度	过去	现在	未来
时间资源	开锁时间、生产锁时间、维修锁的时间	门锁安装时间、门锁休眠时间、门锁转动时间、门锁维修时间、生产装配时间、控制电路休眠时间、RFID 的工作时间、按键的休眠时间、开关门过程时间、人准备开锁前的时间	生产锁的时间、无需维修的锁、开门时间极短
信息资源	锁的锈蚀、锁的腐烂、锁的损坏等	智能门锁的安装环境、电容触摸按键原理、离合器工作原理、RFID 的工作原理、寄生电容效应、化学反应、杠杆原理	声光电提示
功能资源	锁门	门锁实现门铃功能、胶水作为填充剂、控制程序、美观	全智能化

<u>4-6-2 根据资源列表提示，选取可用资源，列在九屏幕中</u>

用九屏幕法填写资源列表，如表 12.6 所示。

表 12.6　九屏幕法资源列表

系统级别	时间		
	问题发生前	问题发生时	问题发生后
子系统	机械按键	电容式按键	生物识别按键
系统	机械锁	智能电子门锁	人工智能门锁
超系统	人	人、智能设备	人、人工智能设备

<u>4-6-3 描述形成的概念方案</u>

方案 30：运用智能设备产生新的概念方案，即可以使用智能手机利用无线通信技术代替现有的触摸按键功能。

方案 31：运用生物识别按键产生新的概念方案，即使用语音代替手输入信息。

<u>4-7 系统进化法则及 S 曲线</u>

<u>4-7-1 对系统所处 S 曲线时期的判断</u>

- 性能描述：局部优化。
- 发明级别描述：级别较低。
- 发明数量描述：专利数量逐年增加。
- 经济收益描述：经济逐年增加。

综合考虑以上四方面指标，判断本系统处于成长向成熟过渡期。

<u>4-7-2 系统所处阶段与进化法则的对应关系</u>

<u>4-7-3 描述形成的概念方案</u>

方案 32：运用向超系统进化法则产生新的概念方案，即将按键功能转移至智能手机来实现。

方案 33：运用提供理想度法则产生新的概念方案，即将感应 PAD 和绝缘面板直接固定在一起，省掉中间传导信号的导电橡胶垫。

方案 34：运用提供理想度法则产生新的概念方案，即螺丝具有自锁紧功能、抗振动功能。

方案 35：运用子系统不均衡进化法则产生新的概念方案，即检测电路能够对各种干扰自适应。

点评：几乎运用了所有进化法则来构建解决方案，非常好。

<u>4-8 创新思维之 STC 算子</u>
<u>4-8-1 对 STC 算子中三种极限情况的描述</u>
运用 STC 算子描述三种极限条件下的情况，如表 12.7 所示。

表 12.7　STC 算子及三种极限条件下的情况描述

项目	改变方向	
	趋近于零 / → 0	趋近于无穷 / → ∞
尺寸（size）	螺丝无穷小，起不到固定作用 感应 PAD 无穷小，无法检测到手指	螺丝和螺柱的直径足够大，接触面积足够大，固定牢固
时间（time）	开关门速度太快，振动强度增加，对系统不利；螺丝安装速度太快，容易造成螺柱损坏，对系统不利	开关门的速度足够的慢，则振动影响可以忽略
成本（cost）	使用系统内部或超系统功能代替现有按键功能	将感应 PAD 直接嵌入到绝缘材料内

<u>4-8-2 描述形成的概念方案</u>

方案 36：在尺寸趋近于无穷的条件下，产生新的概念方案，即增加螺丝和螺柱的固定数量，提高固定强度。

方案 37：在时间趋近于无穷的条件下，产生新的概念方案，即开关门使用电动控制，开关门速度可控，以有效降低振动。

方案 38：在成本趋近于零的条件下，产生新的概念方案，即将按键功能使用智能手机代替。

方案 39：在成本趋近于无穷的条件下，产生新的概念方案，即可将感应 PAD 与绝缘面板贴合在一起，不会产生间隙，也不会有 PAD 氧化问题。

点评：这个 STC 算子虽然产生了四个概念方案，但是分析过程是有问题的，使用 STC 算子一定要每次聚焦同一个参数来思考。例如对于尺寸（size）维度，如果趋近于无穷大的是螺丝和螺柱的直径，那么对应的，趋近于零的参数也应该是螺丝和螺柱的直径，而提到感应 PAD 的尺寸是不合适的。其他两个维度都有类似的问题。

<u>4-9 最终理想解（IFR）</u>
①系统的最终目标是什么？
将触摸按键系统的故障率降低至零。
②理想化最终结果是什么？
无需实体按键系统也能够实现相应的功能。
③达到理想化状态的障碍是什么？

处理器和软件算法的性能不足。

④这些障碍为什么阻碍理想化状态的实现？

处理器和软件算法的性能不足，则无法准确及时地识别用户输入信息，用户体验差。

⑤不出现这些障碍的条件是什么？

生物识别算法足够成熟完善；处理器的性能足够强大。

⑥可用哪些资源创造这些条件？

可以利用云计算弥补本地处理器性能不足的问题。

⑦是否有其他产业已实现类似的理想化结果的实施方案？

亚马逊智能音响，利用云计算来实现对人的语义识别；虚拟投影键盘。

由 IFR 分析得到的方案如下：

方案 40：取消触摸按键系统，使用语音输入。

方案 41：取消触摸按键系统，使用智能手机代替。

方案 42：将实体按键替换成虚拟按键，如激光投影按键。

点评：当时原作者应用的是 IFR 的传统流程，最终只得出一个概念解。如果使用本书前文所提供的改进型的 IFR 流程，则应如下：

流程 1：精确地描述系统中现存的问题和矛盾——触摸按键会出现故障。

流程 2：明确系统所要实现的功能（SVOP）——智能门锁按键系统改变离合器位移变化。

流程 3：思考实现（这些）功能的理想情况。

流程 3-1：需要/存在这种功能的原因是什么？是否可以通过消除这个原因使得这种功能不再被需要（有害功能和成本降为零）。

存在智能门锁按键系统改变离合器位移变化功能（即俗称的"按键"功能）的根本原因是存在"锁门"的需求。由此产生一个思路，如果社会发展进步，就能够路不拾遗，门不闭户，根本不需要锁门，当然这是一个非常理想的情况。退一步说，存在"按键"功能的直接原因是智能门锁需要由按键控制。如果不需要机械控制的智能门锁，改由其他系统完成"锁门"的需求，由此会产生概念方案指纹锁、眼纹锁、手机锁等，不再需要按键系统对门锁进行控制。

流程 3-2：不需要系统（有害功能和成本降为零）。

（1）对象自服务，自己实现所需功能。

本系统的对象本应是"离合器"，自服务即离合器自动调节位移变化，这个是有点难度的。可以换个思路，离合器自动调节位移变化的目的归根到底还是为了控制锁，因此产生概念方案，即门锁自动识别主人（如脸部识别），自动开门。

（2）所需功能由超系统实现。

所需功能"控制锁"由超系统实现，于是产生概念方案，即不加门锁，身份识别任务统一由中央控制室完成。

（3）所需功能由更廉价的其他系统实现。

"控制锁"功能由更廉价的传统"钥匙＋机械锁"实现,这是一个思路但不能算概念方案。

流程 3-3：去除有害功能。

（1）裁剪产生有害功能的组件或子系统。

产生有害功能的组件是导电橡胶垫,将其裁剪产生的概念方案,即裁剪原有用于连接绝缘面板和感应 PAD 的导电橡胶垫,直接将感应 PAD 和绝缘面板使用胶水连接在一起。

（2）将有害功能配置到超系统中去。

将有害功能"按键故障"配置到超系统中,由此想到概念方案,即单元锁＋呼叫器,出入控制统一在单元门门锁的按键上输入密码或者呼叫语音帮助,跟现在很多小区门禁系统一样。

流程 3-4：降低成本。

利用系统内部的剩余资源或引入系统外部的"免费"资源来帮助实现有用功能。

想到概念方案：请退休大伯义务帮忙看门或寄存钥匙,不需要门锁。

流程 4：看其他行业是否已解决本问题。

单身公寓钥匙托管,单身宿舍数码锁,中控室统一管理；此外监狱每个牢房的门开关都由中控室统一控制。

流程 5：构建解决方案。

概念方案 1：指纹锁、眼纹锁等生物特征识别非机械智能门锁。

概念方案 2：手机锁。

概念方案 3：脸部识别智能门锁。

概念方案 4：中央控制室统一控制门锁。

概念方案 5：裁剪导电橡胶垫。

概念方案 6：单元锁＋呼叫器。

概念方案 7：退休大伯义务看门或寄存钥匙。

因此使用新的流程,共产生了 7 个概念方案,另还有两个思路（不可行）。与原流程相比,解的数量和质量都有了极大提升,而且还产生了 5 个原案例没有得到的方案（方案 1、3、4、6、7）。以上方案很多都脱离了智能门锁的范畴,提供了突破性的解题思路。

12.1.6 概念方案汇总、评价与总结

5 方案汇总及评价

5-1 产生的概念方案汇总

将产生的全部概念方案汇总如表 12.8 所示。

表 12.8 概念方案汇总

序号	方案名称	所用 TRIZ 工具	方案简要描述
1	抗氧化的感应 PAD	因果分析	将感应 PAD 使用抗氧化材料或使用导电涂层保护
2	金属弹簧垫	因果分析	使用金属弹簧代替导电橡胶垫

续表

序号	方案名称	所用TRIZ工具	方案简要描述
3	提高材料强度	因果分析	螺柱采用韧性、强度更大的塑料材质
4	带减震的门	因果分析	在门的转轴部位设计减震结构，降低开关门时门与门框的碰撞强度
5	增加固定位置	因果分析	增加固定螺柱的数量
6	自适应的芯片	因果分析	更换性能更好的芯片，能够过滤感应PAD周围因环境的变化而产生的干扰
7	自适应的芯片	裁剪	更换性能更好的芯片，能够过滤感应PAD周围因环境的变化而产生的干扰
8	带感应PAD的绝缘面板	裁剪	直接将感应PAD和绝缘面板使用胶水连接在一起
9	支持智能手机操作的按键	裁剪	利用智能手机实现原有触摸按键系统的功能
10	带胶水的螺丝	物-场模型标准解	螺丝表面浸润少量的胶水，再拧入螺柱，从而增强螺丝和螺柱之间的机械场
11	内嵌金属螺柱	物-场模型标准解	将塑料螺柱更换为内嵌金属螺柱的新螺柱，增加塑料螺柱的强度和螺丝之间机械场
12	磁性螺柱	物-场模型标准解	塑料螺柱内混入磁性材料，增加螺丝和螺柱之间的紧固力
13	抗氧化的感应PAD	物-场模型标准解	直接将感应PAD和绝缘面板使用胶水连接在一起
14	自锁紧螺丝	物-场模型标准解	螺丝产生一个与松动相反的作用力，抵消门的有害振动
15	带减震的门	物-场模型标准解	在门上安装一个减震装置，降低门碰撞产生的振动
16	自适应的芯片	物-场模型标准解	更换性能更好的芯片，能够过滤感应PAD周围因环境的变化而产生的干扰
17	抗氧化的感应PAD	科学效应	在感应PAD表面涂覆导电涂层（如金、石墨）以消除空气腐蚀作用
18	隔离空气的密封结构	科学效应	感应PAD做在密封装置内，内部填充惰性气体（如氦气）以隔离空气，消除感应PAD被氧化的问题
19	热膨胀记忆螺丝	科学效应	螺丝先低温处理使其体积缩小，拧入螺柱后，温度回升，体积恢复，即可增加紧固力
20	电控门	科学效应	将门的开关由手动变成电动，可以控制开关门速度，进而控制碰撞的力度
21	无热缩效应的导电橡胶垫	科学效应	在导电橡胶材料内增加具有受热膨胀的材料，以抵消橡胶材料的热收缩特性
22	提高材料强度	矛盾分析	塑料支撑垫整体使用强度更强的复合材料进行强化
23	导轨槽	矛盾分析	螺柱内开孔上部做成一个锥形的导轨槽，降低因螺丝自攻方向偏差造成的螺柱开裂风险
24	金属限位套	矛盾分析	在塑料螺柱的外部套金属环，限制塑料柱变形的程度，降低塑料柱开裂风险
25	自锁紧螺丝	矛盾分析	增加一个装置，使螺丝具有自拧紧功能

续表

序号	方案名称	所用 TRIZ 工具	方案简要描述
26	螺丝限位扣	矛盾分析	设计一个与螺帽配套的限位扣，当螺丝拧紧后，套上限位扣进行限位，防止螺丝松动
27	一次性螺丝限位扣	矛盾分析	将限位扣做成塑料一次性元件，维修时可将之破坏掉后，再拆卸螺丝
28	带绝缘感应 PAD 的面板	矛盾分析	将感应 PAD 从电路中独立出来，与绝缘面板做成一个独立组件
29	智能减震门	矛盾分析	根据门轴夹角智能控制器阻尼大小，兼顾关门速度和减震效果
30	支持智能手机操作的按键	九屏幕法	利用智能手机实现原有触摸按键系统的功能
31	语音识别按键	九屏幕法	使用语音代替手输入信息
32	支持智能手机操作的按键	进化法则	利用智能手机实现原有触摸按键系统的功能
33	带感应 PAD 的绝缘面板	进化法则	将感应 PAD 从电路中独立出来，与绝缘面板做成一个独立组件
34	自锁紧螺丝	进化法则	增加一个装置，使螺丝具有自拧紧功能
35	自适应的芯片	进化法则	更换性能更好的芯片，能够过滤感应 PAD 周围因环境的变化而产生的干扰
36	增加固定位置	STC 算子	增加固定螺柱的数量
37	电控门	STC 算子	将门的开关由手动变成电动，可以控制开关门速度，进而控制碰撞的力度
38	支持智能手机操作的按键	STC 算子	利用智能手机实现原有触摸按键系统的功能
39	带感应 PAD 的绝缘面板	STC 算子	将感应 PAD 从电路中独立出来，与绝缘面板做成一个独立组件
40	语音识别按键	IFR	增加一个装置，使螺丝具有自拧紧功能
41	支持智能手机操作的按键	IFR	利用智能手机实现原有触摸按键系统的功能
42	虚拟投影按键	IFR	用虚拟投影按键代替实体按键

5-2 产生的概念方案评价

对产生的全部概念方案（去掉重复方案后重新编号）进行评价，如表 12.9 所示。

表 12.9 概念方案评价汇总

序号	方案名称	成本	难易	可靠	综合评价
1	抗氧化的感应 PAD	中	中	中	中
2	金属弹簧垫	高	中	中	中
3	提高材料强度	中	中	中	中
4	带减震的门	高	高	低	低
5	增加固定位置	中	低	中	中

续表

序号	方案名称	成本	难易	可靠	综合评价
6	自适应的芯片	高	高	中	低
7	带感应PAD的绝缘面板	中	中	高	高
8	支持智能手机操作的按键	低	低	中	中
9	带胶水的螺丝	中	高	高	低
10	内嵌金属螺柱	高	中	中	中
11	磁性螺柱	高	高	低	低
12	自锁紧螺丝	中	低	高	高
13	导轨槽	低	低	低	低
14	金属限位套	中	低	低	低
15	隔离空气的密封结构	高	高	低	低
16	热膨胀记忆螺丝	高	高	低	低
17	电控门	高	高	高	低
18	无热缩效应的导电橡胶垫	高	高	低	低
19	螺丝限位扣	高	高	高	高
20	一次性螺丝限位扣	低	高	高	中
21	智能减震门	高	高	中	低
22	语音识别按键	高	高	低	低
23	虚拟投影按键	高	高	中	低

5-3 最终实施方案描述

综合考虑成本、难易性、可靠性以及不良影响等多个维度，最终采纳由"带感应PAD的绝缘面板、提高材料的强度、支持智能手机操作的按键"所组成的综合方案，即：将感应PAD从PCB板中分离出来，单独制作在一个柔性PCB板上，再将柔性PCB板固定在塑料支撑垫和绝缘面板之间，将三者做成一个一体化组件。同时，更换抗干扰能力更好的芯片，提高塑料支撑垫的强度和韧性，综合方案结果如图12.23所示。最后又开发了一款适配智能手机的App，通过手机蓝牙和控制电路通信，利用手机代替按键功能，即使按键出现故障，仍可保证用户可以通过手机来完成相应的操作，方案结果如图12.24所示。

图12.23 适配智能手机的门锁方案图

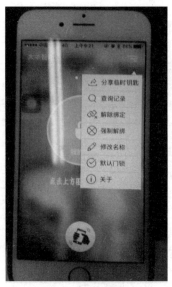

图 12.24　智能门锁手机 App

点评： 综合采用多种创新工具，案例原作者一共产生了 42 个概念解，通过对去重后的 23 个概念解进行逐一分析，最终作者选用了综合评价较高的前 3 个方案，即评价最高的方案 7、3 和 8，构建了综合性的解决方案，即柔性面板加手机控制。通常综合运用 TRIZ 的多个工具都会产生多个概念方案，需要在进行综合评价的基础上，考虑方案间的相容性和互补性，最终构建综合性的解决方案。本案例就是一个很好的例子。

<u>6 经济及社会效益分析</u>

<u>6-1 最终实施方案的经济及社会效益分析</u>

本方案通过组件化设计，消除了感应 PAD 位移和氧化问题，极大地改善了由于感应 PAD 出现位移造成按键故障的问题，同时辅以智能手机 App 功能，进一步降低因按键故障造成的用户体验不佳等不良影响。

目前智能锁市场的需求量较大，销量增长较快，而按键功能属于智能锁的标配功能。该方案可有效降低产品售后维修保障成本，同时可提高用户对公司品牌的认可度，进而提高产品销量，预计每年可产生 1000 万元左右的经济效益。

<u>6-2 产生专利或文章情况</u>

略。

点评：

略。

12.2 改善缝纫机牙架处漏油问题

12.2.1 工程问题解答摘要与总体描述

<u>1 项目摘要</u>

本项目致力于解决缝纫机牙架处漏机油问题;运用 TRIZ 工具后产生了 17 个概念方案;最终采用了牙架自润滑(主牙架和辅助牙架采用自润滑材料,去除独立供油系统,由油润滑变为无油润滑)的方案,为公司进入中高端市场打下了坚实的技术基础,直接经济价值 300 万元/年以上。

点评:摘要部分简洁清晰,尤其对最终方案的解释,一语中的,其核心原理就是用"自润滑"代替"油润滑",极大提升了原系统的理想度。

<u>2 问题背景及描述</u>
<u>2-1 问题背景描述</u>
<u>2-1-1 规范化表述技术系统实现的功能</u>
- 技术系统(S):送布机构。
- 动词(V):改变。
- 作用对象(O):缝布。
- 参数(P):位置。

因此,本技术系统的功能可以表达为"送布机构改变缝布的位置"。

点评:SVOP 定义很准确。

<u>2-1-2 现有技术系统的工作原理</u>

缝纫机的送布系统是由电机主轴提供动力,由主牙架和辅助牙架进行周期性沿一定轨迹运动,进而实现送布的。送布机构的结构图如图 12.25 所示。

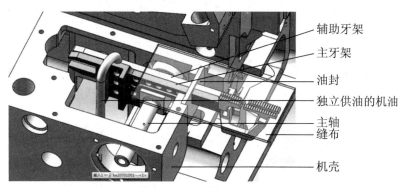

图 12.25 某型号的工业缝纫机工作原理示意图

点评：工作原理介绍准确清楚，配图非常合理。工作原理的介绍最好能够有图，一目了然。

2-2 问题现状描述

2-2-1 当前技术系统存在的问题

目前送布系统可以实现有效地送布。由于辅助牙架和主牙架间要进行相对运动，进而产生摩擦，因此为了提高牙架的使用寿命，用机油进行润滑。但辅助牙架和主牙架的接触面对机油密封不足，导致机油从接触面中漏出来，污染缝布。漏油位置如图 12.26 所示。

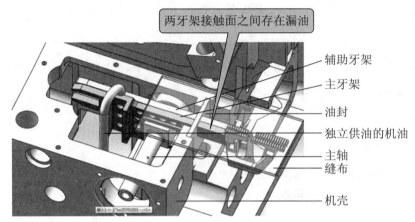

图 12.26　工业缝纫机漏油示意图

2-2-2 问题出现的条件和时间

当缝纫机主轴转速达到 3000r/min 时，或当缝纫机连续运行 1 小时后或同时达到两个条件时，机油开始污染缝布。

2-2-3 问题或类似问题的现有解决方案及其缺陷

（1）例如一些日本企业采用提高牙架接触面精度的方法来防止漏油。

缺点：牙架加工成本成倍增加，且不能完全防止漏油，只能相对降低漏油的程度。

（2）例如国内的一些企业采用降低独立供油系统中的供油量来防止漏油。

缺点：辅助牙架和主牙架的接触面摩擦加剧，故辅助牙架和主牙架使用寿命缩短。

点评：对问题的描述很清晰，图示也很清晰，对问题出现的条件和时间描述得十分精确。对当前解决方案的描述略显简单了一些，但也基本介绍清楚了改进的思路和效果。

2-3 对新系统的要求

在主轴转速不低于 8000r/min 及连续运行时间不低于 12 小时的情况下，送布系统可以有效地移动缝布，而不出现机油污染缝布的情况。

点评：对新系统的要求采用定量的指标描述，非常准确具体。值得一提的是，在强调解决问题的同时，没有忘记强调要保持系统原有功能（移动缝布），这一点想得非常周到。

12.2.2 三大问题分析工具——功能分析、因果分析、资源分析

3 问题分析

3-1 系统功能分析

3-1-1 系统组件列表

本系统的功能是：送布机构改变缝布位置。

本系统的作用对象是：缝布。

送布结构的系统组件列表如表 12.10 所示。

表 12.10 送布机构系统组件列表

超系统组件	组件	子组件
缝布	主轴	
	主牙架	
	辅助牙架	
	油封	
	独立供油系统中的机油	

3-1-2 系统功能模型图

绘制某型工业缝纫机系统功能模型图如图 12.27 所示。

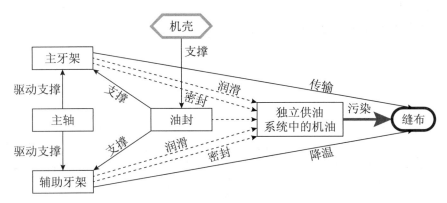

图 12.27 某型工业缝纫机系统功能图

3-1-3 系统功能分析结论

通过构建系统功能模型图并进行分析，描述了系统元件及其之间的相互关系，确定了导致问题存在的功能因素，列举出系统中存在的所有负面功能如下：

负面功能1：辅助牙架和主牙架的接触面对机油密封作用不足——不足作用。

负面功能2：油封对机油的密封作用不足——不足作用。

点评：先列出组件列表再画功能模型图，这里容易犯错的地方是有学员常常忘记把"对象"填入超系统，本案例的原作者没有忘记，非常好。但原作者在功能分析这部分犯了3个小错误：从图12.27中可以发现，超系统组件"机壳"对油封有支撑作用，而组件列表中的超系统却只有对象"缝布"，因此应该把"机壳"填入表格的超系统中去。这是第一个错误。其次，应该是"独立供油系统中的机油"对主牙架和辅助牙架有润滑作用，箭头应该由"独立供油系统中的机油"指向"主牙架"和"辅助牙架"，图中画反了，正确功能模型图如图12.28所示。第三，系统功能分析结论要求把所有的负面功能都写上，图中共存在一个有害作用，三个不足作用，应该都列上。漏掉的两个作用分别是"独立供油系统中的机油"对主牙架润滑不足，"独立供油系统中的机油"对辅助牙架润滑不足。

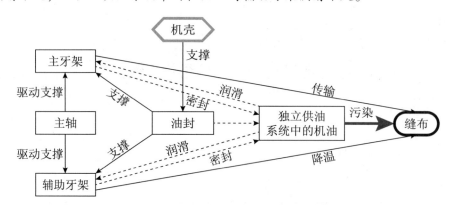

图12.28　某型工业缝纫机系统功能图的正确画法

3-2 系统因果分析

3-2-1 系统因果分析图

对系统产生的"机油污染布料"的结果进行因果分析，如图12.29所示。

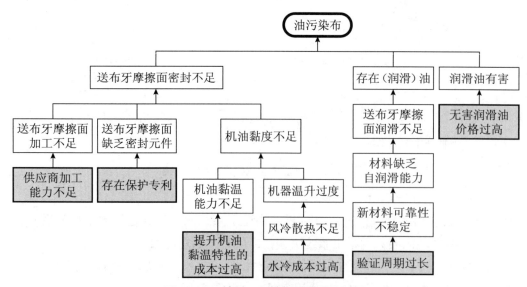

图12.29　某型工业缝纫机因果分析图

3-2-2 系统因果分析结论

通过因果分析,确定本系统中导致问题产生的根本原因为:供应商加工能力不足、存在保护专利、提升机油黏温特性的成本过高、水冷成本过高、验证周期过长、无害润滑油价格过高。

点评:做好因果分析是不容易的,总体来说原作者的因果分析完成质量已非常高,比如从上到下第一层因果关系中,"存在(润滑)油"是内因,"送布牙摩擦面密封不足"是条件(外因)。同时在对"送布牙摩擦面密封不足"这条因果链上也一直在坚持进行内因和外因的分析,所以左侧的因果图是树状的,很好。另外基本每条因果链都达到因果分析的终止条件才停止分析,例如"水冷成本过度高"是到了成本的极限,"存在保护专利"到达了制度的极限,说明分析得很到位。

但也存在一些瑕疵。首先,"润滑油有害"和结果"油污染布"并无必然因果关系,因此可以不考虑。第二,在"存在(润滑)油"这半边因果链上,没有坚持进行内因和条件的分析,呈链状结构,思路较为局限。例如在从上到下第二层因果关系中,"送布牙摩擦面润滑不足"是条件,内因应该是"油存在润滑的属性";再进一步分析,"材料缺乏自润滑能力"是内因,这是由材料属性决定的,但还可以找条件,例如"送布牙存在不合理结构",不合理结构导致摩擦面增加、摩擦力增加等。第三,将所有最底层原因都设为根本原因,一来6个根本原因显得数量太多(一般选3~5个就够了),二来有些原因根本无法解决(如验证周期过度,供应商加工能力不足等),将其选为根本原因是没有意义的。

3-3 系统资源分析

对整个系统的可用资源进行分析,如表12.11所示。

表12.11 某型工业缝纫机系统资源分析列表

资源类型	系统级别		
	子系统	系统	超系统
物质资源	主牙架、辅助牙架、油封	送布机构	缝布
能量资源	热场、机械场	机械场、重力场	重力场、磁场
空间资源	主牙架、辅助牙架、运动范围	送布机构所在空间	机器外部
时间资源	牙架前后运动时间	送布时间	移动时间
信息资源	运行速度	送布效率	缝布的磁性
功能资源	牙架运动	送布运动	移动能力

点评:此处的系统资源分析侧重的是全面搜寻系统现有可用资源,力求做到"隐性资源显性化、显性资源系统化",原作者把所有表格项都填全了,已难能可贵。不过个别资源仍有待商榷,如"缝布的磁性"作为信息资源恐怕不妥,作为能量资源可能合适一些,超系统功能资源只讲了"移动能力",不够明确,等等。

3-4 确定问题解决突破点

通过开展系统三大分析（功能分析、因果分析、资源分析），明确了系统中组件之间的相互关系及存在的负面功能，深入挖掘了问题出现的多层次原因。在综合考虑系统可用资源的基础上，确定问题解决的突破点如下：

问题解决突破点1：主牙架和辅助牙架的接触面无法有效地密封机油。

问题解决突破点2：主牙架和辅助牙架的接触面需要润滑油润滑。

点评：这两个问题突破点选得还是很准确很犀利的。唯独建议对突破点2稍加改进，"主牙架和辅助牙架的接触面需要润滑"，只留"需要润滑"，去掉"润滑油"，以免思路受限，因为润滑方式不止润滑油一种。而为更准确，同时和后续的解题过程更好地结合，个人建议可将问题突破点2改为："机油"对主辅牙架润滑不足。后续提到问题突破点2将简述为"润滑不足"，问题突破点1将简述为"密封不足"。

12.2.3 问题解决——系统裁剪、物-场与知识库

4 问题转化及解决

4-1 系统裁剪

4-1-1 确定裁剪元件的原则

①基于项目目标选择裁剪对象。

- 降低成本：优选功能价值低、成本高的组件。
- 专利规避：优选专利权利声明的相关组件。
- 改善系统：优选有主要缺点的组件。
- 降低系统复杂度：优选高复杂度的组件。

②选择"具有有害功能的组件"。

③选择"低价值的组件"。

④选择"提供辅助功能的组件"。

4-1-2 系统裁剪实施规则

实施规则1：若裁剪组件B，随即也就不需要组件A的作用，则功能载体A可被裁剪。

实施规则2：若组件B能完成组件A的功能，那么组件A可以被裁剪，其功能由组件B完成。

实施规则3：技术系统或超系统中其他的组件C可以完成组件A的功能，那么组件A可以被裁剪，其功能由组件C完成。组件C可以是系统中已有的，也可以是新增加的。三种裁剪规则的示意图如图12.30所示。

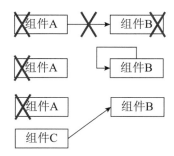

图 12.30 组件裁剪规则示意图

<u>4-1-3 系统裁剪过程</u>
<u>系统裁剪方案一</u>
（1）初始系统功能分析图

确定待裁剪元件，绘制系统功能模型图的裁剪方案，如图 12.31 所示。

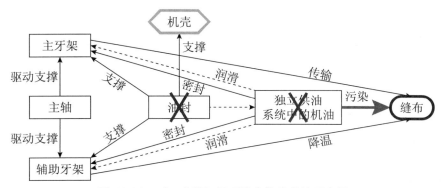

图 12.31 对工业缝纫机系统实施裁剪的示意图

（2）裁剪后系统功能分析图

实施裁剪，最终得到的系统功能模型图如图 12.32 所示。

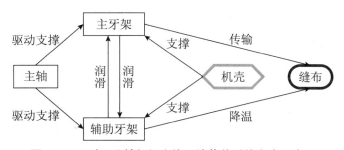

图 12.32 对工业缝纫机实施系统裁剪后的方案示意图

（3）描述形成的概念方案

方案 1：当机油不存在而又不影响送布组件移动缝布时，即可解决本问题。利用裁剪方案，将独立供油系统的中机油裁剪掉。由于机油被裁剪，故油封不起作用，也可裁剪掉。裁剪后，机油的润滑作用由主牙架和辅助牙架采用自润滑材料替代，油封对牙架的支撑作用由机壳替代。

系统裁剪方案二

（1）初始系统功能分析图

确定待裁剪元件后，形成系统裁剪方案，如图12.33所示。

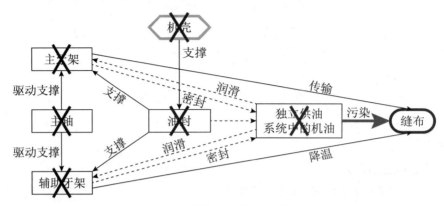

图12.33 对工业缝纫机系统实施裁剪的示意图

（2）裁剪后系统功能分析图

裁剪后的系统功能分析模型图如图12.34所示。

图12.34 使用裁剪规则3对工业缝纫机实施系统裁剪后的功能图

方案2：送布系统的主要功能是送布，但目前整套送布系统过于复杂。故通过裁剪规则3，将整套送布系统删除，引入磁场进行送布。

点评：第一次裁剪直奔产生有害作用的组件独立供油系统中的"机油"，开门见山，充分体现了裁剪工具的威力。非常好。第二次裁剪更是产生了很突破的解决方案。原作者对裁剪工具的使用总体上是非常成功的。

4-2 物-场模型及标准解

4-2-1 物-场模型的构建

针对问题解决突破点，构建系统的初始物-场模型图，如图12.35所示。

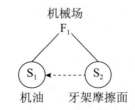

图12.35 工业缝纫机的物-场模型

4-2-2 根据启发性原则寻找合适的标准解
4-2-3 描述形成的概念方案

方案3：在缝纫机内部靠近油封的牙架上增加一个热场，当机油经过这里时被蒸发。

点评：案例对问题突破点2润滑不足构建物-场模型，但针对存在不足作用的物-场模型，至少可以尝试标准解S1.1.1～S1.1.5，此处出解数量较少，可进一步深入考虑。同时也可考虑对突破点1密封不足构建物-场模型，从而产生更多解决方案。

4-3 运用科学效应及知识库
4-3-1 提炼欲改变的系统功能
控制液体或气体运动：
4-3-2 查询知识库并获得结果
伯努利定律、电泳现象、惯性力原理、毛细管现象、渗透原理、韦森堡效应。
4-3-3 描述形成的概念方案

方案4：利用毛细管原理，增加一种毛毡，毛毡一端连接油封外侧的牙架部分，另一端与缝纫机内腔相通，形成回油。具体方案示意图如图12.36所示。

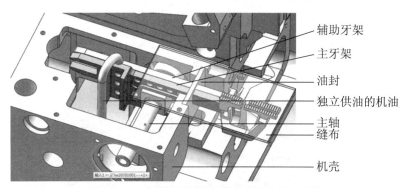

图12.36　利用毛细管原理形成回油的示意图

方案5：利用电泳原理，在机油中加入一种胶体粒子，并通入外电源，使胶体粒子堆积在牙架摩擦面漏油处，防止漏油。概念方案原理如图12.37所示。

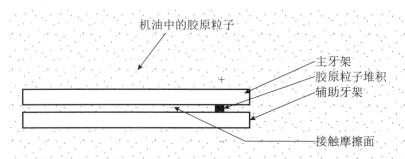

图12.37　利用电泳原理防止漏油的概念方案示意图

点评：知识库是产生高级别发明的利器，原作者利用毛细管和电泳效应产生了两个高水平的解决方案，非常好。但本案例，针对已漏油如何控制油运动的问题来提炼要实现的功能，似乎没有围绕两个问题突破点来提炼，这使得查询的解决方案与其他解决方案看起来不太成体系。再次强调，所有工具一定都应围绕问题突破点来使用，因此应考虑分别对"密封不足"和"润滑不足"来提炼系统要改变的功能。有兴趣的学员可以采用最新的牛津大学知识库重新定义功能和属性，查找更多的科学效应并产生相应的概念解。

4-4 技术矛盾解决

4-4-1 规范化表述系统中存在的技术矛盾

本系统存在的技术矛盾可表述为：为了改善"送布机构中运动的主牙架和辅助牙架的耐久性"，导致系统的"缝纫机的缝布质量"恶化。

4-4-2 用工程参数描述技术矛盾并查询 2003 矛盾矩阵

选择技术矛盾参数组合以及查询所得发明原理如表 12.12 所示。

表 12.12　技术矛盾查询与对应的发明原理

改善的参数	恶化的参数	对应的发明原理编号
运动物体的耐久性	有害的副作用	40，3，37，6，11，30，4，39

注：40：复合材料原理　　3：局部特性原理
　　37：热膨胀原理　　　6：多用性原理
　　11：预先防范原理　　30：柔性壳体或薄膜结构原理
　　4：不对称原理　　　 39：惰性介质原理

4-4-3 描述形成的概念方案

运用以上发明原理，可以得到如下概念方案。

方案6：运用发明原理40（复合材料原理），得到新方案，即：辅助牙架和主牙架采用钢材料＋自润滑材料的复合材料来替代原来纯钢铁材料。钢材料保证零件的刚度，自润滑材料保证零件的润滑性。因此可以去除机油，从根本上解决漏油。

方案7：运用发明原理3（局部特性原理），得到新方案，即：在独立供油管上增加一个小型油气发生器，使主牙架和辅助牙架之间的接触面为气体润滑，使之均匀有效地润滑摩擦面，减少机油单位体积的质量。缝纫机其他接触面为液体润滑。

方案8：运用发明原理37（热膨胀原理），得到新方案，即：主牙架或辅助牙架接触面的出口处为高热膨胀率材料，其他部位为低膨胀率材料，当温度升高时，因热膨胀率不同，高热膨胀率材料处的牙架紧紧低靠，防止机油泄漏。

方案9：运用发明原理6（多用性原理），得到新方案，即：自润滑材料防油，主牙架和辅助牙架采用自润滑材料，使之具备送布功能的同时，具备润滑功能，而无需机油润滑。

方案10：运用发明原理11（预先防范原理），得到新方案，即：预先增加一种强制回油装置，它的一端连接油封外侧的牙架部分，另一端与缝纫机内腔相通，将漏出来的机油通过强制回油装置引流到缝纫机内部供循环使用。

方案 11：运用发明原理 30（柔性壳体或薄膜结构原理），得到新方案，即：镀自润滑薄膜防油，在主牙架和辅助牙架接触面上镀上一种减摩性优、耐磨性强的物质，使其自润滑而无需机油。（例如：表面镀陶瓷技术，如金属表面镀上一种氧化硅薄膜）

方案 12：运用发明原理 4（不对称原理），得到新方案，即：主牙架和辅助牙架摩擦面为一整块光滑平面，为了阻止机油漏出，可以将靠近油封的摩擦面由光滑平面改为台阶面，增加对机油漏出的阻碍。（迷宫式防油）

点评：技术矛盾分析和矩阵是较为常用的创新工具，是比较容易产生概念解的工具，但学员使用时，常因未充分理解和应用原理，从而导致解的数量受限。本案例作者针对问题突破点 2 润滑不足构建矛盾，几乎针对每个查到的创新原理都产生了案例，非常出色。如果能够再对问题突破点 1 密封不足构建矛盾，分析和解题就更完整了，相信能产生更多方案。

12.2.4 问题解决——技术矛盾与物理矛盾

4-5 物理矛盾解决

4-5-1 规范化表述系统中存在的物理矛盾

缝纫机的主轴转速存在物理矛盾，当主轴转速变高时，缝纫机的缝纫效率变高，由于独立供油系统是由主轴提供动力，故转速变慢时，供油量减小，油泄漏量减少。因此本系统中存在对相同参数"转速"的相反要求，转化成参数的语言描述为：运动物体的转速既要快，也要慢。

4-5-2 描述形成的概念方案

方案 13：利用空间分离原理，对独立供油系统的机油流量进行单独控制，不受电机转速的影响，具体方案如图 12.38 所示。

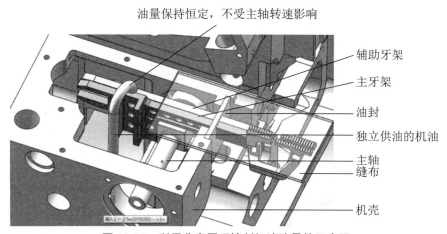

图 12.38 利用分离原理控制机油流量的示意图

点评：本案例针对问题突破点 1 密封不足，发现了一个非常典型的物理矛盾，即本质上主轴的转速决定着生产效率，也决定着供油情况。技术矛盾中找到的所有参数，如移动物体耐久性和有害的副作用，都和主轴的转速有关，准确地找到物理矛盾，能够为深入理解和分析整个系统提供便利。略微可惜的是，原作者仅利用了空间分离原理（解决方案很精彩），但对时间、系统和条件分离未深入探索产生概念解的可能性。

4-6 九屏幕法

4-6-1 扩展型资源列表

填写扩展型资源列表如表 12.13 所示。

表 12.13　工业缝纫机系统扩展型资源列表

时间维度	过去	现在	未来
物质资源	人、布料、针、线	压脚装置、控制机构、调节装置、连杆机构、传动机构、运动机、牙架、辅助牙架、密封机构、齿轮机构、弹簧控制机构、刺料机构、挑线机构、钩线机构、送料机构、人、智能设备、人工智能设备、供电系统、外部供油系统	电磁控制设别、红外设备、线、布料
能量资源	机械能、动能	机械能、磁能、动能、弹性势能、化学能、热能	电能、磁能
空间资源	布料间隙	系统间间隙、机械结构内部空间、弹簧内部空间、机械结构缝隙、外部厂房、设备外空间	设备间隙
时间资源	缝线时间、裁剪布料时间、维护工具时间	送线机构运动时间、挑线时间、送料时间、钩线时间、连杆运动时间、弹簧压缩时间、生产装配时间、控制电路休眠时间、按键的休眠时间、系统反应时间、开关门过程时间、人准备时间	调试设备时间、安装设备时间、开机启动时间、装备材料时间
信息资源	裁剪的纹路、缝纫线路	刺料机构运动速度、送线机构工作情况、牙架运动噪音、机械结构运动噪音、机械结构部件碎屑、弹簧恢复能力、设备告警信息、化学反应、供油系统供油速率	仪器运行指示灯、自动控制设备警告
功能资源	裁剪功能、缝纫功能	送料机构实现其他功能、牙架可以密封、连杆机构可以带动或支撑、控制功能	裁剪功能、缝纫功能、控制功能

4-6-2 根据资源列表提示，选取可用资源，列在九屏幕中

用九屏幕法填写资源列表，如表 12.14 所示。

表 12.14　用九屏幕法进行可用资源分析

时间	系统级别		
	子系统	系统	超系统
过去	辅助牙架和主牙架间无漏油	送布机构正常工作	缝布
现在	辅助牙架和主牙架间漏油	漏油的送布机构	被污染的缝布
未来	辅助牙架和主牙架间无油	无油的送布机构	无污染带磁性的缝布

4-6-3 描述形成的概念方案

方案 14：通过资源分析，引入磁场，在缝布上加入磁性物质，将缝纫机置于可以调节强度的磁场环境中，用磁场力的大小控制缝布移动的速度，具体方案如图 12.39 所示。

图 12.39 用磁场控制布料移动速度方案的示意图

点评：九屏幕法侧重于从时间维度考虑可用资源。原作者通过引入磁场，提出了一个理想度很高的解决方案。其实还可以进一步深入挖掘。

12.2.5 问题解决——系统进化与创新思维方法

<u>4-7 系统进化法则及 S 曲线</u>
<u>4-7-1 对系统所处 S 曲线时期的判断</u>

- 性能描述：较稳定。
- 发明级别描述：一级或二级为主。
- 发明数量描述：数量多。
- 经济收益描述：较好。

综合考虑以上四方面指标，判断出本系统处于成长期末期，向成熟期过渡。

<u>4-7-2 系统所处阶段与进化法则的对应关系</u>

（略）

<u>4-7-3 描述形成的概念方案</u>

方案 15：本系统处于成长末期，向成熟期过渡，利用向微观级进化法则，主牙架和辅助牙架之间采用磁场力，故两平面不接触，无摩擦，无须润滑。

点评：利用进化法则构建解决方案，首先确定系统当前所处的阶段，然后预测系统未来可能演化的方向。此处虽然利用进化法则构建了解决方案，但似乎可以再进一步深入思考和应用其他进化法则。

<u>4-8 创新思维之 STC 算子</u>
<u>4-8-1 对 STC 算子中三种极限情况的描述</u>

运用 STC 算子描述三种极限条件下的情况如表 12.15 所示。

表 12.15 STC 算子及三种极限条件下的情况描述

项目	改变方向	
	趋近于零 / →0	趋近于无穷 / →∞
尺寸（size）	主牙架和辅助牙架摩擦面距离无限小	主牙架和辅助牙架摩擦面距离无限大
时间（time）	当牙架送布时间无限短时，无需移动缝布	主牙架和辅助牙架摩擦面不产生运动，故无泄漏
成本（cost）	手替代送布机构进行送布	当成本无限大时，可以用机械手替代送布机构进行送布

4-8-2 描述形成的概念方案

形成的概念方案描述如下：

方案 16：在尺寸趋近于无穷的条件下，产生新的概念方案，即主牙架和辅助牙架摩擦面距离无限大，相当于两平面不发生摩擦，故无须润滑油。（如牙架磁悬浮）

方案 17：在尺寸趋近于零的条件下，产生新的概念方案，即主牙架和辅助牙架摩擦面距离无限小，故润滑油无法通过摩擦面，故无泄漏。（无限提高牙架表面精度，降低表面粗糙度，机油只有冷却作用，但无法进入摩擦表面）

方案 18：在时间趋近于无穷的条件下，产生新的概念方案，即当牙架送布时间无限长时，相当于主牙架和辅助牙架之间摩擦面不产生运动，故无泄漏。

方案 19：在时间趋近于零的条件下，产生新的概念方案，即当牙架送布时间无限短时，无须移动缝布，即缝布不动，采用缝针运动的方式。（如多功能花样机）

方案 20：在成本趋近于无穷的条件下，产生新的概念方案，即当成本无限大时，可以用机械手替代送布机构进行送布。

方案 21：在成本趋近于零的条件下，产生新的概念方案，即当成本无限小时，可以用手替代送布机构进行送布。

点评：使用 STC 算子时有两个难点，一是不聚焦于同一个参数来思考，二是不思考到极限情况就中途停止。这两点原作者都处理得非常好，针对尺寸、时间和成本三个维度，分别选取了合适的参数来进行极限思考。这是目前为止使用 STC 算子分析得最好的一个例子。

4-9 最终理想解（IFR）

说明：通过对最终理想解的描述，在问题分析的最初阶段，明确整个系统理想化的方向，为后续问题分析及解决打下基础。

①系统的最终目标是什么？

改变缝布的位置。

②理想化最终结果是什么？

缝布实现自移动。

③达到理想化状态的障碍是什么？

缝布无自我移动能力。

④这些障碍为什么阻碍理想化状态的实现？

缝布是一种柔性物质，它不具备自我产生动力的能力，故只能惯性地留在原始位置。

⑤不出现这些障碍的条件是什么？

赋予缝布某些磁性物质，使缝布在磁场环境中能实现自移动。

⑥可用哪些资源创造这些条件？

磁场或电场。

⑦是否有其他产业已实现类似的理想化结果的实施方案？

磁悬浮列车是一种现代高科技轨道交通工具，它通过电磁力实现列车与轨道之间的无接触的悬浮和移动。图 12.40 所示为采用了类似的理想化结果的实施方案。

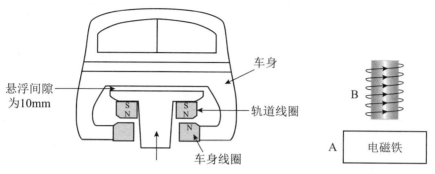

图 12.40　磁悬浮列车原理示意图

点评：当时原作者应用的是 Moehrle（2005）的传统流程，最终只得出一个概念解。如果使用本书前文所提供的改进型的 IFR 流程，可以得到如下结果：

流程 1：精确地描述系统中现存的问题和矛盾。

辅助牙架和主牙架的接触面对机油密封不足，会漏油。

流程 2：明确系统所要实现的功能（SVOP）。

送布机构改变缝布的位置。

流程 3：思考实现（这些）功能的理想情况。

流程 3-1：需要/存在这种功能的原因是什么？是否可以通过消除这个原因使得这种功能不再被需要（有害功能和成本降为零）。

如果要实现机器缝布，就必须移动布，因此机器是不动的。由此产生了两个思路，一是布不动，缝布机构运动，这个思路因为不太经济所以不高；二是不用缝布，而是由各个织点组成布，类似于像素组成图像的思路。由此产生一个解决方案：数码纺织，即类似于针式打印机的工作原理，利用计算机通过智能控制每个针头进行纺织（印花）。

流程 3-2：不需要系统（有害功能和成本降为零）。

（1）对象自服务，自己实现所需功能。

对象"布"会自动移动，自动实现"改变位置"的功能。这个思路产生的解与第一个概念解"磁力送布"类似，即在布中加入磁性材料，使布在磁场中自行运动。

另一个思路就是布料不怕机油污染，但这涉及到改变对象的性质似乎不可行。

（2）所需功能由超系统实现。

即由超系统移动布。系统所在的超系统中，有风、水、重力等资源，上述资源的可控性太差，都不能有效地移动布。

（3）所需功能由更廉价的其他系统实现。

自动送布机构已比较廉价，难以找到更廉价的系统实现移动布的功能。

流程 3-3：去除有害功能。

（1）裁剪产生有害功能的组件或子系统。

产生有害作用的组件是"机油"，由此产生方案：裁剪机油，即主牙架和辅助牙架采用自润滑材料，不需要机油润滑。这个方案与概念方案 2 相同。

（2）将有害功能配置到超系统中去。

即产生有害作用的供油系统置于超系统中实现独立供油，与方案 11 相同。

流程 3-4：降低成本。

利用系统内部的剩余资源或引入系统外部的"免费"资源来帮助实现有用功能。

系统内部暂时无法找到剩余或免费资源。因此无方案。

流程 4：看其他行业是否已解决本问题。

磁悬浮列车。

流程 5：构建解决方案。

综上所述，产生了如下解决方案：

概念方案 1：数码纺织。

概念方案 2：磁力送布（与方案 1 相同）。

概念方案 3：裁剪机油（与方案 2 相同）。

概念方案 3：独立供油（与方案 11 相同）。

因此使用新的流程，共产生了 4 个概念方案，另外还有两个思路，与原流程相比，解的数量和质量都有了提升，而且还产生了一个原案例没有得到的方案：数码纺织。

12.2.6 概念方案汇总、评价与总结

<u>5 方案汇总及评价</u>

<u>5-1 初步概念方案汇总</u>

将产生的全部概念方案汇总如表 12.16 所示。

表 12.16 初步概念方案汇总表

序号	方案名称	所用 TRIZ 工具	方案简要描述
1	自润滑材料防油	裁剪法	主牙架和辅助牙架采用自润滑材料
2	磁力送布	裁剪法	用磁场力移动有磁性的缝布
3	蒸发防油	物-场模型标准解	在漏油处增加一个热场，使其蒸发
4	强制回油	科学效应及知识库	在机油未到达缝布前，通过毛细管原理，将机油强制回油到机壳内
5	电泳防油	科学效应及知识库	在漏油处，利用电泳原理堆积胶体粒子进行防油

续表

序号	方案名称	所用 TRIZ 工具	方案简要描述
6	复合材料防油	矛盾矩阵（复合材料）	牙架采用钢材料＋自润滑材料
7	气体润滑	矛盾矩阵（局部特性）	使机油气化润滑牙架
8	无间隙防油	矛盾矩阵（热膨胀）	出口处，采用不同膨胀系数的材质来进行封油
9	自润滑材料防油	矛盾矩阵（多用性）	主牙架和辅助牙架采用自润滑材料
10	强制回油	矛盾矩阵（预先防范）	通过回油装置将漏出来的机油引流回机壳内
11	镀自润滑薄膜防油	矛盾矩阵（柔性壳体或薄膜结构）	在接触面上镀上一种陶瓷薄膜
12	迷宫式防油	矛盾矩阵（不对称）	以迷宫方式增加对机油流动的阻碍
13	可控流量防油	空间分离原理	独立供油系统中的流量保持不变
14	磁力送布	九屏幕法	用磁场力移动有磁性的缝布
15	牙架磁悬浮	STC 算子（尺寸无限大）	牙架接触面间隙无限大，使两牙架作用面为磁力作用
16	镜面防油	STC 算子（尺寸无限小）	牙架接触面间隙无限小，两平面摩擦力几乎为零，无需润滑
17	缝布静止	STC 算子（时间无限小）	缝布保持不动，而以机针进行移动
18	机械手送布	STC 算子（成本无限大）	用机械手移动缝布
19	手送布	STC 算子（成本无限小）	用手移动缝布
20	牙架磁悬浮	进化法则及 S 曲线	两牙架作用面为磁力作用

5-2 初步概念方案评价

对产生的全部概念方案进行评价如表 12.17 所示。

表 12.17 初步概念方案汇总评价表

序号	名称	成本	难易	可靠	综合评价
1	磁力送布	高	较难	较低	一般
2	自润滑材料防油	低	低	高	高
3	复合材料防油	低	低	高	高
4	气体润滑	中	低	高	中
5	无间隙防油	高	低	高	中
6	强制回油	低	低	高	高
7	镀自润滑薄膜防油	低	低	高	高
8	迷宫式防油	低	低	高	高
9	可控流量防油	高	低	低	低
10	蒸发防油	高	高	低	低
11	电泳防油	高	高	低	低
12	牙架磁悬浮	高	高	低	低
13	镜面防油	高	高	低	低
14	缝布静止	低	低	高	高
15	机械手送布	高	高	高	低
16	手送布	低	低	高	高
17	牙架磁悬浮	高	高	低	中

5-3 最终实施方案描述

最终实施方案综合了以下几个方面：首先是主牙架和辅助牙架用具有自润滑功能的材料（如粉末冶金材料）制造；其次是去掉了独立供油系统中的机油；再将油封对牙架的支撑作用改由机壳提供。综合改进方案如图 12.41 所示。

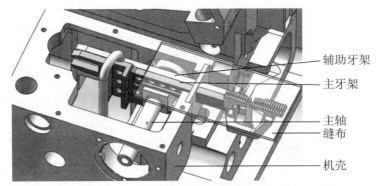

图 12.41　工业缝纫机综合改进方案示意图

点评：案例原作者综合运用多种创新方法工具一共产生了 20 个解决方案，去掉重复的剩下 17 个，最终综合考虑成本、可靠性和可行性等因素，采用了由裁剪方法得来的解决方案，并尝试申请了专利。

6 经济及社会效益分析

6-1 最终实施方案的经济及社会效益分析

随着人们生活水平的提高，对衣服的要求越来越高。机油污染缝布是一个急需解决的问题，但牙架防油对缝纫机来说是一个技术难点。通过 TRIZ 理论，产生的自润滑方案可以有效解决牙架漏油问题。为公司进入中高端市场打下坚实的技术基础，直接经济价值 300 万/年以上（不包含技改费用）。

6-2 产生专利或文章情况

本研究产生的专利或研究论文等成果列表如表 12.18 所示。

表 12.18　利用 TRIZ 方法改进工业缝纫机产生的专利

专利名称及编号	专利类型 （实用新型/发明）	专利状态 （申请/授权）	备注
缝纫机牙架组件	发明专利	申请中	已公开
可控流量防油	发明专利	申请中	撰写中
一种新型润滑及防油方式	发明专利	申请中	撰写中
负压防油	发明专利	申请中	审核中

点评：略

12.3 降低自动分拣机大转盘直线电机的温度

12.3.1 工程问题解答摘要与总体描述

<u>1 项目摘要</u>

本项目致力于解决直线电机在室温下连续运行时温度过高的问题；运用 TRIZ 工具后产生了 20 个概念方案；最终采用了第 6、21、22 号综合的方案，使用达标直线电机，同时去除非接触保护棉，在直线铝板两侧都粘上长方体泡棉，增加大转盘与圆导轨之间的润滑度，多加一个备用电机进行轮换，不但顺利解决了问题，还能大大增加整个系统的持续使用时长。

<u>2 问题背景及描述</u>

<u>2-1 问题背景描述</u>

<u>2-1-1 规范化表述技术系统实现的功能</u>

直线电机系统（S）的功能是保持（V）直线铝板（O）的速度（P），从而带动大转盘平稳转动。

<u>2-1-2 现有技术系统的工作原理</u>

直线电机系统由接入导线、金属线圈、金属外壳、非接触保护棉、下方及两边散热风扇与温度传感器组成。

直线电机接入变频后的工业交流电压后，金属线圈中电流的变化产生变化的磁场，变化的磁场引起中间直线铝板产生涡流，铝板在电磁作用下定向移动，带动大转盘定向转动。其工作原理和实物分别如图 12.42 和图 12.43 所示。

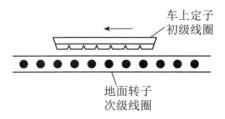

图 12.42　直线电机工作原理图

图 12.43　直线电机实物图[①]

直线电机风扇有 5 个，左右各两个，下方一个大的，用来对直线电机进行散热。温度传感器是用来监控直线电机实时温度的。非接触保护棉附在电机中空处，用来防止直线铝板触碰到直线电机。分拣直线电机实物如图 12.44 所示。

---

① 作者注：文中相关图片和资料均由学员提供，仅供参考。

图 12.44　分拣机用直线电机

<u>2-2 问题现状描述</u>

2-2-1 当前技术系统存在的问题

直线电机负载能力不足，需要更大频率的电压，而频率大导致直线电机在室温下连续运行 0.5h 后外壳温度高达 90℃并有继续上升的趋势。图 12.45 是直线电机温控表持续上升的工作实况图。

图 12.45　分拣机系统温控表

<u>2-2-2 问题出现的条件和时间</u>

直线电机温度过度升高的问题，出现在直线电机以高频电压室温条件下连续运行超过 30min 后出现。

<u>2-2-3 问题或类似问题的现有解决方案及其缺陷</u>

增加散热风扇个数，但效果不明显。

<u>2-3 对新系统的要求</u>

新系统连续运行，拉动铝板带动大转盘稳定转动，而将温度稳定在 75℃以下（安全温度）。

12.3.2 三大问题分析工具——功能分析、因果分析、资源分析

3 问题分析

3-1 功能模型分析

3-1-1 系统组件列表

- 本系统的功能是：直线电机系统保持直线铝板速度。
- 本系统的作用对象是：直线铝板。

填写本系统的组件列表如表 12.19 所示。

表 12.19 自动分拣机系统组件列表

超系统组件	组件	子组件
工业电源	线圈绕组	金属线圈、绝缘漆
温控表	散热风扇	
大转盘	温度传感器	
圆导轨	金属外壳	
空气		
直线铝板	非接触式保护棉	

3-1-2 系统功能模型图

绘制系统功能模型图如图 12.46 所示。

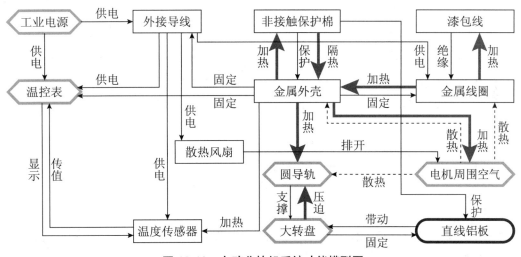

图 12.46 自动分拣机系统功能模型图

3-1-3 系统功能分析结论

通过构建系统功能模型图并进行分析，描述了系统元件及其相互关系，确定了导致问题存在的功能因素。列举系统中存在的负面功能如下。

负面功能 1：线圈绕组对绝缘漆的过度加热——有害作用。

负面功能 2：金属线圈对金属外壳的加热——有害作用。

负面功能 3：非接触式保护棉对金属外壳的隔热——有害作用。

负面功能 4：金属外壳对接触式保护棉的加热——有害作用。
负面功能 5：金属外壳对圆导轨的加热——有害作用。
负面功能 6：大转盘对圆导轨的压迫——有害作用。
负面功能 7：金属外壳对空气的加热——有害作用。
负面功能 8：空气对圆导轨的散热——不足作用。
负面功能 9：空气对周围线圈的散热——不足作用。
负面功能 10：电机周围空气对金属外壳的散热——不足作用。

点评：系统负面功能的列举要全面，且表述要清楚。

3-2 因果分析

3-2-1 因果分析图的绘制

绘制系统因果分析图如图 12.47 所示。

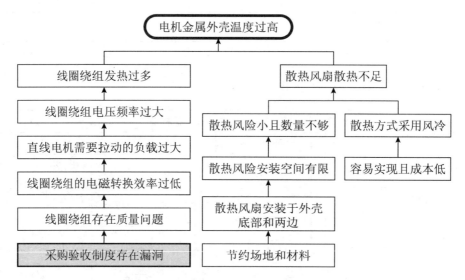

图 12.47 自动分拣机系统因果分析图

3-2-2 系统因果分析结论

通过构建系统因果分析图，描述了系统运行过程中原因和结果之间的相互关系，结合系统功能分析确定的问题区域，选择问题解决的突破点：线圈绕组的电磁转换效率过低；散热效率不高；直线电机需要拉动的负载过大。

3-2-3 系统因果分析产生的概念方案

由以上问题突破点可以启发性得出如下方案：

方案 1：更换成质量达标的线圈绕组。

方案 2：更换成质量达标的直线电机。

方案 3：使用水冷方式来进行降温。

方案 4：使用负载能力更强的直线电机。

方案 5：增加同时工作直线电机个数。

方案 6：充分润滑圆导轨，减小直线电机负荷。

<u>3-3 系统资源分析</u>

填写系统资源分析列表如表 12.20 所示。

表 12.20 自动分拣机系统资源分析列表

资源类型	系统级别		
	子系统	系统	超系统
物质资源	金属线圈、线圈绝缘漆	线圈绕组、金属外壳、外接导线、温度传感器、散热风扇、非接触保护棉	直线铝板、大转盘、电源、温控表、控制系统、上件台、下件台、小车
能量资源	电能、磁能、热能	电能、电磁能、热能、机械能	电能、空气能、热能、机械能
空间资源	线圈中心孔	电机内部空隙、电机外部表面、非接触保护棉内部空间	厂房、大转盘所绕空间、大转盘周围空间等
时间资源			直线铝板运动时间
信息资源		温度传感器	温控表
功能资源	变化的电磁场	保温	转移货物、自动分拣货物

12.3.3 问题解决——系统裁剪、物-场与知识库

<u>4 问题转换及解决</u>

<u>4-1 系统裁剪</u>

<u>4-1-1 确定裁剪元件的原则</u>

①基于项目目标选择裁剪对象。

- 降低成本：优选功能价值低、成本高的组件。
- 专利规避：优选专利权利声明的相关组件。
- 改善系统：优选有主要缺点的组件。
- 降低系统复杂度：优选高复杂度的组件。

②选择"具有有害功能的组件"。

③选择"低价值的组件"。

④选择"提供辅助功能的组件"。

<u>4-1-2 系统裁剪实施规则</u>

实施规则 1：若裁剪组件 B，随即也就不需要组件 A 的作用，则功能载体 A 可被裁剪。

实施规则 2：若组件 B 能完成组件 A 的功能，那么组件 A 可以被裁剪，其功能由组件 B 完成。

实施规则 3：技术系统或超系统中其他的组件 C 可以完成组件 A 的功能，那么组件 A 可以被裁剪，其功能由其他组件 C 完成。组件 C 可以是系统中已有的，也可以是新增加的。

4-1-3 初始系统功能分析图

确定待裁剪元件，绘制系统功能模型图裁剪方案如图 12.48 所示。

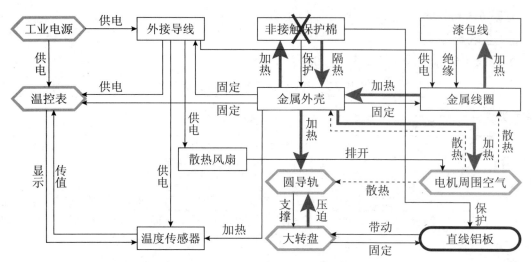

图 12.48　自动分拣机系统裁剪方案图

4-1-4 裁剪后系统功能分析图

裁剪后的系统功能模型图如图 12.49 所示。

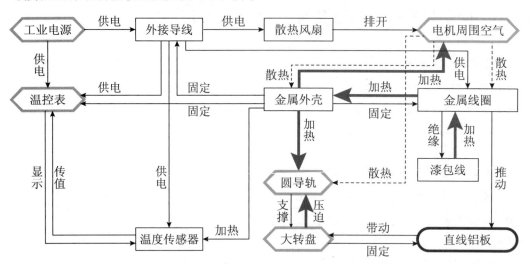

图 12.49　裁剪后的自动分拣机系统功能图

4-1-5 描述形成的概念方案

方案 7：把非接触保护棉裁剪掉。超系统中大转盘上每个小车的两个水平紧贴圆导轨的滑轮足以保证直线铝板不与金属外壳接触。

点评：本案例中存在大量不足和负面功能，可以选择的问题突破点较多，应当继续深入遍历三个裁剪规则，尽可能地消除有害或不足作用，并简化系统，提升组件价值，降低系统耦合程度，提高系统可靠性。案例中的裁剪还有继续改进的空间，读者可自行考虑深入分析。

<u>4-2 物-场模型及标准解</u>
<u>4-2-1 物-场模型的构建</u>
针对问题解决突破点，构建系统的初始物-场模型图，如图12.50所示。

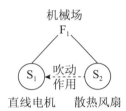

图12.50　散热风扇对直线电机作用的物-场模型图

<u>4-2-2 根据启发性原则寻找合适的标准解</u>
<u>4-2-3 描述形成的概念方案</u>
方案8：运用标准解 S2.2.5 构造一个新的热场，利用水冷方式来进行降温散热，如图12.51 所示。

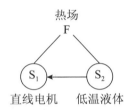

图12.51　用水冷方式构造新的物-场模型

方案9：运用标准解 S2.1.2，引入新的物质特殊结构铝板，将铝板改为外凸内凹空心结构，铝板被推动运动时，也会加快空气的流动，增加金属外壳的散热效果。

点评：标准解S2.1.2是"引入场向并联式复合物-场模型转换"，强调在不能引入新物质或引入新物质受限的情况下，将原有的单一的场转变为并联式复合物-场模型。方案9应当属于标准解S2.2.3"利用毛细管和多孔结构的物质"，该标准解强调改变物质结构，使其成为多孔或毛细结构以此来增强系统功能效应。读者在使用标准解时要注意深入理解每个标准解的具体含义，切忌混淆。此外要注意配图来加强理解并对方案作出解释。

<u>4-3 运用科学效应及知识库</u>
<u>4-3-1 提炼欲改变的系统功能</u>
降低温度。
<u>4-3-2 查询知识库并获得结果</u>
综合查询各类科学效应库，得到可利用的效应如下：

二级相变原理；热电现象；焦耳汤姆逊效应；帕尔贴效应；热电子发射原理；汤姆逊效应；一级相变原理。

<u>4-3-3 描述形成的概念方案</u>

方案 10：热电效应（包括帕尔贴效应和汤普逊效应）：两根不同金属导体相互连接在一起，形成一个闭合电路，一端放在金属外壳通以直流电，其中一个连接点就会变热，另一个连接点变冷。直流电负极接金属外壳，散热点放低温物体，会使金属外壳较快速降温。热电效应的工作原理如图 12.52 所示。

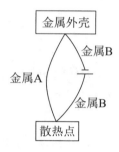

图 12.52　热电效应示意图

点评：科学效应库的运用对于产生概念解帮助颇大，这里只利用热电效应产生了一个概念解，有兴趣的读者可以继续查找其他科学效应尝试产出更多的概念解，也可以利用最新的牛津大学知识库重新定义功能和属性，尝试得出更多的参考效应和概念解。

12.3.4　问题解决——技术矛盾与物理矛盾

<u>4-4 技术矛盾解决</u>

<u>4-4-1 规范化表述系统中存在的技术矛盾</u>

本系统存在的技术矛盾可表述为：为了改善"（增强）直线电机系统对直线铝板的电磁力"，导致系统的"直线电机系统的温度（升高）"恶化。

<u>4-4-2 用工程参数描述技术矛盾并查询 2003 矛盾矩阵</u>

选择技术矛盾参数组合以及查询所得发明原理如表 12.21 所示。

表 12.21　技术矛盾查询与对应的发明原理

改善的参数	恶化的参数	对应的发明原理编号
力	温度	35，36，21，10，24，31

注：35：状态或参数变化原理　　36：相变原理
　　21：急速作用原理　　　　　10：预先作用原理
　　24：中介原理　　　　　　　31：多孔材料原理

4-4-3 描述形成的概念方案

方案 11：运用发明原理 35（状态或参数变化原理），可以得到如下概念方案，即使用散热性能更好的其他金属材料作为直线电机的金属外壳。

方案 12：运用发明原理 35（状态或参数变化原理），可以得到如下概念方案，即使用发热少且产生电磁力更强的金属线圈。

方案 13：运用发明原理 35（状态或参数变化原理），可以得到如下概念方案，即使用能产生更强涡流或者受电磁感应力更强的金属材料代替直线铝板，从而增大直线电机对该材料的推动力。

方案 14：运用发明原理 35（状态或参数变化原理），可以得到如下概念方案：将直线铝板做成不规则利于通风状，使得铝板在被推动过程中能同时带动电机周围空气的流动，从而加强散热效果。

方案 15：运用发明原理 36（相变原理），可以得到如下概念方案，即使用水冷方式进行散热。水相变为水蒸气时会吸收大量的热量，从而大大提高了散热效果。

方案 16：运用发明原理 24（中介原理），可以得到如下概念方案，即将非接触保护棉转移到直线铝板上，减小保护棉对金属外壳的隔热作用，同时增大直线铝板运动时与空气的接触面积，从而增加电机周围空气的流动，增强电机的散热效果。

方案 17：运用发明原理 31（多孔材料原理），可以得到如下概念方案，即将金属外壳做成孔状结构，以利于散热。

4-5 物理矛盾解决

4-5-1 规范化表述系统中存在的物理矛盾

在分拣机系统中，当电磁驱动力小时，直线电机无法带动大转盘的转动；当电磁驱动力大时，所需电源电压频率高，金属线圈产生的热量过多，导致直线电机温度过高。所以直线电机对直线铝板的电磁驱动力存在一个相反的要求，即存在物理矛盾。

4-5-2 描述形成的概念方案

方案 18：运用时间分离原理，在启动直线电机带动大转盘时增大电源电压频率，以启动直线电机。具体方案为：在大转盘转动过程中，由于维持大转盘运动所需要的电磁力小于带动大转盘转动所需要的电磁力，所以此时可以减小电磁驱动力，适当降低电源电压频率，从而减少直线电机的发热。

12.3.5 问题解决——系统进化与创新思维方法

4-6 九屏幕法

4-6-1 扩展型资源列表

填写扩展型资源列表如表 12.22 所示。

表 12.22 自动分拣机系统扩展型资源列表

时间维度	过去	现在	未来
物质资源	直线铝板、人、手套	线圈绕组、金属外壳、外接导线、温度传感器、散热风扇、非接触保护棉、金属线圈、线圈绝缘漆、直线铝板、大转盘、电源、温控表、控制系统、上件台、下件台、小车	传感器、电磁设备、直线铝板、自动控制设备
能量资源	机械能	电能、磁能、热能、机械能	电能、磁能、机械能
空间资源	工作空间	电机内部空隙、电机外部表面、非接触保护棉内部空间、线圈中心孔、线圈周围空间、厂房、大转盘所绕空间、大转盘周围空间等	设备内部空间、工作空间等
时间资源	分拣时间	系统运行预热时间、更换设备时间、停机时间、直线铝板运动时间	设备运行时间、设备维护时间
信息资源	绝缘漆包裹程度、直线铝板的外观和颜色	温度传感器、机器工况、保护棉质量、外壳发热情况、绝缘漆包裹程度、金属线圈发热情况、温控表、系统运行噪音、形同运行载荷、机器耗电量	仪器运行指示灯、自动控制设备警告
功能资源	分拣功能	保温、隔热功能、产生变化的电磁场、大转盘圆周运动、转移货物、自动分拣货物	转移货物、自动分拣货物

4-6-2 根据资源列表提示,选取可用资源,列在九屏幕中

用九屏幕法填写资源列表如表 12.23 所示。

表 12.23 用九屏幕法进行可用资源分析

资源类型	时间		
	问题发生前	问题发生时	问题发生后
子系统	无电阻金属线圈、发热少金属线圈	自动快速散热电机、非电机驱动装置	局部低温环境
系统		耐热金属线圈、快速散热金属外壳	快速散热装置、水
超系统	熔断器	温度传感器	温度阈值控制系统、紧急报警急停装置

4-6-3 描述形成的概念方案

方案 19:引入外凸内凹中空铝板,使直线电机在推动铝板运动的同时,利用铝板的运动,增加电机周围空气的流动,从而进一步达到散热降温的效果。方案示意图如图 12.53 所示。

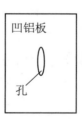

图 12.53 中空凹铝板示意图

方案 20:引入水冷装置或空调式压缩机装置,使用水冷方式或者压缩机冷却方式散热。

方案 21:引入无电阻金属线圈,如利用超导技术在较低温度下使金属电阻为零。

方案 22：引入非电力驱动装置驱动大转盘，如使用机械驱动方式或重力驱动方式。

方案 23：引入耐热性能好的金属线圈，如钛合金等。

4-7 系统进化法则及 S 曲线

4-7-1 对系统所处 S 曲线时期的判断

- 性能描述：直线电机性能很好，但仍有改进空间。
- 发明级别描述：直线电机发明级别较低。
- 发明数量描述：直线电机发明数量很多。
- 经济收益描述：直线电机经济收益很好，且逐渐趋近稳定。

综合考虑以上四方面指标，判断本系统处于成熟期。

4-7-2 系统所处阶段与进化法则的对应关系

4-7-3 描述形成的概念方案

方案 24：运用向微观级进化法则，产生方案：使用体积更小且功能齐全的直线电机，使得直线电机发热更少，且对系统及超系统的热辐射伤害更小。

4-8 创新思维之 STC 算子

4-8-1 对 STC 算子中三种极限情况的描述

运用 STC 算子描述三种极限条件下情况，如表 12.24 所示。

表 12.24 STC 算子及三种极限条件下的情况描述

项目	改进方向	
	趋近于零 / →0	趋近于无穷 / →∞
尺寸（size）	直线铝板无限小：电磁推动力很小，且无法带动大转盘运动 散热风扇无限小：没有散热效果，高温容易损害系统 金属线圈无限小：几乎不发热，但是也产生不了大的电磁力	直线铝板无限大：严重增加拉动大转盘的负载 散热风扇无限大：散热效果极好 金属线圈无限大：如果匝数足够多，电磁转换效率就很高，在保证能够拉动大转盘的负载的条件下，产生热量会很少
时间（time）	直线电机运行时间无限短：无法完成带动大转盘运动功能 直线电机散热时间无限短：热量将快速积聚 直线电机发热时间无限短：几乎不发热	直线电机运行时间无限长：热量积聚过多，高温使系统崩溃 直线电机散热时间无限长：温度在正常范围内 直线电机发热时间无限长：热量积聚过多，高温使系统崩溃
成本（cost）	给直线电机金属外壳浇水，水用来储能或者加热其他物体（如加热洗澡水，等等），利用直线铝板的运动完成散热	采用超导技术，使线圈电阻为零，不会发热 使用多个直线电机，减少每个直线电机分担的拉动大转盘负载 使用电磁转换效率很高的直线电机 使用散热性能极好的直线电机

4-8-2 描述形成的概念方案

形成的概念方案归纳如下：

方案 25：（铝板尺寸）调节直线铝板的大小和形状至最佳，使得直线铝板受到的电磁力与对大转盘增加的额外负载均衡。

方案 26：（散热时间）在直线电机前开启一个强力落地风扇。

方案 27：（成本增加）改善金属线圈性能，如增加匝数、减小电阻，使电磁转换效率达到最优。

方案 28：（成本增加）增加备用直线电机用来轮换，使得三个直线电机工作时，另外一个停止工作以便散热。

方案 29：（散热时间）铝板面附上小段泡棉，使其运动时为直线电机散热。

方案 30：（增加成本）增加同时运行直线电机的个数，减少单个直线电机负载。

方案 31：（增加成本）使用电磁转换效率更高的直线电机。

方案 32：（散热时间）使用散热性能更好的直线电机。

方案 33：（降低成本）使用水冷方式进行散热。

4-9 最终理想解（IFR）

说明：通过对最终理想解的描述，在问题分析的最初阶段，明确整个系统理想化的方向，为后续问题分析及解决打下基础。

①系统的最终目标是什么？

大转盘的正常稳定转动。

②理想化最终结果是什么？

大转盘自行稳定正常转动。

③达到理想化状态的障碍是什么？

直线电机持续运行后发热过多。

直线电机自身散热性能不够好。

大转盘现今的动力驱动方式及动力驱动装置宜选直线电机。

④这些障碍为什么阻碍理想化状态的实现？

发热过度以及散热不够都会导致直线电机温度的持续升高。

大转盘的转动是环形转动，且大转盘紧贴圆轨，动力传递方式较适合电磁推动，且电机的体积不应过大。

⑤不出现这些障碍的条件是什么？

直线电机持续运行时不发热或者发热较少。

直线电机持续运行时的散热性能十分强。

直线电机持续正常运行所需要的电源电压频率不能过高。

⑥可用哪些资源创造这些条件？

使用无电阻线圈。

电磁转换效率更高的直线电机。

直线电机持续运行时的散热性能十分强。

⑦是否有其他产业已实现类似的理想化结果的实施方案？
使用水冷式直线电机进行散热降温。

点评：工具运用不够彻底，概念方案描述还应更加细致。读者可自行运用新的IFR流程尝试得出更多的概念解。

13.3.6 概念方案汇总、评价与总结

<u>5 方案评价及汇总</u>
<u>5-1 初步概念方案汇总</u>
略。
<u>5-2 初步概念方案评价</u>
略。
<u>5-3 最终实施方案描述</u>
将直线电机更换为质量达标、电磁转换效率更高的直线电机；同时去除非接触保护棉，在直线铝板两侧都粘上长方体泡棉，让直线铝板运动时能给直线电机散热；增加大转盘与圆导轨之间的润滑度，减小两者间的摩擦，降低直线电机的负荷；多加一个备用电机，使得每个直线电机都能够在大转盘工作中轮流冷却散热，大大增加大转盘持续工作的时长。

<u>6 经济及社会效益分析</u>
<u>6-1 产生专利或文章情况</u>
略。
<u>6-2 产生的经济和社会效益</u>
通过对直线电机发热过度问题的深究，得到的解决方案不仅能够解决当前问题，还起到了增加大转盘持续工作时长的作用，增强了系统的可持续工作能力，提升了系统的市场竞争力。根据测算，预计每年可节省运行、养护成本约120万元。

附 录

附录A 创新方法二级工程师答辩模板(参考)

以下是供各位读者参考的创新方法二级工程师答辩模板,仅供参考,非指定模板,共53页(参见图A.1～A.53)。读者可在模板空白处或者横线上方编辑,红色部分为本页说明,加强学员对本页相关内容的理解。读者可联系本书作者邮箱 gzkj321@126.com 索要答辩模板PPT,如对模板和本书相关内容有修改意见或建议,还请不吝赐教。

1 项目摘要

本项目致力于解决"_____（请填写项目名称，与第1页相同）"问题，运用TRIZ工具后产生了___个概念方案，最终采用了_____方案，即_____（请对最终方案进行描述）。

该方案_____（请对该方案的优点进行描述，尤其着重描述新方案是如何克服原有难题的），_____（简述新方案带来的经济效益或社会效益）。

*本页说明：此页可最后填写。

2 问题背景及描述

2-1 问题背景描述
2-1-1 规范化表述技术系统实现的功能

技术系统（S）：
施加动作（V）：
作用对象（O）：
作用对象的参数（P）：
因此，本技术系统的功能可以表达为"_____系统（S）+施加动作（V）+作用对象（O）+作用对象的参数（P）"

*本页说明：此处不是描述系统中存在的问题，也不是描述系统的理想化状态，而是规范化描述系统本身要实现的基本功能。

2 问题背景及描述

2-1 问题背景描述
2-1-2 现有技术系统的工作原理

请学员在此处编辑

*本页说明：要求利用文字描述及示意图，阐述系统的组成部件、基本工作原理等。（如空间不够，可复制本页幻灯片，添加页面详细论述）

2 问题背景及描述

2-2 问题现状描述

2-2-1 当前技术系统存在的问题

请学员在此处编辑

*本页说明：要求利用文字描述及示意图，阐述目前系统存在的问题，有多个问题的要列举清楚。（如空间不够，可复制本页幻灯片，添加页面详细论述）

---

2 问题背景及描述

2-2 问题现状描述

2-2-2 问题出现的条件和时间

请学员在此处编辑

*本页说明：依据上述当前系统存在的问题，阐述以下内容：
① 问题是否在某一特定的时间内发生？
② 问题是否在某一特殊的条件下发生？
③ 如果该问题不论在什么时间、什么条件下都出现，如实说明。

---

2 问题背景及描述

2-2 问题现状描述

2-2-3 问题或类似问题的现有解决方案及其缺陷

序号	现有方案描述	成本	可行	可靠
1				
2				

*本页说明：① 是否已经尝试了一些方法来解决问题？这些方法有什么优缺点？请列举在上表中。② 专利中是否有类似问题的解决方法？③ 类似问题在领先企业是如何解决的？④ 成本、可行性和可靠性三个项目，请以"很高-较高-中-较低-很低"五个级别进行评定。其中可行性指的是"技术或者工艺可行性"，可靠性指的是"系统的平均无故障工作时间（产品寿命）"。

2 问题背景及描述

2-3 对新系统的要求

请学员在此处编辑

*本页说明：要求利用文字描述及示意图，描述对新系统的要求（即对现有系统的改进效果）。建议以性能参数等定量化指标描述。

3 问题分析

3-1 系统功能分析
3-1-1 系统组件列表

本系统的功能是：____（即SVOP形式的表述）

本系统的作用对象是：____（即SVOP中的O）

超系统组件	组件	子组件
		（将某组件拆分为相应的子组件，写在本列）

3 问题分析

3-1 系统功能分析
3-1-2 系统功能模型图

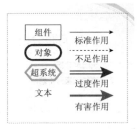

*本页说明：①请依照本页提供的图例，绘制系统的功能模型图。②图中"对象"指的是整个系统功能的作用对象。③在功能模型图中，如果把组件分解成若干子组件，则组件本身就不在功能模型图中出现。例如，将汽车分解为发动机、轮胎等子组件，汽车本身就不出现在功能模型图中了。

3 问题分析

3-1 系统功能分析

3-1-3 系统功能分析结论

通过构建系统功能模型图并进行分析，描述系统组件及其之间的相互关系，确定导致问题存在的功能因素，列举出系统中存在的所有负面功能如下：

负面功能1：（如组件A和B之间的密封不足——不足作用）

负面功能2：（如组件C对D的腐蚀——有害作用）

……

*本页说明：要求列举出系统中存在的<u>所有</u>负面功能。（功能模型图中所有的红线、虚线和蓝线指示的功能）

---

3 问题分析

3-2 系统因果分析

3-2-1 系统因果分析图

原因 → 根原因 → 结果

*本页说明：请依照本页提供的图例，画出系统的因果分析图。要求：
① 画图的方向从上往下进行（即最上层为"结果"），所有箭头均要求从"原因"指向"结果"。
② 充分考虑内因和条件（外因），尽量画成"树状图"而不是"链状图"。
③ 因果分析的终止条件为（满足其一即可停止）：当不能继续找到下一层原因时；当达到自然现象时；当达到制度/法规/权利/成本/人工的极限时。

---

3 问题分析

3-2 系统因果分析

3-2-2 系统因果分析结论

通过因果分析，确定本系统中导致问题产生的根本原因为：_____（此处列举通过因果分析确定的根本原因，与前面的因果分析图对应）。

3 问题分析

3-3 系统资源分析

资源类型	系统级别		
	子系统	系统	超系统
物质资源			
能量资源			
空间资源			
时间资源			
信息资源			
功能资源			

*本页说明：资源分析是对系统<u>现有可用资源</u>的全面梳理，力求做到"隐性资源显性化、显性资源系统化"。

3 问题分析

3-4 确定问题解决突破点

通过开展系统三大分析（功能分析、因果分析、资源分析），明确了系统中组件之间的相互关系及存在的负面功能，深入挖掘了问题出现的多层次原因。在综合考虑系统可用资源的基础上，确定问题解决的突破点如下：

问题解决突破点1：

问题解决突破点2：

……

*本页说明：问题突破点是指综合考虑后需要着手解决的问题，要明确、具体。后面解决方案一定都是围绕上述问题突破点展开的。注意此处描述的仍然是问题，不是解决方案。例如，应该写"反应釜加热不充分"，不应该写"提高反应釜的温度"。

4 问题转化及解决

4-1 系统裁剪

4-1-1 确定裁剪元件的原则

① 基于项目目标选择裁剪对象。
　　降低成本：优选功能价值低、成本高的组件。
　　专利规避：优选专利权利声明的相关组件。
　　改善系统：优选有主要缺点的组件。
　　降低系统复杂度：优选高复杂度的组件。
② 选择"具有有害功能的组件"。
③ 选择"低价值的组件"。
④ 选择"提供辅助功能的组件。

4 问题转化及解决

4-1 系统裁剪
4-1-2 系统裁剪实施规则

实施规则1：若裁剪组件B，随即也就不需要组件A的作用，则功能载体A可被裁剪。

实施规则2：若组件B能完成组件A的功能，那么组件A可以被裁减，其功能由组件B完成。

实施规则3：技术系统或超系统中其他的组件C可以完成组件A的功能，那么组件A可以被裁减，其功能由组件C完成。组件C可以是系统中已有的，也可以是新增加的。

---

4 问题转化及解决

4-1 系统裁剪
4-1-3 初始系统功能分析图

*本页说明：将原系统功能分析图粘贴在此页，并复制上面的红叉，覆盖在待裁剪组件的相应位置。

*注意：超系统组件不可裁剪！

---

4 问题转化及解决

4-1 系统裁剪
4-1-4 裁剪后系统功能分析图

*本页说明：重新绘制裁剪后的系统功能分析图。

4 问题转化及解决

4-1 系统裁剪

4-1-5 描述形成的概念方案

方案n：运用裁剪实施规则____（请填写对应的编号，如1），____（请描述概念方案的具体内容，例如具体裁剪掉了哪些组件，裁剪之后系统如何实现既定功能）。

*本页说明：如果有多种裁剪方案或连续裁剪，请复制以上几页内容。

4 问题转化及解决

4-2 物-场模型及标准解

4-2-1 物-场模型的构建

针对问题突破点，构建系统的初始物-场模型图，如下所示。

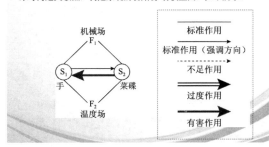

4 问题转化及解决

4-2 物-场模型及标准解

4-2-2 根据启发性原则寻找合适的标准解

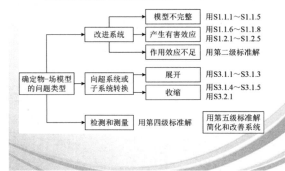

4 问题转化及解决

4-2 物-场模型及标准解

4-2-3 描述形成的概念方案

方案n：运用标准解____（请填写对应的标准解编号，如S1.1.2），____（请描述概念方案的具体内容），新的物-场模型如下所示。

---

4 问题转化及解决

4-3 运用科学效应及知识库

4-3-1 提炼欲改变的系统功能

*本页说明：在确定问题突破点的基础上，选取系统中相对应的负面功能，如系统中的散热不足，就选择"冷却固体"，查询功能库，获得相应提示。

---

4 问题转化及解决

4-3 运用科学效应及知识库

4-3-2 查询功能效应库并获得结果

查询功能效应库，得到可利用的效应列表如下：

4 问题转化及解决

4-3 运用科学效应及知识库

4-3-3 描述形成的概念方案

方案n：运用科学效应"＿＿＿（请填写所运用的科学效应的完整名称）"，该效应的基本原理是＿＿＿（请简介该效应）。

运用上述效应，形成新的概念方案，即＿＿＿（请描述概念方案的具体内容）。

---

4 问题转化及解决

4-3 运用科学效应及知识库

4-3-4 提炼欲改变的功能所对应的属性

＊本页说明：选取系统中相对应的负面功能之后，再将其转化为属性参数的表达。如系统中的散热不足，对应的功能是"冷却固体"，对应的属性就是"降低温度"，查询属性库，获得相应提示。

---

4 问题转化及解决

4-3 运用科学效应及知识库

4-3-5 查询属性效应库并获得结果

查询属性效应库，得到可利用的效应列表如下：

4 问题转化及解决

4-3 运用科学效应及知识库
4-3-6 描述形成的概念方案

方案n：运用科学效应"＿＿＿（请填写所运用的科学效应的完整名称）"，该效应的基本原理是＿＿＿（请简介该效应）。

运用上述效应，形成新的概念方案，即＿＿＿（请描述概念方案的具体内容）。

---

4 问题转化及解决

4-4 技术矛盾与发明原理
4-4-1 规范化表述系统中存在的技术矛盾

（请结合自身的课题，重新表述）本系统中存在的技术矛盾可表述为：

为了提高（改善、增强等）系统的＿＿＿＿＿＿（"某个性能指标"，即改进目标），可能会导致系统的＿＿＿＿＿＿（"另一个性能指标"）恶化（但不一定会恶化，却是想尽力避免的，显示了你的偏好）。

4-4-2 用工程参数描述技术矛盾并查询2003矛盾矩阵

改善的参数	恶化的参数	对应的发明原理编号

*本页说明：每次只分析一个矛盾（即一对参数），并查询矛盾矩阵及相应发明原理，构建方案。如有多个矛盾请复制本页及下一页。

---

4 问题转化及解决

4-4 技术矛盾与发明原理
4-4-3 描述形成的概念方案

方案n：运用发明原理No.＿＿＿（请填写对应的发明原理编号及名称，如No.34 自弃与修复原理），产生新的概念方案，即＿＿＿（请描述概念方案的具体内容，建议有图示）。

*本页说明：① 运用不同的发明原理可能产生不同的概念方案，请复制本页，将不同的概念方案列举清楚。② 选用不同的工程参数，或考虑不同的矛盾，会产生不同的方案，请复制以上两页，重复技术矛盾解决流程。

4 问题转化及解决

4-5 物理矛盾与分离原理
4-5-1 规范化表述系统中存在的物理矛盾

为了____（请填写系统想要达到的效果A），要求____（请填写对某性能指标的要求）；与此同时，为了____（请填写系统想要达到的效果B），要求____（请填写对某性能指标的互斥要求）。因此，本系统中存在对同一个参数"____（请填写相对应的工程参数）"的互斥要求，即存在物理矛盾。后续尝试使用四大分离原理（空间分离、时间分离、系统分离、条件分离）解决系统中存在的物理矛盾。

*本页示例：为了增强坦克的抗击打能力，要求其装甲较厚；与此同时，为了减轻重量，增强坦克的机动性，要求其装甲较薄。因此，本系统中存在对同一个参数"运动对象的重量"的相反要求，即存在物理矛盾……

---

4 问题转化及解决

4-5 物理矛盾与分离原理
4-5-2 描述形成的概念方案

方案n：运用____（请填写使用的分离原理，如空间分离原理）产生新的概念方案，即____（请描述概念方案的具体内容，建议有图示）。

*本页说明：运用不同的分离原理可能产生不同的概念方案，请复制下面这段话，将不同的概念方案列举清楚。
方案n：运用____（请填写使用的分离原理，如空间分离原理）产生新的概念方案，即____（请描述概念方案的具体内容）。

---

4 问题转化及解决

4-6 九屏幕法
4-6-1 扩展型资源列表

时间维度	过去	现在	未来
物质资源			
场资源			
空间资源			
时间资源			
信息资源			
功能资源			

*本页说明：①请在原有资源列表的基础上，加入对过去（未雨绸缪）—现在（悬崖勒马）—未来（亡羊补牢）的多维度考察。②后续的九屏幕法分析表格中则只填写本表格中出现的，能够产生方案的资源名称。

4 问题转化及解决

4-6 九屏幕法

4-6-2 根据资源列表及扩展型资源列表提示，选取可用资源，列在九屏幕法分析表格中

时间维度	过去	现在	未来
子系统			
系统			
超系统			

4 问题转化及解决

4-6 九屏幕法

4-6-3 描述形成的概念方案

方案n：运用____（请填写运用的资源名称）产生新的概念方案，即____（请描述概念方案的具体内容）。

*本页说明：在九屏幕法中，运用不同的资源可能产生不同的概念方案，请复制下面这段话，将不同的概念方案列举清楚。

方案n：运用____（请填写运用的资源名称）产生新的概念方案，即____（请描述概念方案的具体内容）。

4 问题转化及解决

4-7 S曲线及进化法则

4-7-1 对系统所处S曲线阶段的判断

性能描述：
发明级别描述：
发明数量描述：
经济收益描述：
综合考虑以上四方面指标，判断本系统处于____（请描述系统所处阶段，如成熟期、成长期向成熟期过渡等）。

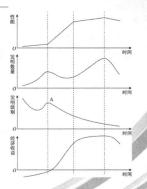

4 问题转化及解决

4-7 S曲线及进化法则
4-7-2 系统所处阶段与进化法则的对应关系

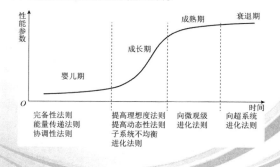

---

4 问题转化及解决

4-7 S曲线及进化法则
4-7-3 描述形成的概念方案

方案n：运用____（请填写使用的进化法则，如向超系统进化法则）产生新的概念方案，即____（请描述概念方案的具体内容）。

*本页说明：运用不同的进化法则可能产生不同的概念方案，请复制上面这段话，将不同的概念方案列举清楚。

---

4 问题转化及解决

4-8 创新思维之STC算子
4-8-1 对STC算子中三种极限情况的描述

项目	改变方向	
	趋近于零（→0）	趋近于无穷（→∞）
尺寸（size）		
时间（time）		
成本（cost）		

4 问题转化及解决

4-8 创新思维之STC算子
4-8-2 描述形成的概念方案

方案n：在____（请填写使用的STC算子，如尺寸趋近于零）的条件下，产生新的概念方案，即____（请描述概念方案的具体内容）。

*本页说明：针对不同的组件使用STC算子可能会产生不同的概念方案，请复制上面这段话，将不同的概念方案分别列举并阐释清楚。

---

4 问题转化及解决

4-9 最终理想解（IFR）

① 精确地描述系统中现存的问题和矛盾。

② 明确系统所要实现的功能（SVOP）。

③ 思考实现（这些）功能的理想情况。
1）是否可以根本不再需要这种功能（有害功能和成本降为零）。

*本页说明：请逐一思考上述问题，在问题的引导和启发下产生方案。请不要简单回答"是"或"否"，如果"否"请描述为什么，不够可加页。

---

4 问题转化及解决

4-9 最终理想解（IFR）

2）是否可以不需要系统（有害功能和成本降为零）。

（1）是否可让对象自服务，自己实现所需功能。

（2）是否所需功能可由超系统实现。

（3）所需功能由更廉价的其他系统实现。

*本页说明：请逐一思考上述问题，在问题的引导和启发下产生方案。请不要简单回答"是"或"否"，如果"否"请描述为什么，不够可加页。

4 问题转化及解决

4-9 最终理想解（IFR）

3）去除有害功能。
    （1）裁减产生有害功能的组件或子系统。
    （2）将有害功能配置到超系统中去。

4）降低成本。
    利用系统内部的剩余资源或引入系统外部的"免费"资源来帮助实现有用功能。

*本页说明：请逐一思考上述问题，在问题的引导和启发下产生方案。请不要简单回答"是"或"否"，如果"否"请描述为什么，不够可加页。

4 问题转化及解决

4-9 最终理想解（IFR）

④看其他行业是否已解决本问题（对其他的产业，或者产业内部其他的部门的经验进行考察，搜寻类似理想化结果的实施方案）。

⑤构建解决方案。
方案n：根据理想化最终结果（IFR）的思考流程，构建如下概念方案：___（请描述概念方案的具体内容）。

5 方案汇总及评价

5-1 产生的概念方案汇总

序号	方案名称	所用TRIZ工具	方案简要描述
1			
2			
3			
4			
5			
6			

*本页说明：①将前面问题解决过程中产生的所有方案汇总，重复但运用了不同工具的方案都要列举。②方案名称建议使用名词短语或动宾短语，各取所需，表意简明清晰。

5 方案汇总及评价

5-1 产生的概念方案汇总（续表）

序号	方案名称	所用TRIZ工具	方案简要描述
7			
8			
9			
10			
11			
12			
...			

5 方案汇总及评价

5-2 产生的概念方案评价

序号	方案名称	成本	难易	可靠	综合评价
一					
二					
三					
四					
五					
六					

*本页说明：① 重复的方案只评价一次。② 本页的序号仅做计数用。
③ 成本、可行性和可靠性三个项目，请以"很高—较高—中—较低—很低"五个级别进行评定。其中可行性指的是"技术或者工艺可行性"，可靠性指的是"系统的平均无故障工作时间（产品寿命）"。

5 方案汇总及评价

5-3 最终实施方案描述

综合考虑成本、难易、可靠以及____（如果有，请添加补充维度）等多个维度，最终采纳由"____（填写若干优选的方案名称）"所组成的综合方案，即_____（请对最终的综合方案进行描述），如图所示。（强烈建议添加图示，如位置不够则复制本页即可。）

6 经济及社会效益分析

6-1 最终实施方案的经济及社会效益分析

该方案_____（请对该方案的优点进行描述，尤其着重描述新方案是如何克服原有难题的），_____（简述新方案带来的经济效益或社会效益），已申请专利或发表文章____（如果有请填写，如果没有请删除）。

7 其他用TRIZ解决的难题

项目名称	运用的TRIZ工具	问题解决方案	项目成果
一种升降式整箱拣选工作台	技术矛盾-分割原理	技术矛盾改善了可靠性，但恶化了系统的复杂性。查询矛盾矩阵，用分割原理将拣选台的弹台轮划分成很小的区域（1个动力源带动1片区域），通过多个小区域的相互配合运行，最终实现了可弹出多种尺寸大小的整箱货物，达到整箱拣选目的	该产品解决了多种件箱柔性化分拣的难题，每套产品可以带来40万元经济效益，并在《机械工程与自动化》发表论文1篇
一种无动力式拣料装置	物-场模型与标准解（1.2.4引入场）	利用标准解S1.2.4引入F2重力场，在正常拣料时S1挡板受重力场F2影响，竖起挡住货物；不需要拣料时，S2拨杆拨开S1挡板，让货物通过	应用到产品中，此套装置约为带动力成本的20%，每年可以节约20万元以上
(学员需要删除以上两个示例，并填写5个自身平时工作中运用TRIZ方法解决的难题)			

附录B　学科效应库效应列表

学科效应库将许许多多科学原理和效应，按照物理、化学、几何等学科分门别类（最新的研究成果也包括生物学科）。在每一学科中，根据效应能够实现的典型功能加以归类，制成表格。使用者根据所需实现的功能查询不同学科门类下的效应。以下将介绍具体学科的效应库。

B.1　物理效应库

物理效应与实现功能对照表如表 B.1 所示。

表 B.1　物理效应与实现功能对照表

编号	实现功能	物理效应
1	测量温度	热膨胀和由此引起的固有振动频率的变化；热电现象；光谱辐射；物质光学性能及电磁性能的变化；居里效应（居里点）；霍普金森效应；巴克豪森效应；热辐射
2	降低温度	传导；对流；辐射；一级或二级相变；焦耳-汤姆森效应；珀尔贴效应；磁热效应；热电效应
3	提高温度	传导；对流；辐射；电磁感应；热电介质；热电子；电子发射（放电）；材料吸收；热电效应；对象的压缩；核反应
4	稳定温度	相变（例如超越居里点）；热绝缘
5	检测对象的位置和运动	引入容易检测的标识；变换外场（发光体）或形成自场（铁磁体）；光的反射和辐射；光电效应；相变（再成型）；X射线或放射性；放电；多普勒效应；干扰
6	控制对象的运动	将对象连上有影响的铁或磁铁；引入磁场；运用另外的对象传递压力；机械振动；惯性力；热膨胀；浮力；压电效应；马格纳斯效应
7	控制气体或液体的运动	毛细管现象；渗透；电渗透（电泳现象）；汤姆森效应；伯努利效应；各种波的运动；离心力（惯性力）；韦森堡效应；液体中充气；康达效应（也称柯恩达效应）
8	控制悬浮体（粉尘、烟、雾等）的运动	起电；电场；磁场；光压力；冷凝；声波；亚声波
9	充分搅拌（混合）对象	形成溶液；超高音频；气穴现象；扩散；电场；用铁-磁材料结合的磁场；电泳现象；共振
10	分解混合物	电和磁分离；在电场和磁场作用下，改变液体的密度；离心力（惯性力）；相变；扩散；渗透
11	稳定对象的位置（定位对象）	电场和磁场；利用在电场和磁场的作用下固化定位液态的对象；吸湿效应；往复运动；相变（再造型）；熔炼；扩散熔炼

续表

编号	实现功能	物理效应
12	产生力或控制力	用铁-磁材料形成有感应的磁场；相变；热膨胀；离心力（惯性力）；通过改变磁场中的磁性液体和导电液体的密度来改变流体静力；超越炸药；电液压效应；光液压效应；渗透；吸附；扩散；马格纳斯效应
13	控制摩擦力	约翰逊-拉别克效应；辐射效应；KparnbcKHH现象；振动；利用铁磁颗粒产生磁场感应；相变；超流体；电渗透
14	破坏或分解对象	放电；电-水效应；共振；超高音频；气穴现象；感应辐射；相变热膨胀；爆炸；激光电离
15	积蓄机械能或热能	弹性形变；飞轮；相变；流体静压；热电现象
16	传输能量（机械能、热能、辐射能和电能）	形变；AnexcaHAPoe效应（亚历山大佐夫效应）；运动波（包括冲击波）；导热性；对流；广反射（光导体）；辐射感应；赛贝克效应；电磁感应；超导体；一种能量形式转换成另一种便于传输的能量形式；亚声波（亚音频）；形状记忆效应
17	建立移动对象与固定对象的相互作用	利用电-磁场（运动的"对象"向着"场"的连接）由物质耦合向场耦合过渡；应用液体流和气体流；形状记忆效应
18	测量对象的尺寸	测量固有振动频率；标记和读出磁性参数和电参数；全息术摄影
19	改变对象的尺寸或形状	热膨胀；双金属结构；形变；磁电致伸缩（磁-反压电效应）；压电效应；相变；形状记忆效应
20	检测对象表面的状态或性质	放电；光反射；电子发射（电辐射）；波纹效应；辐射；全息术摄影
21	改变对象表面的状态或性质	摩擦力；吸附作用；扩散；包辛格效应；放电；机械振动和声振动；照射（反辐射）；冷作硬化（凝固作用）；热处理
22	检测对象内部的状态或性质	引入转换外部电场（发光体）或形成与研究对象的形状和特性有关的自场（铁磁体）的标识物；根据对象结构和特性的变化改变电阻率；光的吸收、反射和折射；电光学和磁光现象；偏振光（极化的光）X射线和辐射线；核磁共振超越居里点；霍普金森效应和巴克豪森效应；测量对象固有振动频率；超声波（超高音频）；亚声波（亚音频）；Mossbauer效应；霍尔效应；全息术摄影；声发射（声辐射）
23	改变对象内部的状态或性质	在电场和磁场作用下改变液体性质（密度、黏度）；引入铁磁颗粒和磁场效应；热效应；相变；电场作用下的电离效应；紫外线辐射；X射线辐射；放射性辐射；扩散；电场和磁场；包辛格效应；热电效应；热磁效应；磁光效应（永磁-光学效应）；气穴现象；彩色照相效应；内光效应；液体充气（用气体、泡沫"替代"液体）；高频辐射
24	令对象形成期望的结构	电波干涉（弹性波）；衍射；驻波；波纹效应；电场和磁场；相变；机械振动和声振动；气穴现象
25	检测电场和磁场	渗透；对象带电（起电）；放电；放电和压电效应；驻极体；电子发射；电光现象；霍普金森效应和巴克豪森效应；霍尔效应；核磁共振；流体磁现象和磁光现象；电致发光（电-发光）；铁磁性（铁-磁）
26	检测辐射	光-声学效应；热膨胀；光-可范性效应（光-可塑性效应）；放电
27	产生辐射	Josephson效应；感应辐射效应；隧道（tunnel）效应；发光；耿氏效应；契林柯夫效应；塞曼效应

续表

编号	实现功能	物理效应
28	控制电磁场	屏蔽，改变介质状态，如提高或降低其导电性（例如增加或降低它在变化环境中的导电率）；在电磁场相互作用下，改变与磁场相互作用对象的表面形状（利用场的相互作用，改变对象表面形状）；引缩（pinch）效应
29	控制光	折射光和反射光；电现象和磁-光现象；弹性光；克耳效应和法拉第效应；耿氏效应；弗朗兹·凯尔迪什效应；光通量转换成电信号或反之；刺激辐射（受激辐射）
30	激发和强化化学变化	超声波（超高音频）；亚声波；气穴现象；紫外线辐射；X射线辐射；放射性辐射；放电；形变；冲击波；催化；加热
31	对象成分分析	吸附；渗透；电场；对象辐射的分析（分析来自对象的辐射）；光-声效应；穆斯堡尔效应；电顺磁共振和核磁共振

B.2 化学效应库

化学效应与实现功能对照表如表 B.2 所示。

表 B.2 化学效应与实现功能对照表

编号	实现功能	化学效应
1	测量温度	热色反应；温度变化时化学平衡转变；化学发光
2	降低温度	吸热反应；物质溶解；气体分解
3	提高温度	放热反应；燃烧；高温自扩散合成物；使用强氧化剂；使用高热剂
4	稳定温度	使用金属水合物；采用泡沫聚合物绝缘
5	检测对象的位置和运动	使用燃料标记；化学发光；分解出气体的反应
6	控制对象的运动	分解气体的反应；燃烧；爆炸；应用表面活性物质；电解
7	控制气体或液体的运动	使用半渗透膜；输送反应；分解后气体的反应；爆炸；使用氢化物
8	控制悬浮体（粉尘、烟、雾等）的运动	与气悬物粒子机械化学信号作用的物质雾化
9	充分搅拌（混合）对象	由不发生化学作用的物质构成混合物；协同效应；溶解；输送反应；氧化-还原反应；气体化学结合；使用水合物、氢化物；应用络合酮
10	分解混合物	电解；输送反应；还原反应；分离化学结合气体；转变化学平衡；从氢化物和吸附剂中分离；使用络合酮；应用半渗透膜；将成分由一种状态向另一种状态转变（包括相变）
11	稳定对象的位置（定位对象）	聚合反应（使用胶、玻璃水、自凝固塑料）；使用凝胶体；应用表面活性物质；溶解乳合剂
12	产生力或控制力	爆炸；分解气体水合物；金属吸氢时发生膨胀；释放出气体的反应；聚合反应
13	控制摩擦力	由化合物还原金属；电解（释放气体）；使用表面活性物质和聚合涂层；氢化作用

续表

编号	实现功能	化学效应
14	破坏或分解对象	溶解；氧化-还原反应；燃烧；爆炸；光化学和电化学反应；输送反应；将物质分解成组分；氢化作用；转变混合物化学平衡
15	积蓄机械能或热能	放热和吸热反应；溶解；物质分解成组分（用于储存）；相变；电化学反应；机械化学效应
16	传输能量（机械能、热能、辐射能和电能）	放热和吸热反应；溶解；化学发光；输送反应；氢化物；电化学反应；能量由一种形式转换成另一种形式，更利于能量传递
17	建立移动对象与固定对象的相互作用	混合；输送反应；化学平衡转移；氢化转移；分子自聚集；化学发光；电解；自扩散高温聚合物
18	测量对象的尺寸	与周围介质发生化学转移的速度和时间
19	改变对象的尺寸或形状	溶解（包括在压缩空气中）；爆炸（氧化反应）；燃烧（转变成化学关联形式）；电解；使用弹性和塑性物质
20	检测对象表面的状态或性质	原子团再化合发光；使用亲水和疏水物质；氧化-还原反应；应用光色、电色和热色原理
21	改变对象表面的状态或性质	输送反应；使用水合物和氢化物；应用光色物质；氧化-还原反应；应用表面活性物质；分子自聚集；电解；侵蚀；交换反应；使用漆料
22	检测对象内部的状态或性质	使用色反应物质或者指示剂物质的化学反应；颜色测量化学反应；形成凝胶
23	改变对象内部的状态或性质	引起物体的物质成分发生变化的反应（氧化反应、还原反应和交换反应）；氢化作用；溶解；溶液稀释；燃烧；使用胶体
24	令对象形成期望的结构	电化学反应；输送反应；气体水合物；氢化物；分子自聚集；络合酮
25	检测电场和磁场	电解；电化学反应（包括电色反应）
26	检测辐射	光化学；热化学；核射线化学反应（包括光色、热色和射线使颜色发生变化的反应）
27	产生辐射	燃烧反应；化学发光；激光器活性气体介质中的反应；发光（生物发光）
28	控制电磁场	溶解形成电解液；由氧化物和盐生成金属；电解
29	控制光	光色反应；电化学反应；逆向电沉积反应；周期性反应；燃烧反应
30	激发和强化化学变化	催化剂；使用强氧化剂和还原剂；分子激活；反应产物分离；使用磁化水
31	对象成分分析	氧化反应；还原反应；使用显示剂
32	脱水	转变成水合状态；氢化作用；使用分子筛
33	改变相状态	溶解；分解；气体活性结合；从溶液中分解；分离出气体的反应；使用胶体；燃烧
34	减缓和阻止化学变化	阻化剂；使用惰性气体；使用保护层物质；改变表面性质

B.3 几何效应库

几何效应与实现功能对照表如表 B.3 所示。

表 B.3 几何效应与实现功能对照表

编号	实现功能	几何效应
1	质量不改变的情况下增大或减小物体的体积	将各部件紧密包装；凹凸面；单页双曲线
2	质量不改变的情况下增大或减小物体的面积、长度	多层装配；凹凸面；使用截面变化的形状；莫比乌斯环；使用相邻的表面积
3	由一种运动形式转变成另一种形式	"列罗"三角形；锥形捣实；曲柄连杆传动
4	集中能量流和粒子	抛物面；椭圆；摆线
5	强化进程	由线加工转变成面加工；莫比乌斯环；偏心率；凹凸面；螺旋；刷子
6	降低能量和物质损失	凹凸面；改变工作截面；莫比乌斯环
7	提高加工精度	刷子；加工工具采用特殊形状和运动轨迹
8	提高可控性	刷子；双曲线；螺旋线；三角形；使用形状变化物体；由平动向转动转换；偏移螺旋机构
9	降低可控性	偏心率；将圆周物体替换成多角形物体
10	提高使用寿命和可靠性	莫比乌斯环；改变接触面积；选择特殊形状
11	减小作用力	相似性原则；保角映像；双曲线；综合使用普通几何形状

涵盖了包括物理、化学、几何、生物等多学科领域的原理或定律的科学效应，可以使物体或系统实现某种功能的"能量"和"作用力"，对自然科学及工程领域中事物间纷繁复杂的关系，实现全面的描述。借助于这些原理，把问题简化到最基本的要素，引导和帮助创造者利用它来解决某一特定技术领域的知识问题。面对一个复杂的问题，只要你能找到相关的研究，它就能将输入量转化为输出量，实现有用的功能，更可喜的是，它能为你带来至少三级，甚至是四级、五级的创造发明。

附录C 习题参考答案

C.1 矛盾提取练习

训练题1解析：矛盾的两方面是"更大的搜索面积"导致"更加耗费时间"。因此，用工程参数的语言进行描述，改善的参数是"6 静止对象的面积"，恶化的参数是"26 时间的无效损耗"。

训练题2解析：服务生每次托举多个盘子，提升了单位时间内完成工作的量，因此改善的参数是"44 生产率"，但与此同时手中盘子太多容易跌落，恶化的参数是"21 稳定性"。

训练题3解析：轮船的尺寸越来越大，改善的参数是"3 运动对象的尺寸"，结果是行船时阻力增加，恶化的参数是"40 作用于对象的外部有害因素"或"16 运动对象的能量消耗"。

训练题4解析：牵引能力的提升，可以认为改善的参数是"18 功率"或"1 运动对象的质量"，恶化的参数是"27 能量的无效损耗"。

训练题5解析：改善的参数是"18 功率"，恶化的参数是"1 运动对象的质量"。

训练题6解析：想要改善螺栓被扳手拧坏的情况，可以认为是消除扳手对螺栓的有害作用，因此改善的参数是"30 对象产生的外部有害因素"，这样的新式扳手可能没有成熟的生产线，难以制造，恶化的参数为"41 易制造性"。

训练题7解析：一座座高楼拔地而起，密集地分布在市中心（如纽约曼哈顿、上海陆家嘴、香港中环等），改善的参数可以归纳为"4 静止对象的尺寸"或"10 物质的数量"，随之而来的问题包括地基不稳（对应恶化的参数为"21 稳定性"），抗震性能差（"38 易损坏性"），影响周边建筑物采光（"30 对象产生的外部有害因素"）等，均可提取为恶化的工程参数。

训练题8解析：矛盾的两方面是"增强法兰的密封性和强度"导致"质量增加，维修烦琐"。因此，用工程参数的语言进行描述，改善的参数是"13 静止对象的耐久性"或"35 可靠性"，恶化的参数为"2 静止对象的质量""36 易维修性"或"45 装置的复杂性"。

C.2 分离原理解决物理矛盾综合练习

答案：

时间分离：设置红绿灯。

空间分离：高架桥、立交桥。

系统级别分离：Park&Ride（P&R）停车换乘系统，指在城市中心区以外轨道交通车站、公交交通首末站以及高速公路旁设置停车换乘场地，低价收费或免费为私人汽车、自行车等提供停放空间，辅以优惠的公共交通收费政策，引导乘客换乘公共交通进入城市中心区，以减少私人小汽车在城市中心区域的使用，缓解中心区域交通压力。其目的是将私家车系统里的人分离到超系统中去。

条件分离：单双号限行、设置公交车道、紧急车道。

此外，还有其他思路，如在十字路口中心设置转盘，四个方向的车流到达路口后，均进入转盘，形成减速和分流。其遵循的条件是，遇到该去的路口就右转弯，否则就逆时针绕着转盘行驶，如图 C.1 所示。另外，如图 C.1 所示的类似于北京西单路口的"平面立交"的设计，也是运用条件分离原理的一个例子，每个方向车辆在通过路口时只能直行。另外在十字路口的四个角各修建一条小型环路，如同将一座立交桥放到平面上，汽车转弯必须经过路口旁边的环路实现——右转弯的车辆在十字路口前面提前拐弯，左转弯的车辆在直行通过十字路口后连续三个右转弯，彻底消除了最容易引起拥堵的左转弯现象，让车辆各行其道，互不干涉。车辆"只能直行，转弯走环路"就是实现分离的条件。

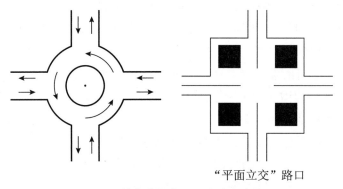

图 C.1　转盘路口与平面立交示意图

C.3　构建物-场模型训练

训练题一的解决方案及物-场模型如图 C.2所示。该问题是有害的完整物-场模型，引入橡胶手套（S_3作为中介物，消毒过的橡胶手套避免了感染的风险，也令医生更容易操纵手术仪器）。

训练题二的解决方案及物-场模型如图 C.3所示，该问题是效应不足的物-场模型，引入蒸汽温度场F_2，预先用蒸汽喷一下壁纸使其湿润，然后再用刀子刮，壁纸就会轻而易举地被刮下来了。

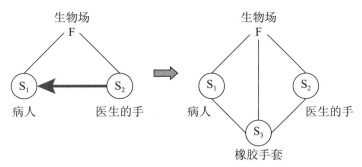

图 C.2　训练题一的物-场模型

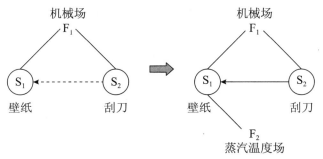

图 C.3　训练题二的物-场模型

训练题三的解决方案及物-场模型如图 C.4 所示。曹冲巧妙地借助石头代替大象作为 S_1，借助水的浮力 F_1 量出了大象的重量，这是一个经典的通过引入新的场和物质改进效应不足的物-场模型的例子。

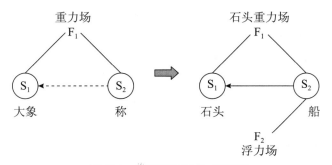

图 C.4　训练题三的物-场模型

C.4　运用标准解解决问题训练解析

案例一解析：

（1）由于不易直接找到该技术系统中的矛盾，故采用物-场模型及标准解系统对该问题进行分析。在所要解决的问题中，仅有维修对象 S_1，属于不完整物-场模型。若对管道从外部检测维修，需挖开所有的管沟，费用过高，因此采用从管道内部维修，将不透水的柔性物质S_2增加到该技术系统中,形成不完整模型S_1+S_2,如图C.5所示。

图 C.5　案例一不完整物-场模型

(2) 对于不完整模型,标准解提供了第一类标准解法中S1.1.1~S1.1.8的标准解法。物-场模型的改变方向为:补充元素。

通过分析,应用标准解S1.1.3(假如系统不能改变,但用永久的或临时的外部添加物来改变S_1或S_2是可以接受的,则添加),为该技术系统S_2表面抹胶,改变物-场模型的形式,如图C.6所示。

图 C.6　案例一引入外部添加物不完整物-场模型

(3) 一般用人工可将抹胶的防水膜贴在管道的内表面,构成完整的技术系统物-场模型,如图C.7所示。

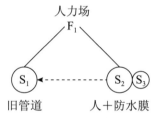

图 C.7　案例一完整的物-场模型

(4) 利用人工为管道内表面贴防水膜,工作效率低,质量不能保证,而且遇到管道内径较小的情况,人无法进入管道内部。因此考虑用第五类标准解对其进行简化和改善。

选用第五类标准解法中的S5.1.1间接方法(使用无成本资源,如空气、真空、气泡、泡沫、缝隙等),改善技术系统中场的作用。

将防水贴膜制成防水软管,圆柱形截面直径大于管道内径,用固定圈按照一定距离间隔固定在防水贴膜上。此时注意,防水贴膜已经抹好胶的一面位于圆柱形管的内表面。将圆柱形防水贴膜一端封闭,敞口端沿管道维修孔截面周长固定。防水软管刚插入管道时较松软,用空气压缩机向封闭的套管中充气,防水软管受压后延展,与维修管道壁粘结。当套管延伸至维修管道端部时,防水软管封闭端的封闭绳索束达到极限破坏后断开。这样就完成了维修管道内表面贴防水膜的工作,示意图如图 C.8所示,物-场模型如图C.9所示。

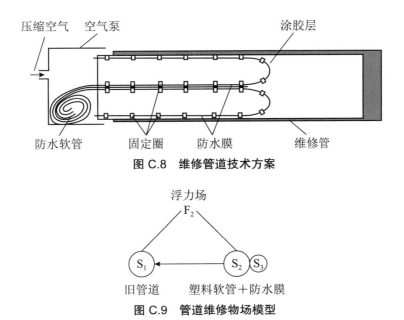

图 C.8 维修管道技术方案

图 C.9 管道维修物场模型

案例二解析：

（1）由于不能直接找到该技术系统中的矛盾，故采用物-场模型对该问题进行分析。所要解决的问题中，有检验对象S_1、加载试验机S_2、机械场F，但不能完成全部检测工作，属于效应不足的完整模型。

（2）对于效应不足的完整模型，应采用第二级标准解系统。相应的，物-场模型的改变形式有以下两种：加入S_3和F_2提高有用效应；加入F_2强化有用效应。

通过分析，采用标准解S2.2.1利用更易控制的场替代（对可控性差的场，用易控场来代替，或增加易控场。由重力场变为机械场或由机械场变为电磁场，其核心是由物理接触变为场的作用）。

（3）将机械力转变为场的作用，则可在建筑材料试块检测中，引入空气压力场。具体来讲，是将建筑试块放入密闭容器罐进行加压，达到标准压力值后突然减压，以检验其是否开裂、强度特征以及其内部是否存有裂缝。其物-场模型如图 C.10所示，其中密闭容器罐作为检测仪器S_3，空气压力场作为F_2。

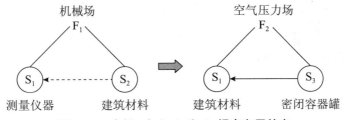

图 C.10 案例二加入 S_3 和 F_2 提高有用效应

案例三解析：

（1）在所要解决问题的技术系统中，有地震作用对象建筑物S_1、建筑基础S_2、地震作用F。其中，地震作用F对建筑物基础S_2、建筑物S_1产生了有害效应。该物-场模型属于有害效应的完整模型，如图C.11所示。

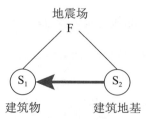

图C.11　案例三有害效应的完整物-场模型

（2）对于有害效应的完整模型，参考第一类标准解法中的S1.1.6～S1.2.8，以及S1.2.1～S1.2.5。有两种改进思路：加入F_2消除有害效应；加入S_3阻止有害效应。

在建筑物抗震设计中，首先考虑第二种思路，即加入一种新物质S_3阻止有害效应。

产生方案一：应用标准解S1.2.1在系统的两个物质之间引入外部现成的物质（在一个系统中有用及有害效应同时存在，并且S_1及S_2不必互相接触，则可引入S_3来消除有害效应）。

具体来讲，在建筑物主体结构与地基之间引入新物质——隔震垫，以消除地震对建筑结构主体的有害效应，其物-场模型如图C.12所示，示意图如图C.13所示。

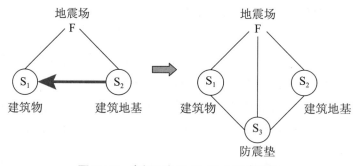

图C.12　案例三加入S_3阻止有害效应

图C.13　横滨Park大楼引入隔震垫消除地震对建筑的有害作用

昆明机场是目前世界上最大的隔震建筑，横向328m，宽277m，基底总面积达8.5万m^2，用隔震垫1800个。这是由于云南地处断裂带，地震频发，属于抗震重点区域。采用隔震技术，很好地解决了昆明机场的建筑抗震设计问题，如图C.14所示。

图 C.14　昆明机场隔震项目

方案二：应用标准解 S1.2.2 引入系统中现有物质的变异物（标准解 S1.2.2 与 S1.2.1 类似，但不允许增加新物质。通过改变 S_1 或 S_2 来消除有害效应。）

按照标准解 S1.2.2 的要求，在标准解 S1.2.1 的基础上将建筑物主体结构与建筑地基隔离，但不增加新物质，仅对建筑主体进行改变。苏联抗震专家基于俄罗斯套娃的理念申请了一项抗震专利名叫 Vanka-Vstanka，其重心沿中心轴对称，如图 C.15 所示。

图 C.15　俄罗斯套娃 Vanka-Vstanka

该项技术已应用到建筑设计中，如图 C.16 所示。在这种形式的建筑中，上部结构为刚性，下部柱脚形成圆形，由砂、橡胶或其他弹性材料制成。在建筑底部形成两层地板，中间"十"字形交叉的柱有 Vanka-Vstanka 的特性，地震来临时柱子可以晃动。图 C.17 所示为采用新型建筑地基的建筑物物-场模型。

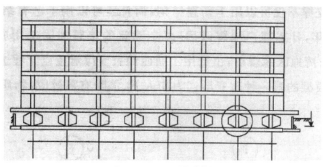

图 C.16　隔震地板

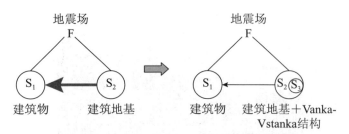

图 C.17　采用新型建筑地基的建筑物物-场模型

方案三：应用标准解 S1.2.3 引入第二物质（如果有害效应是由一种场引起的，则引入物质 S_3 吸收有害效应。）标准 S1.2.3 针对由场引起的有害效应提出，引入新物质来吸收有害效应。地震作用正是由场引起的，该解决方法对建筑抗震设计很适用。

具体来讲，在建筑抗震设计中，可加入附加的质量、弹簧体系，以起到消耗地震能量的功能，如引入调谐质量阻尼器 TMD，或设置专门的容器灌注液体，通过液体晃动，起到耗能作用，如调谐液体阻尼器 TLD。

此外，可结合其他结构功能构件兼起耗能作用，包括耗能支撑、减振墙、制振壁、容损构件等，均能吸收地震能量，达到耗能减震的作用。其物-场模型图如图 C.18 所示。

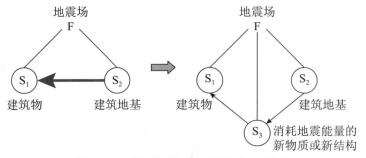

图 C.18　减震建筑工作原理的物-场模型

以上这些方法均为在建筑物中引入新物质、吸收地震作用的能量，达到消能减震的作用。由于种类繁多，这里仅以耗能支撑为例，说明其工作原理和作用。

耗能支撑由支撑芯材和套管组成，如图 C.19 所示。其设计思想是让芯材承担轴向力，套管不承受轴力，起防止支撑屈曲的作用，而芯材用低屈服点钢材制成，在压力作用下产生较大塑性变形，通过这种变形可以达到耗能目的。

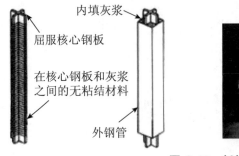

图 C.19　耗能支撑

耗能支撑的一个具体应用是屈曲约束支撑，其不仅可以用于新建结构，还可以用于已有结构的抗震加固和改造。1995年，日本神户地震以后，多个建筑的抗震加固选用屈曲约束支撑。1999年，中国台湾地区地震后，也选用了屈曲约束支撑对重点工程进行了加固。

物-场模型的另一个解题思路为加入F_2消除有害效应，而在建筑抗震设计中，直接加入另一种场抵抗地震作用似乎很难实现，但可以利用另一种场改变建筑结构的阻尼，改变建筑主体结构的振动特征。在地震作用下，减少建筑物自身震动的物-场模型如图C.20所示，示意图如图C.21所示。

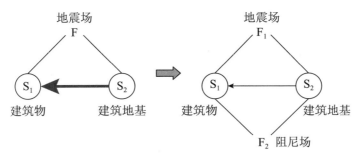

图 C.20　加入 F_2 消除有害效应

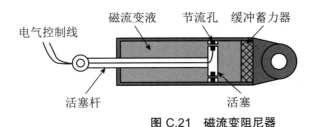 

图 C.21　磁流变阻尼器

附录D 案例贡献者目录

本书是作者在对浙江省内相关企业、单位和个人进行创新方法工程师一级、二级培训过程中得出的些许教学经验和案例的总结，如有不当之处还请批评指正。本书在技术脱敏的基础上，选用了以下学员在企业的工程实践中遇到的技术难题，他们通过参加创新方法一级和二级培训班成功地解答了这些难题。这些案例涉及行业面广，问题类型丰富。选用这些案例一方面凸显了教材的实战特点，另一方面贴近学员的实际学习过程，大大提高了教材的可读性。此外，作者在进行创新方法推广应用活动中也和大量相关企业和单位的技术员工、管理人员、高校教师、学生就一些技术展开过深入交流，他们的建议和意见对丰富本书案例和启迪思考大有裨益，但限于篇幅，就不在此一一感谢了。本书原创案例贡献者如表D.1所示，如有遗漏，还望见谅。

表 D.1 本书原创案例贡献表

课题名称	姓名	工作单位
改善缝纫机牙架处漏油	叶志	杰克缝纫机股份有限公司
降低自动分拣机大转盘直线电机温度	杨宙宇	贝分科技（杭州）有限公司
降低智能锁电容式触摸按键故障率	宋加才	浙江大华技术股份有限公司
消除排线和磁环的相对位移问题	马盼盼	浙江大华技术股份有限公司
降低警务通摄像头温度	许少飞	浙江大华技术股份有限公司
降低IPC（网络摄像机）工作温度	王建峰	浙江大华技术股份有限公司
改善摄像机视角被遮挡问题	赵雅杰	浙江大华技术股份有限公司
减小送经机构的送经量波动值	董旭明	浙江彩蝶实业有限公司
提高电池负极板碳材料均匀性	陈理	浙江省超威电源有限公司
改善和膏机在和制少量铅膏时的均匀性	丁元军	浙江省超威电源有限公司
改善铅酸蓄电池极板固化均匀性	吴永新	浙江省超威电源有限公司
振打清灰装置改进	张尧	欧萨斯能源环境设备有限公司
提高烘箱干燥药材效果	梁虎	浙江康恩贝制药股份有限公司
提高自动包装机包装合格率	金品贤	杭州鸿雁电器有限公司
提升辅助触头系统导通精确性	游国邦	杭州鸿雁电器有限公司
提高镖杆输料筒运行稳定性	詹永泽	温州燧人智能科技有限公司

参考文献

[1] 姚威，朱凌，韩旭. 工程师创新手册：发明问题的系统化解决方案 [M]. 杭州：浙江大学出版社，2015.

[2] 阿奇舒勒，等. 寻找创意：TRIZ 入门 [M]. 北京：科学出版社，2013.

[3] 张武城. 技术创新方法概论 [M]. 北京：科学出版社，2009.

[4] 李海军，丁雪燕. 经典 TRIZ 通俗读本 [M]. 北京：中国科学技术出版，2010.

[5] 檀润华. TRIZ 及应用：技术创新过程与方法 [M]. 北京：高等教育出版，2010.

[6] 什帕科夫斯基. 进化树：技术信息分析及新方案的产生 [M]. 郭越红，等译. 北京：中国科学技术出版社，2010.

[7] 杨清亮. 发明是这样诞生的：TRIZ 理论全接触 [M]. 北京：机械工业出版，2006.

[8] 阿奇舒勒. 哇! 发明家诞生了：TRIZ 创造性解决问题的理论和方法 [M]. 范怡江，黄玉霖，译. 成都：西南交通大学出版社，2004.

[9] 常卫华. TRIZ 理论在建筑工程中的应用 [M]. 北京：中国科学技术出版社，2011.

[10] 林岳，谭培波，等. 技术创新实施方法论 DAOV[M]. 北京：中国科学技术出版社，2009.

[11] 创新方法研究会. 培训资料 [C]. 创新方法研究会专题培训，2010.

[12] Countinho J S. Failure-effect Analysis[J]. Transactions of the New York Academy of Sciences，1964，26（2）：564-584.

[13] 居季成，徐名聪，乔靓. 失效模式及后果分析的运用 [J]. 现代制造工程，2004（11）：83-86.

[14] 龚水莲，周玲. 基于鱼骨图和因果矩阵表的方舱水密性改进 [J]. 指挥信息系统与技术，2015，6（3）：106-110.

[15] 马彦辉，吕君，穆菁，等. 因果矩阵分析与工艺 FMEA 在航天型号生产过程检验点设置中的应用探究 [J]. 质量与可靠性，2014（5）：8-10.

[16] Gofuku A，Koide S，Shimada N. Fault Tree Analysis and Failure Mode Effects Analysis Based on Multi-level Flow Modeling and Causality Estimation[C]// SICE-ICASE，2006. International Joint Conference. IEEE，2006：497-500.

[17] 朱继洲. 故障树原理和应用 [M]. 西安：西安交通大学出版社，1989.

[18] 蒙哥马利 C. 实验设计与分析 [M]. 傅珏生，张健，王振羽，等译. 北京：人民邮电出版社，2009.

[19] 林岳，谭培波，史晓凌，等.技术创新实施方法论 DAOV[M].北京：中国科学技术出版社，2011.
[20] 常卫华.TRIZ 理论在建筑工程中的应用 [M].北京：中国科学技术出版社，2001.
[21] 赵敏，胡钰编.创新的方法 [M].北京：当代中国出版社，2007.